国内第一本把终端门店销售标准化和流程化的教材

门店制胜
业绩倍增

——门店标准化销售服务流程

- ◎ 12年工作经验结晶
- ◎ 50个常见的异议处理模板
- ◎ 78个经典实战的销售案例
- ◎ 100句即学即会的标准话术
- ◎ 1000家店铺效果体验
- ◎ 10000名学员课堂见证
- ◎ 浓缩成1本实用的门店秘籍

现在学习
马上使用
立即见效

程信铭 著

企业管理出版社
EMPH ENTERPRISE MANAGEMENT PUBLISHING HOUSE

图书在版编目（CIP）数据

门店制胜，业绩倍增：门店标准化销售服务流程/程信铭著. —北京：企业管理出版社，2012.5

ISBN 978-7-5164-0030-2

Ⅰ.①门… Ⅱ.①程… Ⅲ.①服装—商店—销售学 Ⅳ.①F717.5

中国版本图书馆 CIP 数据核字（2012）第 065884 号

书　　名：	门店制胜　业绩倍增——门店标准化销售服务流程
作　　者：	程信铭
策划编辑：	李　靖　刘　刚
责任编辑：	谢晓绚
封面设计：	叶万益　宋燕斌
书　　号：	ISBN 978-7-5164-0030-2
出版发行：	企业管理出版社
地　　址：	北京市海淀区紫竹院南路 17 号　邮编：100048
网　　址：	http://www.emph.cn
电　　话：	总编室（010）68420309　发行部（010）68701638
	编辑部（010）68701891
电子信箱：	emph003@sina.cn
印　　刷：	佛山市合创展印刷有限公司
经　　销：	新华书店
规　　格：	170 毫米×240 毫米　16 开本　17.5 印张　321 千字
版　　次：	2012 年 5 月第 1 版　2012 年 7 月第 2 次印刷
定　　价：	88.00 元

版权所有　翻印必究·印装有误　负责调换

推荐序

迟来的爱

内衣是一个时尚行业，一个成长中的行业，一个可以致富的行业，一个经久不衰的行业，也是一个话题不断的行业！

多少人谈内衣眉飞色舞，多少人做内衣不知疲倦，多少人卖内衣财富倍增，多少人穿内衣魅力无限！

内衣行业汇聚了众多人才：有人把内衣品牌做得风生水起；有人把内衣设计得美不胜收；有人把内衣品质做得精益求精；有人把内衣营销做得淋漓尽致！

内衣行业也缺乏人才：优秀的设计师寥若晨星；优秀的品牌运营和管理者凤毛麟角；优秀的营销人才屈指可数！而更缺乏的是培养这些人才的机制、机构、讲师和教材！

近年陆续出现了一些有关内衣方面专业的书籍，有设计类的、有制版类的、有行业分析类的。这些作者是值得我们尊重和尊敬的，他们为中国内衣行业的发展做出了贡献。但他们终究势单力薄，几个人单兵作战也难以形成系统和气候。中国内衣行业要突破目前的诸多"瓶颈"，要取得更大的提升和持续快速的增长，必须要有一批自甘清苦的人去"支教"，去搭建内衣设计、管理、品牌、营销、文化等各方面的理论体系并取得理论突破！

程信铭先生就是这种一个标准的"内衣人"，一个虔诚的"内衣人"。

他沉浸内衣行业十几年，为行业做了很多有益的甚至是开创性的工作。

他从市场一线业务员成长起来，经过长时间的学习、积累、总结与提升，已经逐渐在策划和培训方面形成了自己独特的体系。

……

欣闻程先生拟将多年来为一些知名品牌所做培训的课程进行系统整理并付梓出版，实乃行业幸事。

早在多年前，程先生就曾在某大型培训会现场表示即将出版专著，并邀我作序，我亦在现场欣喜应诺。现在终于接到程信铭先生的邀请，我甚感荣举。时隔多年，大作终于即将诞生，看到书名为《门店制胜，业绩倍增——门店标准化销售服务流程》，我为之兴奋。希望本书能为正在转型升级的中国内衣行业提供帮助，为扩大内衣消费提供帮助，为正在萌芽的中国内衣连锁事业提供帮助。

一项事业的成功孕育于教育先发，愿中国内衣教育事业早日成市、成行、成熟，愿中国内衣行业在不断的自我突破中长久地持续自己的辉煌之路！

彭桂福
中国纺织品商业协会常务副会长
中国纺织品商业协会内衣委员会会长
中国纺织品商业协会家居服专业委员会会长

自 序

销售·有道可循

十多年前笔者刚入内衣行业时，众多厂家纷纷开始品牌运营的摸索，都摸着石头过河，边学边做，边做边改，那时不管是厂家、代理商、经销商还是其他从业人员都觉得有点累。

之后的一大段时间里，许多人认为：品牌不过就是一本漂亮的画册、一个知名的代言人、一套出众的VI（视觉识别系统）、一群穿着得体的人……

十几年过去了，绝大多数人的观念发生了根本性的改变，现在众多品牌都有了产品设计师、营销总监、培训经理、督导等职位的专业人才，但大家反而觉得更累了。

为什么会这样呢？

近几年，笔者经常在全国各地出差，对不同行业、不同地区的门店进行观摩与学习，发现几乎所有门店在销售中几乎天天遇到以下问题：

店外走的人那么多，为什么就是不进来呢？
进来店里的顾客怎么一晃就走出去了呢？
不知道先说什么后说什么，怎么总是说着说着，就把顾客说走了？
不管怎么说，为什么顾客就是不想进试衣间呢？
好不容易把顾客推进试衣间，但还是没有成交，为什么成交那么难啊？
为什么客单价那么低啊？
怎么老顾客那么少啊？
VIP到底怎么做才有效果呢？
……

以上种种现状如果不能有效、合理、全面的解决，门店的销售业绩肯定不会理想。内衣行业门槛并不高，因此品牌日益增多、市场竞争日趋激烈、网络销售又日益泛滥。同时，CPI居高不下、物价飞涨、团队不稳定……这些因素又决定了竞争只会愈演愈烈，因此之前门店舒舒服服的好日子已一去不复返了。

如今门店面临的现状是：

高租金、高折扣、高人工、高库存……
品牌增多、竞争惨烈、顾客挑剔、业绩低迷……
进店率低、试穿率低、成交率低、客单价低、回头率低……

所有的一切都显示危机早就悄悄地来了，那么面对危机我们要怎么办呢？

从2011年开始，几乎所有的培训课上，笔者一直顶住压力，预测未来的两三年会比较痛苦，因此如何渡过这个"危机四伏"的一两个年头是我们必须要好好规划规划的。

危机来了，不过我们也不必那么悲观！虽然内衣行业貌似离蓝海不远，也还没到像电器、手机那样真正的红海阶段，但在这个敏感时期，选择适合自己的生存方式就尤为重要了。在危机面前，有人说——危险过后就有机会！也有人说——危机就是转机！还有人说——危机即是商机……这些观点不无道理，但我想给危机下个新的定义，那就是"**危机其实是危险过后，活下来才有机会**"。假设危机来了，而在转机到来之前自己已经没了，那机会一说从何而来呢？因此，"**活下来**"才是重点！

在当前这样的形势和环境下，我们必须把"生存"放在第一位，也就是说先活下来，把"发展"放在第二位，只要不死就有机会，也就是古话说的"留得青山在不怕没柴烧！"

面对以上门店的种种现状和危机，很多品牌厂家、代理商、终端商也都在想办法积极应对，那就是：培训！而且大家也在行动，今天请个老师来讲阳光心态、讲狼性团队；明天请个专家来讲创新精神、讲高效执行力……

几乎所有的培训课上大家口号喊得震天响，群情激昂、意气风发，而培训课后死气沉沉、无精打采，结果是没有任何长进，而真正为终端业绩提升的作用很小很小。有人就总结为：听听激动、想想感动、回去一动不动！

很多内衣品牌视服装、鞋业、化妆品或其他行业的所谓专家、大师为神灵，并邀请他们对终端门店的人员进行"洗脑"。很多专家、大师认为内衣属于服装行业，因此服装行业适合的原理或常规在内衣也一定适合；殊不知，内衣的独特性决定了绝大部分服装行业适合的原理或常规在内衣真的不适合。

其实门店销售业也没想象中那么复杂和可怕，如果我们：

结合品牌和门店现状，有目的、有计划、有针对、前瞻性地制定合理的培训计划。

把门店销售的过程全部标准化、流程化,并坚持贯彻执行。
学会去店外拉顾客进店、巧妙的异议处理、高效的连带销售。
学会最攻心的话术+最合适的动作。
搞好VIP服务,使顾客反复购买。
……

这些才是提升门店销售业绩的根本所在,如果能把这些琐碎的事情做得标准化、流程化、系统化、专业化(内衣"四化"建设),再建立合理的奖惩、鼓励、学习机制——这才是我们应该学习的,才是门店制胜,业绩倍增的法宝,而偏偏这样的实战课程和教材少之又少。

十多年来的业务、培训、咨询、顾问的经历,以及向同行、前辈们的学习和自我的不断修炼,笔者逐渐发现,对于品牌或门店的成功:

战略很重要,但只有落实到终端才能产生实效!
概念很重要,但只有细分到动作和话术才能转化成生产力!
经验很重要,但只有标准化、流程化、系统化后才能被快速复制!

这也是笔者写本书的初衷所在。本书中的某些观点、案例、话术、技巧若能让您对于门店标准化销售有一点点的作用或帮助,笔者也就知足了。

程信铭

目录

推荐序

自序

第一章　内衣与门店销售 ·· 1

　　内衣的本质是什么？

　　爱慕集团董事长张荣明先生说："文胸来自西方，亚洲女性没有西方人丰满，所以亚洲女性使用文胸比较重视其功能性，比如聚拢、塑形的效果……"

　　第一节　关于门店销售 ··· 3
　　第二节　结合内衣的本质进行销售 ····································· 6

第二章　店外引客 ··· 9

　　店外人来人往川流不息，店内人迹罕至门可罗雀，为什么很多门店会产生这样的现象呢？

　　很多门店人员，除了会守株待兔在店里等客上门外，从来不懂、不会，也不去学习主动出击从店外把目标顾客"拉"进店里。因为她们怕！怕失败、怕被人奚落、怕被人拒绝……

　　第一节　提高五率　提升业绩 ·· 11
　　第二节　引客进店的好处与方法 ······································· 16

第三章　前台接待 ·· 37

　　前台接待的好坏，直接影响顾客是否愿意进入试衣间。如果提高了顾客试穿率，那么成交率也就会跟着上去的。

　　在很多其他的培训或培训资料中，接待仅仅是作为其中的一个简单的动作，也就是导购站在店铺门口说一句"欢迎光临"，其实这远远不够。前台接待，除了会在最合适的时间、用最动听的声音、说最中听的话之外，还要学会察言观色、时机把握、精彩开场、异议处理等重要环节……

　　第一节　标准姿态 ··· 39
　　第二节　礼貌迎宾 ··· 45

延伸阅读：店内没有顾客时我们做什么 49
　第三节　接待时机 51
　第四节　顾客分析 63
　第五节　精彩开场 72
　　　延伸阅读：赞美秘籍 77
　第六节　探寻需求 84
　　　延伸阅读：麦凯66表格 92
　　　延伸阅读：有效沟通 99
　第七节　介绍产品 103
　第八节　异议处理 105
　第九节　试穿理由 122

第四章　试衣流程 127

　　　试穿是成交的必经之路，要想提高成交率，就要提高试穿率；要想提高试穿率，首先要增加入店后留下来顾客的数量。留下来顾客的数量越多，才有更多的机会提高试穿率，试穿率提高了，才会有更多的机会提高成交率，从而提高店铺业绩。

　第一节　化解顾客的害羞心理 129
　　　延伸阅读：顾客进入试衣间，第一眼看到什么最好 131
　第二节　分析顾客原有内衣的优缺点 135
　第三节　量体配码 138
　　　延伸阅读：顾客身材设计本 138
　第四节　分析顾客身材 144
　第五节　介绍产品 152
　第六节　试穿产品及异议处理 166
　第七节　成交 174
　第八节　连带销售 185

第五章　收银送客 201

　　　消费者在掏钱包付钱的瞬间是最脆弱和痛苦的，所以要特别注意。店铺在收银环节还会有跑单的可能，所以在这个消费者最脆弱的环节一定要做足功课，千万不要在最后的环节丢了订单……

　第一节　收银流程 203
　第二节　货品交付 206
　第三节　送客 211

第六章　售后跟踪 ··· 215

　　商品卖出去了，钱收回来了，销售活动就此结束了吗？如果你觉得销售活动结束了，那你就大错特错了。

　　我们应该明白，商品销售出去，只是此次销售的一个逗号，接下来还会有很多的文字需要我们去书写，比如：商品会出问题吗？顾客真的了解了产品的属性吗？顾客还会来我们店里吗……

　　所以应该说卖出商品是销售的开始，但售后跟踪工作必须到位。

第一节　做好售后跟踪工作的重要性 ······················ 217
第二节　电话回访 ··· 219
第三节　顾客感动计划 ·· 223

附：50个常见异议处理话术 ································· 241
后记 ·· 263

第一章

内衣与门店销售

凡事都有本质，只有透过现象看本质才能更准确地找出对策。

那么内衣的本质是什么？

爱慕集团董事长张荣明先生说："文胸来自西方，亚洲女性没有西方人那么丰满，所以亚洲女性使用文胸比较重视其功能性，比如聚拢、塑形的效果……"

只有搞清楚内衣的本质再结合门店销售的方法和技巧，才有可能把销售业绩做到最好。

第一节　关于门店销售
第二节　结合内衣的本质进行销售

在所有的销售形式中，处于市场竞争最前沿的当属门店。

从经营的规模来分，门店可以分成大型的商场、商厦、中型的超市百货和小型的店铺。

从经营的方式来分，门店可以分为分散化的连锁店、集约化的专卖店以及各粗放化的组合店。

从经营的种类来分，门店可以分细为：百货店、服装店、书店、食品店、五金店、日杂店、各类维修店、水果店、花店、家具店、精品屋、酒吧、餐馆、音像制品店等。

从经营的渠道来分，门店又可以分为：面对面的实体销售、通过互联网平台的电子商务销售。

可以说，门店的销售活动是市场竞争所有的竞争活动与结果的直接体现，面对如此复杂、如此激烈的市场环境，就要求门店销售与服务必须能够体现出自身的特色，这样才能实现门店经营的销售最大化和利润最大化的目的。

第一节　关于门店销售

一、门店销售的作用

随着时代的变化和人们消费习惯的改变，顾客逐渐意识到亲切服务是个人应该享有的权利，于是对门店销售中的待客服务提出了更高的要求。因此，门店服务人员都必须更新传统销售观念，尤其是导购，更要具备一定的产品专业知识、主动亲切地接待顾客、提供最适合的产品建议，才能赢得顾客的信赖，满足顾客的需求。

门店销售的工作目标是顾客的再次销售，服务的流程是"购买前——购买中——购买后"的不断循环。服务的工作不论是在购买的哪一个阶段，都有其不可缺少的价值性，而且具有相互间的影响性。

具体来说，门店销售服务的作用主要包括以下几点：

1. **影响门店的形象**

导购是门店中首先与顾客直接接触的人，对门店的形象影响极大。

顾客通过导购提供的服务水平来了解门店，因此，导购在很大程度上影响着顾客对门店的总体印象。

2. **满足顾客的需求**

通过门店的销售服务，既能满足顾客对商品本身的需求，又能满足顾客对商品信息等其他需求，还可以促使顾客选购本门店的商品。

3. 传递消费的信息

门店销售的过程，同时也是一个传递生产与消费信息的过程，而这一点将引导生产、指导消费。

在提供销售服务的过程中，导购能直接观察和了解顾客对商品的态度、意见和要求，并将这些信息传递给企业或厂家，以使未来的商品更符合顾客的需求。

4. 提高销售业绩

通过门店销售，门店经营者能清楚地了解每个顾客存在的购物问题，而导购也能有针对性地帮助顾客做出购买决定，顺利成交，提高了销售业绩。

5. 与顾客建立良好的合作关系

优质的门店销售服务能为顾客提供周到的服务和热情的帮助，促使顾客形成在本店购物的习惯，从而成为门店最忠诚的顾客。这样，门店与顾客间就建立起了良好的合作关系。

二、门店销售成功的原则

门店销售是市场竞争的最前沿，市场所有的竞争活动与结果都在门店中直接体现，在竞争环境急剧变化的今天，门店要做到顾客盈门、提高销售额，还是要讲究销售原则的。

1. 发挥特色

现代市场是个性化的市场，市场上销售同样东西的门店多如牛毛，所以要使顾客上门就要有自身的特色。门店的特色，就是要配合顾客的需求。在注意店址和开店条件的基础上，还要考虑该地区居民的收入水平、文化水平、消费习惯等。

因此优质的服务、华丽的店面、诚恳的员工等，都属于门店的特色，好好加以发挥，才能吸引顾客上门。

2. 以顾客的眼光为出发点

在进行门店销售时要以顾客的眼光为出发点，才能让顾客买到他所需要的东西。

顾客的价值观念，不一定和销售服务人员的相同，因此门店销售人员应该设法了解顾客的需求，然后去满足，这样才能得到顾客的认同，赢得更多的顾客。

3. 让顾客享受到购物的乐趣

今天的顾客并不止满足于购买到她们所想要的商品，还要求享受到购物过程所带来的乐趣。所以，销售时要迎合顾客的这一要求。

在设计时除了考虑本身的业态、规模及顾客阶层、商品空间等因素外，对于导购的服务态度、店内的色彩、照明等装潢都必须加以注意。

4. 提高售货的效率

在销售过程中，从接待顾客开始到异议处理、试衣阶段（商品体验货）、促成交易、商品的包装、货款的收取等，销售服务人员都应该快速、有效地适时进行。

5. 懂得把握时机

所有的门店销售都有销售周期，淡季旺季的销售业绩相差比较大。

时机就是门店生意的"天时"，"地利"是门店店址，"人和"是顾客的心和门店员工的凝聚力。

在门店销售过程中，要懂得把握适当的时机，合理推荐顾客预期购买的物品，以及可能的购买时机，这样在门店销售中才有更多的优势。

6. 倾听顾客的意见

成功的门店都把顾客当成老师，把顾客的意见当做金玉良言。如果一个门店的导购只顾推销商品，而听不进顾客的意见，就不会受到大家的欢迎。

在销售过程中，只有持之以恒地以谦虚的态度去倾听顾客的心声，销售工作才会越做越顺利。

三、门店销售的服务流程

门店销售的服务流程包括售前的准备、销售中的操作和销售后的结束工作等几个环节。门店所有人员都应熟练掌握各个环节的要领及相应的操作规程和操作技巧，以便为顾客提供高质量的服务。

1. 销售前的准备工作

在营业前，应该准备好当天销售所需的物品和事项。即要求销售人员在门店开门之前到达，换好工作服，佩戴好证章，开始准备当日的工作。

（1）参加例会；（2）注意门店卫生；（3）备足备齐商品；（4）整理陈列商品；（5）检查价格标签；（6）准备好销售所用物品；（7）备好开票用具和零钱；（8）检查仪容仪表。

2. 销售中的工作

销售过程中，销售人员操作技术有一套工作程序，其中的每一个环节又有不同的操作技术和要求。具体分为：

（1）店外引客；（2）前台接待；（3）试衣流程；（4）收银流程；（5）售后跟踪。

3. 销售结束时的工作要求

在销售结束前，销售人员要对一天的销售情况进行全面的检查、清点和总结。销售结束工作一定要做好做细，为第二天的营业打下良好的基础。

（1）清点当日商品；（2）填写交款单；（3）记账、填写报表；（4）适当增补商品；（5）整理摆放商品；（6）要确保安全；（7）班后留言；（8）参加班后会。

诚信名言

成功总是眷恋有准备的人，做销售的人要做好各项准备！

心得体会

_____

_____

_____

第二节　结合内衣的本质进行销售

一、内衣的本质

内衣的本质是什么呢？这个行业最大的特点就是顾客的需求是很难预测的。在回答内衣的本质之前，我们先来想想女性为什么要穿内衣？

回答不外乎三方面的原因：保护的需要、塑型的需要、时尚的需要。

1. 保护的需要

这是指女性在平时的生活、工作、运动中，有穿着内衣保护胸部的基本需要，保护性是贯穿女性生活的实际需要。

2. 塑型的需要

女性身体在地心引力、年龄等众多因素作用下，慢慢地发生改变，只有穿着正确并合适的内衣才能保持身材。这里要特别说明：内衣按照功能分为时尚装饰性内衣和功能性（调整、矫正、矫形、美体）内衣，两者能满足不同人群塑型的需要。时尚装饰性内衣能满足身材比例较好的女性维护身材的需要，而功能性内衣针对身材欠佳的女性加强塑型功能。女性对身体曲线美的追求，使得塑型的需要成为女性穿着内衣的第二大原因。

爱慕集团董事长张荣明先生就曾说过："文胸来自西方，亚洲女性没有西方人那么丰满，所以亚洲女性使用文胸比较重视其功能性，比如聚拢、塑形的效果……"

3. 时尚需求

什么是时尚？时尚涉及生活的各个方面，如衣着打扮、饮食、行为、居住、甚至情感表达与思考方式等。在内衣的发展史中，16世纪，英国女皇伊丽莎白一世将紧身胸衣提升到了一个前所未有的"政治高度"，从此紧身胸衣风靡全国。广大的女性就是通过这些意见领袖所倡导的产品、观念，甚至思考方式，在心理上获得了极大满足，满足精神层面需求。

二、结合内衣的本质进行门店销售才能成功

女性在购买内衣的时候,最强烈的心理需求是什么?虽然千人千面,但仍然有很多的共性。

在门店销售过程中,导购必须具备丰富的知识、良好的心态、最佳的状态,这样才有把业绩做到最好的可能。在整个销售流程中,导购要学会去店外拉一些目标顾客进店以提高进店率;处理好顾客的异议提高试穿率;学好心理学掌握优秀的话术和合适的动作以提高成交率;学会连带销售的技巧以提高连带率;还要做好顾客的售后跟踪工作以提高回头率……

当然内衣门店和别的任何门店一样,想要成功必须做到以下十个字:

销售最大化,利润最大化

"销售最大化,利润最大化"是矛盾的统一。很多时候做到了"销售最大化"但却不一定是"利润最大化",比如某段时间门店促销做的比较厉害,销售额虽然上去了,但利润却在降低。

我们可以理解成:"销售最大化"主要指要做好门店销售工作,而"利润最大化"主要指的是要做好门店管理工作。同样,还可以和一个成语"开源节流"结合起来理解,"销售最大化"就是开源,而"利润最大化"就是节流。

"销售最大化、利润最大化",不管对品牌厂家、品牌本身、分公司(办事处)、代理商、终端商等各种商业形态都适合,关键看如何去做到这十个字!由于本书主要针对终端商的,所以以下就终端商如何做到这些来逐步分析:

1. 如何做到"销售最大化"?

很多培训老师以及好多门店的书籍里,总是把"位置、位置、位置"放在第一位,总觉得最好的店铺位置就可以做出最好的业绩。针对内衣行业的特性而言(注意提醒:这里是针对内衣行业的!),笔者不敢苟同,综观全国做得好的内衣品牌和经营得好的内衣店铺,并不一定在最好的位置。要做到"销售最大化",内衣门店需要从以下几方面入手:

(1) 选对最佳品牌;

(2) 注重品类组合;

(3) 重视产品订货:记得前几年给南海某品牌去做培训,笔者说自己不懂订货制,也讲不好订货方面的内容,结果被那品牌的老总和经理们严重鄙视(只是单纯为了减轻厂家自身的压力而转移风险的订货制是不成功的,后期该品牌代理商的库存严重超标),不过事后证明笔者当时的决定是正确的!但从这几年内衣的订货制来看,绝大多数不是很成功,很多经销商怕订货(包括很多代理商也一样),为什么会这样呢?因为很多的厂家和代理商的出发点就是错误的,而且根本就不懂如何去订好一盘货。但对于终端商还是要学会去订货,主要看我们如何去

引导他们。

（4）狠抓门店销售。

2. 如何做到"利润最大化"？

要做到"利润最大化"，需要从以下方面入手：

（1）**搞好门店管理**；门店管理很复杂，但简单来说是**"人、货、物"**三方面的管理。具体内容这里也不叙述了，将在下一本专著**《门店制胜，利润倍增——门店标准化管理流程》**里详细讲解。

（2）**做好门店经营**；即盈利模式的实施：快速扩张、联合经营、股份化经营、托管经营等。

诚信名言

大禹治水是疏而不是堵！凡事要学会梳理！

心得体会

_____

_____

_____

第二章

店外引客

店外人来人往川流不息，店内人迹罕至门可罗雀，为什么很多门店会产生这样的现象呢？

很多门店人员，除了会守株待兔在店里等客上门外，从来不懂、不会，也不去学习主动出击从店外把目标顾客"拉"进店里。因为她们怕！怕失败、怕被人奚落、怕被人拒绝……

其实内衣虽然较私密较含蓄，要吸引顾客进店也很不容易，但如果店里的工作人员积极那么一点点、懂得怎么去从店外把潜在消费者引导进来，变等待被动式销售为积极主动式销售，那么结果肯定比现在要好很多……

第一节　提高五率　提升业绩
第二节　引客进店的好处与方法

首先，我们思考一下：

对于导购来说，谁是全世界最重要的东西？谁是商业经营环节中最重要的人物？谁是店铺一切业绩与收入的来源？谁是店铺经营活动的血液？谁是店铺的一个组成部分，不是局外人？谁是导购应当给予最高礼遇的人……

答案是：**顾客！**

因此，顾客至上，顾客永远是对的！

只有顾客对我们销售的产品和提供的服务满意，才会心甘情愿的购买。因此，提升门店销售业绩的关键是要让顾客满意。

那么什么是顾客满意呢？

首先，顾客在购买产品之前，会有一个价值判断或是一种期望，并以此来决定是否购买某公司的产品（服务）。当顾客在购买某公司产品之后，会进行一个比较，顾客是否满意取决于其在购买之前的期望值与购买产品（服务）后所获得的价值。当顾客在购买后所得到的价值低于预先的期望，顾客就会感到不满意；当顾客在购买后所得到的价值与预先的期望相同或超出，顾客就会满意或非常满意。

因此，顾客满意应该是："顾客通过对一个产品可感知的效果与她的期望值相比较后所形成的感觉状态。"

第一节　提高五率　提升业绩

我们先来了解一个有关门店销售业绩的公式，公式如下：

销售业绩＝成交人数×客单价

成交人数＝进店人数×成交率

客　单　价＝购买件数×平均单价

案例1　如何计算成交率和客单价

爱慕品牌某店10月20日实现了20000元的销售业绩，当日进店人数是60人，成交人数就是20人，那么成交率的计算方式是 20/60＝33%，而客单价的计算方式是 20000/20＝1000元。

点评

销售是一件非常简单的事

情，同时更是一件非常复杂的事情，但我们90%以上的门店几乎从来就没有真正做过销售计划，也从来不知道单日进店的人数是多少，成交率是多少，销售业绩也是"听天由命"罢了！

门店销售，很多人说做的就是概率！其实，掌握了一定的方法，懂得了一定的技巧，概率是会明显提高的！

从上面的公式可以看出来，要提高销售业绩，仅从某一方面入手是远远不够的，我们经常说，通过"五率"来提高销售业绩，这五率是指：

1. 进店率；
2. 试穿率（体验率）；
3. 成交率；
4. 连带率；
5. 回头率。

下面将逐一分析通过哪些方法来提高五率。

一、提高进店率——即提高进店人数

进店率是指经过门店的客人进店的比例，进店的人数越多意味着销售机会越多，吸引更多的客人进店。

在谈进店率的同时，我们还会提到另外一个与之有关的概念，那就是客流量，所谓**客流量，就是单位时间内从店铺门口经过的行人的数量**。

影响客流量的因素很多，其中商圈范围绝对人口数是最关键的，没有足够多的顾客就无法维持店铺的运营。除了商圈里的人口数外还必须要把这些人吸引到店里购买产品，这要求我们必须了解自己服务商圈的顾客和潜在顾客的需求，尽可能的组织提供她们需要的产品。我们要定期对商圈顾客做调查，了解自己服务的顾客群，以便更好的为顾客服务。还要了解商圈中自己的竞争对手的运营情况和开展的促销活动，以便组织自己的运营对策。

1. 店铺选址

店铺选址应选在当地比较繁华的地段，客流量较大，并且应选在竞争对手集中的地方，因为竞争对手越集中的地方越有市场，同时相对于顾客而言品牌多的地方在选购产品的时候便于选择和比较，因此进店的人就会多。

2. 广告、传播媒介的宣传力度

顾客在进行购买行为之前都会有一个信息收集的过程，这些信息的来源很多，一方面来源于生活中的常识，周边人群的介绍（在周边人群的介绍中可以形成对自己品牌良好的口碑）；另一方面来源于电视、报纸、杂志、网络等媒体。因此加强广告媒体的推广力度，有助于顾客的信息收集。在广告媒体投放时要注意，我们品牌的消费群的定位，针对这类特定的消费群平时喜欢看什么电视节目、报纸、杂志及看的时间段、地点（活动场合）。媒体与时间段的选择要符合我们的目标，媒体造势主要是电视台、报纸、杂志。

3. 店铺形象

站在顾客的角度来看，当顾客经过某一家品牌门店的时候，其店铺的形象、风格、定位是否能吸引她的目光，同时与她的需求相符是顾客进店的关键。

4. 顾客良好的口碑

通过导购良好的服务，换来顾客的口碑，一传十，十传百，就会让更多的人知道品牌、了解品牌、钟情品牌。

5. 促销活动的开展

通过店铺的招牌，店铺的POP、条幅、海报吸引顾客进店。

二、提高试穿率（体验率）

当顾客走进店内，就一定会留下来吗？走进店内的顾客中，是简单逛逛就走出去的多还是较长时间留下来的多呢？我们有没有仔细测算过店铺的试穿率是多少呢？不要小看这些细节和数字，因为它们最终关系到的就是我们的营业额。

试穿是成交的必经之路，要想提高成交率，就要提高试穿率；要想提高试穿率，首先要增加入店后留下来顾客的数量。留下来顾客的数量越多，才有更多的机会提高试穿率，试穿率提高了，才会有更多的机会提高成交率，从而提高店铺业绩。所以，从以上分析来看，当顾客走进店铺后，我们的重点工作就是想尽一切办法留住顾客。

提高试穿率和以下几个因素关系比较密切：

1. 产品陈列

视线的流动是反复的，它在视觉物象停留的时间越长，获得的信息量就越多，停留的时间越少，信息获取量也就越少。也就是说，当顾客在店内停留的时间延长了，对产品的信息了解就会越多，产品信息了解得越多，就会更容易发现兴趣产品，这样产生试穿的几率就会越大！在生活中，我们都有过陪同朋友购物的经历，我们本身只是一个陪同者，但有时买的比朋友还多，这是因为在朋友试穿的时候，延长了我们在店内停留的时间，使得我们发现了兴趣产品，从而与朋友一样，走进了试衣间。

要用最佳的展示方式来陈列主推产品，而这种方式最好是便于顾客识别，并且是最醒目的陈列形态。在内衣的陈列中，最易识别、最易接受的展示方式是人模陈列，所以我们将店内人模组合陈列，称为店内磁石陈列，也是PP（主推产品）陈列的一种形式。主要的表现形式是店堂内的模特群组合陈列与系列产品的搭配式陈列，主要作用是增加 PP 陈列的数量，更好的展示 PP 产品，提高试穿率。

2. 购物环境

内衣不同于其他服装服饰或其他商业形态，大家或许见过很多摆地摊的在卖服装，但在地摊上卖内衣的就比较少见，因为内衣是比较私密的，购物环境对人的购买欲望会有比较大的关联。

因此，根据经营品牌的定位和自己店铺购买人群等来定位店铺的装修风格等，对提高试穿率有很大的推动作用。

3. 导购服务水平

我们常常在门店看到的这样的现象：当顾客走进店内，导购人员马上迎接，喋喋不休的进行推介与服务，结果使得顾客很有紧张感，从而加速了顾客走出店内的速度，适得其反。我们知道，人们的视觉很容易感知具有较强的刺激的信息，人们的视线会移动到那儿，有意识地关注。因此，导购们服务水平的高低将直接影响顾客的试穿率和成交率。

在后面的章节中，我们将会逐步分析和讲解我们的导购人员该如何观察顾客、如何精彩开场、如何逼单、如何连带销售等。

三、提高成交率

成交率指进店客人达成购买事实的比例，成交率的高低取决于店铺销售人员服务态度技巧和货品存量丰富程度，店铺人员销售技巧高，货品充足，则成交率高。一般来讲，成交率在20%～30%属正常情况，如果成交率不高，需要检讨以下方面是否存在问题：

1. 服务

服务是否专业、到位？内衣作为最贴身的衣物，我们是否把我们的专业化和贴心服务做到让顾客满意？

2. 产品

产品是否足够的吸引人？产品是否足够的丰富？如果常出现有没有合适的尺码、杯型、颜色，这就说明备货不足，应想办法补货或者调货。

3. 购物环境

是否舒适、得体？符合自身品牌的定位？

4. 与其他竞争店铺或品牌比较

与其他竞争店铺或品牌比较我们是否更有优势？而且优势很突出？

5. 促销活动或其他活动

促销活动或其他活动是否进行？正在进行的促销活动是否足够吸引人？

四、提高连带率——即提高购买件数（量）

连带率是指达成购买事实或购买意向的顾客，在原有购买计划的基础上增加了购买的量。这主要依靠门店销售人员灵活运用系统走货的概念，增加单个顾客总体购买的额度。

顾客来买文胸，导购是否懂得推荐给顾客一条内裤或一件腰封与之搭配呢？因此所有导购必须有"**系统走货**"的概念，并担任顾客的服饰搭配顾问。顾客进店本来只想选购一件文胸的，经过导购的引导，不仅购买了文胸，还购买了内裤，在这里内裤就是连带销售的产品。正常来说，门店销售中的连带率要保证在70%以上才算成功。

影响连带率的因素主要有：
1. 产品配置合理，补货及时、货源充足。
2. 导购的销售技能高，善于连带推销，而且有一定的技巧。
3. 导购应具有一定的审美眼光，懂得服饰的适当搭配。
4. 促销活动的开展。
5. 服务到位。

连带率的另外一个表象就是客单价，所谓**客单价**就是每个顾客购买产品结账的金额，即平均单票销售额。是个人销售业绩和店铺整体销售业绩最重要的影响因素之一。一般而言，提高单票的销售件数也就是提高客单价比提高销售票数要容易得多，而客单价的研究却往往被大家所忽视。

1. 客单价和当地居民的收入、消费习惯有关，如果当地居民收入较高，生活水平较好，那么她们购买产品的平均价格和购买的产品数量就比相对贫困地区高。

2. 门店的产品结构和合理的价格带设置有助于提高顾客购买产品的平均价格。相对产品价格来说，提高顾客的购买量才是关键，买的越多越好，提高产品的"快速流转"，只有量上去带动客单价才是一个良性的发展；产品价格并非越高越好，价格高了，购买量就少，客单价还是上不去反而影响门店的价格形象。

3. 员工个人的客单价销售水平主要与产品陈列、搭配技术和连带销售技术等因素有关。所以客单价的数据分析和单票销售多件的搭配特点可以判断出员工个人的连带销售能力，甚至可以分析出陈列水平以及订货的货品组合能力、色彩组合能力。对于因导购个人能力而产生的客单价过低，可以通过一定时期的针对性奖励措施来解决，如单票销售满多少金额或达几件给予单票现金奖励（**这些内容将会在下一本专著《门店制胜，利润倍增——门店标准化管理流程》中做详细的讲解，在此就不做重点介绍**），这对于店铺整体销售业绩提升是有较大意义的。

五、提高回头率

回头率是指一个顾客在产生一次购买行为以后，信任门店的产品及服务，不断回头重复购买，成为老顾客，老顾客的开发维护需要门店销售人员充分运用高超的销售服务技巧。

新顾客发展成老顾客将使门店受益无穷，故而必须建立顾客档案，制定相应的VIP顾客的政策和老顾客政策；新品推出或者销售活动及时通知顾客，促销时老顾客可以享受比较好的政策都是增加回头增销率的技巧。

门店销售分为两方面，新顾客的拓展和老顾客的维护。新老顾客带来的利益适用于"二八"原则，也就是说，老顾客会带来80%的利润，新顾客只能带来20%的收益，而且老顾客的维护成本远比新顾客的开发来得低。通常情况下开发一个新顾客的成本相当于维护5~8个老顾客的成本。

诚信名言

明方向、知方法、重行动、必成功！

心得体会

_____

_____

_____

第二节　引客进店的好处与方法

首先可以提高**门店里的人气**，当门店里顾客比较多的时候，外面的人会看到店里的人多而不自主地进入店内，这在心理学上叫**"从众心理"**。

那么，何为从众心理呢？

从众心理是指个人受到外界人群行为的影响，而在自己的知觉、判断、认识上表现出符合于公众舆论或多数人的行为方式，而实验表明只有很少的人保持了独立性，没有被从众，所以从众心理是大部分个体普遍所有。而由从众心理产生了从众行为，一般说来，群体成员的行为，通常具有跟从群体的倾向。当他发现自己的行为和意见与群体不一致，或与群体中大多数人有分歧时，会感受到一种压力，这促使他趋向于与群体一致的现象，叫做从众行为。

从众心理和从众行为在我们的日常生活中比比皆是。大街上有两个人在吵架，这本不是什么大事，结果，人越来越多，最后连交通也堵塞了。后面的人停了脚步，也抬头向人群里观望……

其次，还可以提高门**店里工作人员的士气**，试想，一旦店内的顾客多了，店里的所有人都忙的不可开交，甚至走路都要小跑，那种精神状态会多好啊！

当然，如果店里顾客很少，或者没有顾客的时候，所有人都会立即变得懒散，无所事事，这种现状和事实很可怕，而且会传染和蔓延，使大家产生惰性，甚至有顾客进店了都还爱答不理的呢！

最后，可以提高**店里工作人员的财气**，有顾客进店，就有成交的机会，成交了就自然有提成可以拿了。业绩越好大家的收入越高，何乐而不为呢？

唯有当顾客进入我们店铺，并且将注意力放在我们产品或服务上的时候，我们才能够真正有效地开始销售过程。

销售过程开始就是吸引顾客来到我们的门店，通过大量的实践证明，最常用、最有效的引客方法如下：

一、形象引客

1. 漂亮精美的门头

从 n 年前的背胶画、灯箱，到之后的水晶字、吸塑字，到最近流行起来的 LED 发光字门头，所有行业都在门头上下功夫。而门头的竞争也一直处于白热化状态，所有品牌公司的人都明白：**树品牌、做销量从门头竞争开始。**

内衣店铺的门面也是一个品牌的门面，最主要是要能清晰地表现出品牌的名称和标志，要醒目、简洁、大气，并且能表达出品牌的文化理念。同时，在色彩和装潢上要能与旁边的店铺有明显的区别。如：高亮度的色彩吸引路人的注目，同时通过店面建筑的语言，体现出品牌的某种特性，是使品牌深入人心的重要途径。

由于内衣行业的发展，品牌专卖店的生存压力越来越大，一般来说，一个 50 平方米的店铺经常都有 3~5 个品牌的组合，因此抢占门头就成为了第一要素。

对内衣来说，视觉营销是很重要的，尤其在晚上，当凌晨 1 点的时候，整条商业街除了路灯都关门营业了，而某个店铺的某个品牌的门头却依然闪烁着，而一些夜归的人们一抬头就被那闪亮的灯光吸引了，这种广告效果就不言而喻了吧！

案例 2　联通营业厅通宵开灯，为啥

在广州很多的联通营业厅就通宵达旦地亮着展厅和门头的灯，而通透的玻璃门似乎向路过的行人预示着什么，是选 3G 就选沃呢？还是不要用移动了换成联通

吧。让行人一看就记住了。

🖊 点 评

浪费一点电，换来人们对品牌的记忆，很好！

笔者也经常给一些优秀的品牌提过建议，在户外发光的门头上安一个定时器，根据当地的实际情况，将亮灯时间定在晚上10点或12点，让那些夜归的人们看到门头而产生记忆的印象。

2. 在店门口悬挂横幅

根据店铺门口的开阔程度来悬挂不同内容和字数的横幅，目的是要吸引路过的消费者进店。经常用到的有：

1）××品牌荣获中国驰名商标称号。
2）××品牌迎三八节买100送38。
3）新店开张，优惠多多。
4）三周年店庆，百万大酬宾。

🖱 案例3　横幅体现主题

万康品牌在深圳做过一次活动，横幅是这样写的："品位女人心，全场满198元送时尚电吹风一部！"

南海盐步大道依曼丽品牌也做过一次类似的活动，横幅的主题是："依曼丽年终大回馈，限时三天，全场10元起，欢迎抢购！"

🖊 点 评

消费者还没进入店铺，很远的地方就可以看到醒目的横幅，而且横幅的内容简单明了，一看就知道，因此很多消费者就因此而被吸引到店里。

同样如果是写着"进店有礼，购买抽奖，欢迎惠顾"等横幅，也让人一看就清楚，所以很多闲逛的人都冲着这个招牌进去的，反正有礼品拿，就进去看看，不看白不看；店员们还邀请了自己的亲戚朋友前去捧场，凡去店里参观的，都有小礼物赠送，效果很好。

不知道大家是否见过有的品牌做过的一些让人觉得不可理喻的横幅，比如"购物满 88 元就可以参加抽奖，奖品是价值 10 万元的小汽车一部"，你信吗？

3. 在店门口做个拱门或充气膜等

新店开张、周年庆典、大型活动时用的比较多，而且还要店铺门口有比较大的空间。一般还会伴随抽奖等活动。

案例 4　绮瑞开业，拱门迎客

国内十大家居服品牌绮瑞家居服在山东东营百货首店开业当天，在店门口竖了个大型的拱门，上面用很醒目的红底黄色字体写上几个字：贺"绮瑞家居服饰馆"开业大吉。

让路过或逛街的人们一眼就可以注意到。

点 评

以拱门为基础，再配以很悦耳的音乐，或者再加上舞龙舞狮等表演，应该会吸引更多的眼球。

上面案例中的几个大字，也让人一看就明白，一方面是"家居服饰馆"，表示以后凡是与家居和服饰相关的这个店估计都可以解决；另一方面是"开业大吉"，消费者看到就想应该会有优惠活动，因此就会不自然地进去逛逛了。

4. 店外精美的橱窗、广告画

消费者在进入商店之前，都会有意无意地浏览橱窗和广告画，所以，橱窗的设计与宣传对消费者购买情绪有重要影响。

橱窗的设计，首先要突出产品的特性，同时又能使橱窗布置和产品介绍符合消费者的一般心理行为，即让消费者看后有美感、舒适感，对产品有好感和向往心情。好的橱窗布置既可起到介绍产品，指导消费，促进销售的作用，又可成为商店门前吸引过往行人的艺术佳作。

综合各类技法，以实现快速表现、突出商业价值、呈现完美效果为目的，**第一时间传达设计理念、第一时间抓住客户、第一时间展示独一无二的品位**是每位陈列师的迫切渴求，设计师可以通过丰富的手绘设计语言打破自己和客户之间的沟通隔阂，让客户更清晰地了解自己的设计构想，以手绘的线条带动视觉赢得商业机会的快捷方式。

橱窗的布置方式多种多样，主要有以下几种：

（1）综合式橱窗布置

它是将许多不相关的产品综合陈列在一个橱窗内，以组成一个完整的橱窗广告。这种橱窗布置由于产品之间差异较大，设计时一定要谨慎，否则就给人一种"大杂烩"的感觉。其中有可以分为横向橱窗布置、纵向橱窗布置、单元橱窗布置。

（2）系统式橱窗布置

大中型店铺橱窗面积较大，可以按照产品的类别、性能、材料、用途等因素，分别组合陈列在一个橱窗内。

（3）专题式橱窗布置

它是以一个广告专题为中心，围绕某一个特定的事情，组织不同类型的产品进行陈列，向大众传输一个诉求主题。又可分为：

节日陈列——以庆祝某一个节日为主题组成节日橱窗专题。

事件陈列——以社会上某项活动为主题，将关联产品组合起来的橱窗。

场景陈列——根据产品用途，把有关联性的多种产品在橱窗中设置成特定场景，以诱发顾客的购买行为。

（4）特定式橱窗布置

指用不同的艺术形式和处理方法，在一个橱窗内集中介绍某一产品，例如，单一产品特定陈列和产品模型特定陈列等。

（5）季节性橱窗陈列

根据季节变化把应季产品集中进行陈列，如夏末秋初的保暖内衣展示，春末夏初的夏装、泳衣展示。这种手法满足了顾客应季购买的心理特点，用于扩大销售。但季节性陈列必须在季节到来之前一个月预先陈列出来，向顾客介绍，才能起到应季宣传的作用。

5. 店铺装潢出众，风格诱人

不管是单个品牌专卖店还是多个品牌的组合店，其环境的设计与展示的成功与否，不仅影响到一个该店铺的现实利益即销售业绩，而且也关系到品牌的发展和延伸。另一方面，在设计与装潢上，不仅要体现品牌的特色，还要在不同程度上表达品牌的风格、理念和人文概念。

终端是展示内衣品牌的直接的窗口，是一切终端行销手段开展的平台，所以，终端形象建设是终端行销的第一个环节，一个品牌的 SI 系统确定下来后，每个单店的推广是非常重要的，否则 SI 将失去意义。店铺工程要确保每个单店的形象装修必须贯彻 SI 企业终端形象识别系统思想，才能体现品牌形象的统一性。

(1) 形象柜：形象柜的感觉，关系到消费者对此品牌的印象。首先，形象柜所使用的颜色和造型要与品牌的理念相协调；其次，能更好地衬托、渲染产品；第三，要紧跟潮流，不会过时。

(2) 试衣间：试衣间不在于大，而在于精。感受一个品牌，就要试穿其产品，那呆在试衣间的这段时间，将会是消费者做出决定的关键所在。由此，对试衣间的规划要通风条件好、空气清新；要准备有挂衣服的地方和女性化妆的一些用品；还要有关于内衣穿着方面的"指引图"；还要有一些可以引起顾客兴趣和好奇但有教育意义的照片；墙面的颜色和灯光也很重要，要让女性感受到温馨，就像在自己房间一样。

(3) 收银台：是整个卖场空间的重要组成部分。重要的是要与形象柜能够协调一致、相辅相成，起着装点卖场，规范化的作用。另一方面，可以储存资料并便于结账。

(4) 灯光：如何吸引女性的眼球？如何更好地取悦她们？留住她们？"良好的灯光"已被消费者列为最重要的环境因素之一，有 75% 的消费者认为卖场的灯光很重要，会直接影响她们的购买行为。尤其像内衣这样特殊的个人消费产品，大部分女性主要凭感觉来购买，灯光对于她们的影响就显得更为突出。

灯光分天花、橱窗、灯箱、形象柜、试衣间、灯模等几个方面，主要是起烘托产品和渲染卖场气氛的作用。要想最大程度地发挥灯光的作用，就必须考虑到内衣产品的陈列方式和装潢设计的风格，不单纯追求灯的排列整齐和造型独特，更强调在有物体（含货物陈设及形象喷绘图）的地方有充足的直射的光线（以造型美的射灯为主）。没有展示的地方就通过间接光源，这样利用光线的疏密与变化，使卖场的层次更加多样化，空间感更强，购物气氛更浓。

另外重要的一点是要注意灯光的节能，以降低不必要的成本。

(5) 货场区域的合理设置：货场区域的设置要有一条流动线，让顾客从进门到出去，能顺着产品陈列的指引方向，自觉地看完产品，不存在产品陈列的死角。

它与试衣区、休息区有明显的区别，同时又形成一个整体。主要的目的是让消费者能更好地挑选自己满意的产品，并对全部产品有大致的了解。消费者休息区是一家内衣专卖店人性化的表现之一。陪伴女友或太太选购内衣对男士来说是件苦差事，而在休息区，他们就能感受到体贴、周到的服务。例如：在消费者休息区配有舒适的沙发、茶几、摆放各类时尚新潮的女性杂志及关于汽车、足球等方面的杂志，以及播放品牌的动态新闻或精彩绝伦的内衣秀等。让每一个到内衣专卖店的人，都能感受到温馨、细致的服务，进而树立品牌的美誉度和忠诚度。

（6）广告的设置：POP 广告是卖场必不可少的推广品牌的手段之一，**POP** 是英文 point of purchase 的缩写。point 是"点"的意思，purchase 是"购买"的意思，point of purchase 即"购买点"。这里的"点"，具有双重含义，指时间概念上的点和空间要领上的点，即时点和空间的点。具体讲，POP 广告是在有利的时间和有效的空间位置上，为宣传产品、吸引顾客、引导顾客了解产品，从而诱导顾客产生购买欲望的商业广告。

POP 具有如下功能：①新产品告知的功能。②唤起消费者潜在购买意识的功能。③取代导购的功能。④渲染卖场气氛的功能。⑤提升品牌形象的功能。

在内衣门店，可以进行如下的 POP 广告设置：

店面 POP：是店铺的面部表情，包括招牌、橱窗、标识物等。一般以产品实物或象征物传达内衣品牌货店铺的个性特色以及季节感等。

地面 POP：利用卖场内有效视觉空间，设置的展示架、立体形象版、X 展架、易拉宝等，大致与顾客视线水平一致，是吸引顾客注意力的焦点。

壁面 POP：利用墙壁、玻璃门窗、柜台等可应用的立面，粘贴产品海报、招贴传单等，以美化壁面、产品告知为主要功能，重视装饰效果和渲染气氛。

悬挂 POP：从天花板垂吊下来的展示，高度适中。如：品牌标志旗、服务承诺语、吉祥物、吊旗等，从各个角度促使顾客注意。另外一点，要特别注重悬挂 POP 的造型特点，新颖、生动化的造型能更好地传达产品的信息和吸引消费者。

6. 导购人员服装整齐划一

人员形象在门店引客中也是很重要的。内衣不像外装，属于比较私密的，所以从业人员的专业素养和外在表现就尤为重要（**后面会有着装具体规范**）。

案例5　黄金身段秀漂亮橱窗

远看橱窗层次分明，有穿着文胸和吊带的模特，背景是大 S 身着一身漂亮大红的长裙，两边大幅的店铺进口。

门头部分简洁明快，简单易认的品牌名称，加上几个颜色搭配的花朵。

透过明亮的灯光看到里面整齐的陈列，漂亮的色彩的搭配。

所有的一切都让人产生想进去店里看看的欲望。

点评

不管是橱窗还是门头或里面的装修，目的就是吸引顾客进去逛逛，如果别人连进去逛逛的欲望都没有了，哪何谈销售的达成呢？

二、资料引客

1. 在新店开张前或店铺重新装修期间，发放自己所经营品牌、门店的宣传资料。很多品牌有宣传资料，但却不知道怎么发放，大部分是等顾客购买了放一份资料在购物袋里，这样的宣传单有用吗？为什么不去附近的商业街或居民集中的地方多做宣传和资料的发放呢？

案例6　新一系装修如何吸引顾客

有一段时间，我的新一系品牌专卖店正在装修，有一位顾客进入我的店里，她对我们的品牌和产品不是很了解，我便向她耐心解释给了她一份印有我们品牌名和我们店名的宣传单页，并告诉她"等装完后您将会看到一个更全新的店"。

当时顾客并不因此而被吸引，不过后来她还真的来了，我首先认出了她，并用自己的真诚与热情周到的服务帮她排除疑虑与困惑时，她也并没有去购买，只是说下一次再说吧！

过了不久，当她再次光临我们的门店时，我高兴又熟悉地与她说话，最后这位顾客很满意地购买了我们的产品，而后来这位顾客又介绍好多她的亲朋好友来购买我的产品。

点评

销售的成功是一个积累顾客的过程，只有平时多积累顾客，多在顾客的心中留下多一点信任，才能最终有所收获；只要有顾客进门，我们就要有一颗感恩的心，感谢顾客的到来，用我们的热心、诚心、耐心去对对待顾客，在顾客心中留下一份信任，一份美好，一份记忆。

2. 在搞活动之前，给老顾客和潜在顾客电话联系或短信通知，告诉她们我们将要举行大型促销活动，并且有丰厚的礼品，请她们抽时间过来看一看。不过随着短信的泛滥，很多消费者（包括我们自己）在看到类似的短信的时候，总是没有看完就立即删除了，那我们该怎么做呢？在后面的章节里会告诉大家，怎样发短信和打电话才是最有用的？怎样做到终生感动顾客？

3. 综合性商场或专营店里购买过其他产品的顾客如留有资料，以回访的方式询问是否有购买其他品牌的打算。

三、感动引客

1. ××内衣提醒您：天气转冷，请预防感冒

大家在电视上经常可以看到一个广告：天气转冷，请预防感冒，严迪广告！这个广告做的很精妙，其精妙之处在于，其一，严迪告诉大家，天气转冷了，请预防感冒；其二，这个就是严迪的广告，卖的是感冒药。

那么对于内衣门店来说也可以同样套用，去广告公司设计一下，把那种天冷的境界做出来，让过往的消费者都可以看到，同时感受到我们品牌的温馨！

2. ××内衣提醒您：天雨路滑，注意安全

和上面的类似，只是在不同的天气情况下使用。

3. 顾客生日或特殊日子前发短信等

只要进来店里的顾客，一定要问到顾客的姓氏、生日，还有其他一些容易问到的信息，因为只有有了这些信息我们才有机会经常与顾客联系，经常感动她，从而使之成为我们忠实的顾客。

4. 送纸巾给路人

炎炎夏日，如果在店铺门口附近，派人送给流汗的美女们一些有着淡淡香味的纸巾，还说上一句："天气炎热，预防中暑。"那么给人留下的印象一定会更深刻。

当然纸巾不是白送的，上面一定要有广告、地址、电话等，起码要让别人知道是谁送的。

四、广告引客

1. 纸质媒体宣传

（1）每个行业都有本行业特定的一些纸质媒体，内衣行业的专业媒体有：

杂志类：《时尚内衣》《内衣商学院》《内衣秀》《内衣风》《内衣频道》等。

报纸类：《内衣视界报》《中国服饰报》等。

（2）当然，在大众媒体中做宣传广告，让更多消费者欣赏到广告，再去购买的案例也很多，尤其是对于那些商场品牌尤为重要，我就在《瑞丽》上看到过华歌尔、奇丽尔、黛安芬等品牌的广告，在《女友》《女报》《好日子》《人之初》等媒体上见过部分品牌的广告。

案例7 霞黛芳三八活动引爆销售

三·八到来前的两期《人之初》上面，我们策划了一个《心系三八节，情赠有缘人》的活动，大概细则是说在3月8、9、10日三天里，打进指定电话的前38位消费者可以免费获得霞黛芳品牌新款文胸一套。

结果那三天，每天从早上8点开始到下午6点结束，我们都会接到来自全国各地的200多个电话，那几天我们几个人接电话接到怕。而且在随后的一段时间内每天总是有不少电话进行咨询。

在三·八当天还发生了个小插曲，下午2点多了，来了几个潮阳电信部门的，说有好多人投诉，我们刊登虚假广告，因为很多人的电话打不进。不过当我们把电话接听记录资料（姓名、地址、电话、内衣尺码等很详细的）给他们看，而我们工作人员还一直在接电话的时候，他们也就深信不疑了。

点评

此次活动让全国很多消费者认识了霞黛芳品牌，同时也为霞黛芳品牌快速发展与提升迈出了坚实的一步。

其实我们缺乏的不是思想，而是缺少执行和贯彻到底的坚持！

因此往往很多好的策划到头来却成了别人眼中的忽悠，不值得！

2. 网站宣传（公司网站、行内外专业网站）

随着网络的普及，各个品牌都有建自己的网站，毕竟网络可以比较快捷直观地把品牌的特性特色等突显出来。

内衣行业比较专业的网站有：内衣界网、中国内衣网、中国品牌服装网、等。

3. 淘宝、拍拍等购物网站

当京东商城、淘宝等网购的崛起，内衣行业的兰缪、梦芭莎等异军突起，很多品牌也开始行动，好多品牌已由前期的网店开到了商城，部分也有了起色。

4. 开通博客、微博、论坛等

在论坛、博客上刊载一些经典文章，让更多人去点击，从而带出品牌的宣传，也是个好主意。

5. 电视广告、电视购物

前几年的"魔力挺"火了一下，而后期由于主管部门的限制，加上虚假信息的增多，费用居高不下，因此内衣投放电视广告的还不多，即使有，好多是为了在宣传上打上"央视上榜品牌"而已。

五、感官引客

1. 声音吸引

（1）店门口放大音量的音响

上面我们讲到人有从众心理和从众行为，同样，通过听觉也可以吸引更多的人聚拢过去。

尤其在新店开张、做大型活动的时候，很多会在店门口放着大音量的音响，甚至还有人现场脱口秀，或者宣布中奖状况。

（2）集体鼓掌

有一次笔者路过北京路的时候，突然听到一阵阵整齐响亮而又有节奏的掌声，很多顾客听着听着就不自主地走进了店中。

2. 摩托车队或汽车广告

有些新店开张前，会组织或雇用一些摩托车（一般5部以上），形成一个车队，每部车上插着一面有广告的红旗，沿着各条主干道巡游，这会给很多顾客留下深刻的印象。

有的门店干脆在小货车上边做广告，并配以喇叭，放着广告在街上缓慢巡游。

3. 异业联盟

在一些不是很大的城市，一些有头脑的商家，会联合当地经营比较好的卡拉OK厅或KTV，在每间包房开启电脑时先放上一些他们店铺的广告（地址、电话以及优惠等），费用也不会很高，但效果会比较好。

案例 8　绮瑞新店开张，歌舞抽奖诱人

时间：2011 年 3 月 8 日

地点：河南郑州

主题：绮瑞家居生活馆百店工程开业庆典

事件：当天有优秀主持人主持活动；有抽奖活动；还有现场歌舞表演。

效果：当天零售额很高，现场加盟客户络绎不绝。

点评

很多做类似活动的，但为什么效果不好呢？

一定要记得几个重点：①事前的宣传推广很重要。②开业时间的选择，最好选择在周末或法定假日，那时逛街的人多。③现场的氛围起到很关键的作用。④有必要的情况下别忘了做点"假"——也就是要用"托"来现场作秀。

六、派单引客

说到派单，先解释一下什么是 DM 单。

DM 是英文 Direct Mail advertising 的省略表述，直译为"直接邮寄广告"，即通过邮寄、赠送等形式，将宣传品送到顾客手中、家里或公司所在地。

无论我们走在大街，休闲购物广场，还是坐在公司，都可以收到来自不同行业不同风格的 DM 宣传单。各类企业通过派发各种形式的 DM 单向顾客传播产品和服务的信息，DM 已被大部分企业作为商务活动的首选业务推广方式，其成本低廉、覆盖面广、极强的针对性、广告信息传递速度快、版面及篇幅灵活、滞留时间长，传阅率高等诸多优点，在产品推介、信息传递、品牌提升方面受到企业及商家的青睐！

案例 9　不一样的派单

走路或逛街，我一般是不会接收别人发传单的。但有一次在广州的一个地铁出口接到一张类似名片的宣传单，派单的是个小伙子，他拿着一叠类似名片的单子，见有乘客出站便塞一张过去，我见前面的人基本都拿了，他边塞宣传单边说

一句话："免费派发广州地铁线路图，敬请收藏！"我听到这句话还以为他们是慈善机构呢，拿到手里一看，确实一面是广州的地铁全图，但另一面就是他们的广告。

点评

类似的派单在机场出口处也有，一面是广州市地图，另一面是旅行社的广告，随着DM骚扰的增多，绝大多数人都会选择避而远之！因此想办法，立新意，把DM做成麦当劳或肯德基那样的估计效果会好很多。

1. 派单引客的好处

首先，给顾客的第一印象比较好。如果通过导购的努力用派单的方式将顾客从门外引进了店里，那她们已经在门外就开始有了沟通，甚至建立了一些信任，因此更容易得到顾客的信赖。

其次，如果通过派单而引客成功，导购人员的自信心会增加，同时其自我感觉一定会非常棒，因此有利于改善自己的心绪，对后期自己的工作状态有非常积极的影响。

第三，改善工作场所的气氛。经常通过派单引客进店里，增加了门店的人气，也使大家觉得有事可做，积极性会提高。

第四，当然还是改善工作成果，有人进店，争取拉进试衣间，通过一系列的技巧，成交的可能性提高，因此大家的提成也就高了。

2. 仪容仪表规范

既然要面对消费者，所以要有良好的仪容仪表，具体规范如下：

(1) 头发

——长发及肩的必须束起。

——不可太油腻，不可有头屑。

——刘海不能盖过眼眉。

——不可染发，头发不得过于蓬松。

(2) 指甲

——不得留长指甲（手掌面对自己，与眼睛同高，看不到指甲为合格）。

——指甲必须修剪及清洁，指甲油只能涂透明的颜色。

——指甲上不可有过多点缀物。

(3) 妆扮

——香水味以清淡为主。

——必须涂颜色不太夸张的口红，涂一些暖色唇膏；不可以使用黑色、深紫等冷色口红。

——化淡妆，描眉颜色不可太深。

——整体感觉干净,似有若无。

（4）首饰

——不可戴超过一枚戒指。

——不可戴过大或颜色过多的手表。

——手镯和手链尽量不戴。

——耳环方面,只可戴一对不夸张、粒状耳环。

——耳环不带坠、戒指不带钻、项链仅一根、手镯尽量不戴。

（5）卫生

——保持口气清新无异味。

——双手洁净无污渍,面部洁净不油腻,眼睛不出现任何不干净迹象。

（6）着装

——统一制服,服饰干净得体,感觉要简洁大方、雅致。

——颜色不宜太艳,以单色为宜;不要穿着奇装异服。

——不要穿着袒胸服、透视服、超长裙等。

3. 仪态规范

（1）**精神**：精神饱满,以愉快的心情投入工作,更好地为每一位顾客服务。

（2）**举止**：举止大方、干净利落,同顾客交谈时语气要温和。

（3）**动作**：动作要轻柔,保持最佳仪态。

（4）**微笑**：任何时候在店里,只要跟别人有眼光的接触,脸上就要带微笑,并且要笑得大方自然,让人感觉是发自内心的真诚微笑。

（5）**站姿**：在店里,应该保持一个良好的姿态。

（6）**走姿**：（站姿和走姿的标准在下一章里有详细叙述）

（7）**工作牌**：佩戴统一的工作牌,正面朝前,不可戴反。

4. 派单的时间、地点和数量

先让我们来看看下面的几个概念：

时间：10~15分钟。

地点：8~10米。

数量：5~10份。

（1）**时间**：**10~15分钟**,指的是在店门口派单的导购人员每次在外面派单的大概时间。派单时间不宜过长,如果时间过长而一直派不到顾客进来反而会打击导购的积极性;当然也不要太短的时间,如果就那么三两分钟,脚都没站热,就跑回店里了,肯定效果也不佳。

（2）**地点**：**8~10米**,指的是在店门口派单的导购人员在外面派单地点离店门口的距离,具体多长的距离最合适,要根据我们下面具体的话术而定,与顾客所讲的话语来进行决定距离的长短。

（3）数量：5～10 份，指的是在店门口派单的导购人员在 10～15 分钟的时间内需要派出去的宣传单的数量。

到这里可能大家都很迷惑，10～15 分钟才派出去 5～10 份单，平均 2～3 分钟才派一份？似乎有点少！按别人在天桥上的派单速度，10～15 分钟至少可以派出八十份呢！

其实，我们这里叫"派单"，而不是"发传单"或者说"发 DM 单"，也就是说我们这里所说的"派单"和其他"发传单"是有着很大的不同。

许多人发传单，总是不分青红皂白就塞一张过去，至于别人是否转身就扔了，他们不理会，他们关心的是是否把手上的一叠单发完了。不过传统的发传单也慢慢有了一些进步的地方，比如做一些笔记特别形状，还有做成纸扇啥的，这样单丢失率会略低。

5. 合理动作

（1）边跟边讲

当我们给顾客派发 DM 单张的时候，我们和其他人发传单是不一样的，他们只是把传单发给顾客，顾客现场拿着了他们就觉得完事了，即使刚走一步就把传单扔掉，他们也不管，继续派发他们的宣传单。

而我们的做法是，从 8～10 米开外，看见顾客先上前打招呼，要知道几乎所有顾客都不会因为我们跟她打招呼而停止脚步，大多数人的第一反应是立即保护自己，一连串的问题会在顾客的脑海中闪现。

当我们和别人打招呼的时候，一般人会抬头快速地扫描一眼，因此，我们的穿着打扮是非常专业还是像骗子？我们的仪容仪表是很得体还是很邋遢使人想回避？我们的谈吐是使人如沐春风还是让人一听就厌恶……这些都决定了该顾客是否能够被我们引进店里。

既然顾客不会停止脚步，只会稍微放慢一点步伐，但只要别人有反应了，那我们的机会就来了。因此我们要随着顾客的步伐，在前进过程中和她交流，将我们准备好的话术和她说，邀请她进店。

在这里需要注意的还有一点，就是我们派单人员站在顾客的左边方便还是右边更方便呢？这主要要看我们在进店门的哪一边来决定的，如果在进店门的右边，那么在顾客的左边会更方便，因为快到门口的时候，直接快一步拦截，手部用力直接把顾客推进店里；反之则在右边。

（2）搂后背

女性和男性不同，如果两个熟悉的男性同胞出去逛街手挽着手或者一个搂着另一个的后背，绝对会被人误解的。而对于素不认识的，如果有个陌生人想把手搭到某个男性朋友的身上，100% 会被拒绝。而女性朋友却完全不同，我们见得多的是女同胞们挽手逛街购物的。

据心理学家和行为学家研究表示，与人交往时，适当采用握手、拥抱、触摸胳膊等肢体动作，有助于增加人们之间的信任感，从而形成良好的人际关系。

因此，在合适的时机，记得在顾客身上可以用上合适的肢体动作，这里主要就讲一种，那就是：**搂后背！**

让我们回忆一下女孩第一次被男孩子牵手感觉，两人一起逛街在过马路的时候，他对女孩说"车辆太多了"，然后便自然而然地牵起女孩的手穿越马路；到拥挤的场合时他对女孩说"抓住我的手，否则要走散了"……如果女孩喜欢或者说不讨厌他，或许会装腔作势地矜持几下，随后便会欣然顺从。

再让我们回忆一下第一次被男孩子搂腰或搂肩膀的情境：两人一起压马路时，有车从后面驶来，他对女孩说"车来了"，于是他顺势搂住女孩的肩膀一起避让车子；到一个可以荡秋千的地方玩耍，他让女孩坐在秋千上，然后说"坐好了，我来帮女孩推"，手便自然而然地落到女孩的肩上；一起就餐时，他轻轻地拍拍女孩的肩膀问"这家饭店可以吗？"女孩同意了，于是他顺势搂住女孩一起走进餐厅；在感到比较寒冷的时候他脱下自己的外套披在女孩的身上，然后轻轻地搂抱给女孩温暖；如果是在游乐场坐摩天轮等游乐设施时，他搂住女孩的肩膀以给女孩安全感……在这样的场合，男生绅士般得当的行为举止反而可以给自己加分。

从以上的情境中，我们来分析一下，发生这样的状况，要满足三个条件：

一是喜欢对方或者说起码不讨厌对方。

二是不经意间地发生。

三要非常自然，不可做作或者很粗鲁。

既然可以顺势搂别人的后背，那么我们的手该放在哪里是最合适的呢？通过无数次试验，我们的手放在对方文胸的**后比位的位置**会让对方感觉最舒服，因为在后比位的位置，最起码隔了两层衣服（文胸和外衣），不会直接接触到肌肤，而且稍微用一点力对方也都能感受到。

如果我们真的把手放到了对方文胸的后比位的位置，记得这个时候，我们一定要注意以下几个要点：

① 手千万不要上下左右游动，会显得不尊重，或让别人觉得会难受或痒，从而立即拒绝你。

② 手一旦搂到别人的后背，就不要立即拿下来，千万不要过一两秒又搂上去又拿下来，这样反复的去触碰，别人会很不习惯的。

③ 手不要搭到肩部，或腰部，那些属于敏感区域。

④ 当手搂在后背上以后，尽量坚持到店铺门口，因为还有接下来的顺带的动作。

（3）顺带的动作

手搂到顾客的后背之后，还要有一些牵引的动作，包括轻轻地推动或带动。

如果有跳交谊舞的经验就最好了,跳交谊舞的时候,男士的双手经常会给女士一点力量暗示,女士感受到了就知道该进该退还是要转弯。

所以,当顾客快到我们店铺门口的时候,我们的手还在顾客的后背上,这时候记得要使点力,顺便把她给推进我们的店里。

6. 话术技巧

首先,我们要"**礼貌而又简洁地向目标人群讲解**"。

这里有四个词特别重要,那就是"**礼貌**"、"**简洁**"、"**目标人群**"和"**讲解**"。

(1)礼貌

从前面的仪容仪表、仪态规范里,我们知道了怎样把我们最专业的一面展现出来,因此,这里的礼貌与之相对应,但有一点一定要着重指出:

① 不要正面拦住别人的去路,试图逼别人停下来,那样做只会适得其反的。
② 不要随便在顾客面前由左边晃到右边,又从右边晃到左边。
③ 不要面无表情,动作僵硬,也不要先打招呼,直接把单塞到顾客手里。
④ 如果别人态度很坚决地拒绝邀请进店,可以给她一张宣传单。

(2)简洁

我们的说话、我们的行为动作等应简明扼要,不拖泥带水,没有多余的内容,让顾客觉得我们很专业与干练,而且别人一听就知道我们的主旨是什么,从而再判定是否要跟着进店。

① 用最精炼的语言把主旨表达完整,确保别人听的明白。
② 不要过于啰嗦,让人觉得厌烦。
③ 注意说话的速度和说话用时,不要顾客已经从店门口走过了,还在介绍。
④ 在需要的时候还要和顾客有眼神、表情等方面的交流与沟通。

(3)目标人群

通过我们自己的判断分析,确定我们想将传播的信息传播给谁。这就是要考验我们的察言观色的能力,在后面将会特别介绍如何观察我们的顾客。

我们很多时候喜欢"以貌取人",过于相信自己的眼睛,通过观察做出一些主观判断,在接下来的服务中由于受主观判断的影响,结果把单做死了。

案例10 学员分享

记得在2010年12月6日至8日广州站Ⅱ三天的课程培训结束后,在12月8日,来自深圳蓝月亮内衣连锁机构的培训老师郭晓蕾发来短信:

"程老师,通过这三天的学习让我学到了很多,也改变了很多,真的非常感谢您!您解决了我一直苦恼的问题,让我更坚定了自己的目标!现在我知道以后该怎么做了,谢谢您,您太棒了!"

在12月12日，来自珠海金宝丽内衣连锁机构培训老师蔡桂霞也发来短信：

"我们现在都在分享培训中的技巧，感觉蛮不错！就在刚才，把一个只穿15元内衣的妇女，引导到最后买了785元。在引导过程中，脑海里一直回忆着培训的内容，想怎样做才会更好，最后我做到了。感觉这个培训很有效！"

点评

谢谢郭老师和蔡老师的分享，其实销售无定式，法律也没有规定，工资1000元的就不可以购买200元一件的内衣？而之前穿几十元内衣的人就不可以买几百元的来穿？只要我们善于发现、善于学习与总结，进店率、成交率、客单价的提升真的不是难事！

（4）讲解

就是把我们准备好的话语，在与顾客短距离短时间的接触中，用最动听的声音、最能打动人的方式说出来。以下有几个参考话术：

话术1：

您好，请了解一下适合中国女性穿的内衣，我们专卖店在这边，来，这边请！

话术2：

我们正在做一个内衣文化的宣传（摊开宣传单页给顾客看），不知道您平时选择内衣的时候有没有注意……（文胸移位、压胸、副乳增多等，从中选择一个来表述），您可以到店里，给您做一个详细的讲解，来，这边请！

话术3：

您好，我们正在做一个免费的健康检测活动，帮助所有爱美的女性朋友检测胸部与内衣的健康状况，来，进来帮您做个专业的检测！

话术4：

您好，我是××内衣专卖店的（手指前方自己的店铺），我们店正在做一个买100送30的活动，现盛情邀请您参加，来我们店里指导一下吧。

话术5：

您好，我是××内衣专卖店的高级导购悠悠，我们店铺最近刚开张，正在做一系列的优惠活动,欢迎您光临指导!

……

以上只是给大家做个参考,其实这些在店外引客的时候要说的话,我们可以经常变换,可以根据活动、季节、促销等等来组织,但说这些话的时候一定要:

① 话语流利,自然,不可结结巴巴。

② 音量适中,不可太大声,别人会以为我们把她当聋子;也不可或太小声,如果别人听不到或听不清楚,那样会显得我们很没自信。

③ 注意自己的表情,一定要一直面带微笑。

7. 店外引客的原则:不抛弃不放弃

店外引客,有一定风险,这里说的风险不是别人会羞辱或暴打我们一顿,而是指可能会经常被别人拒绝,而且被拒绝的几率还是蛮大的。通过对学习过相关课程的学员的回访中,我们发现店外引客的效果还是很好的,有的甚至可以达到50%以上,也就是说在店外,每邀请两名顾客就有一位可能被邀请进店。

不过在这里笔者还是要送大家一句话:**销售就是从被拒绝开始的!** 其实不去店外引客就没这个风险,但是那样业绩就全靠自然销售了,因此在店外引客的时候,我们要记住六个字:**不抛弃不放弃!** 这是一种工作状态,也是一种不屈不挠的精神,更是一种不达到目的绝不罢休的意志!这里所谓的"不抛弃不放弃",应该是几个方面:

首先,不管是在店外引客、前台接待、试衣过程、还是在买单、电话回访过程中,我们时时刻刻可能会遭到顾客的拒绝,但我们一定要坚持,很多成功的销售案例很生动地说明了这一点。

其次,我们对这些销售流程的实战,要天天坚持去做,而不是打一天鱼晒三天网,觉得做一下就可以了,或者说试了3次没成功就下结论说,这种方法是不可行的。

案例11 我的一次派单

那天下午四点多钟,店里人不多,我便到店外进行派单。整理了一下自己的情绪,拿了十几份宣传单,我非常自信地微笑着,用眼光进行扫描,看谁是我的"猎物"。

这时一个四五十岁的阿姨吸引了我,她走的不快并到处闲看,感觉在散步,看她穿着很得体很整洁,我立即展现我迷人的、露出八颗牙齿的、标准的微笑,走到她右侧,摊开宣传单,用最动听的声音说:"大姐您好(其实我是故意叫大姐的,为了对方开心)",那阿姨见到我,只是稍微放慢了一下脚步,并看了一下我手里的单张,问:"这个干吗的?"我心中窃喜,只要对方想了解这个干吗的,就有戏了。

"我是水中花内衣的（顺手指了一下我们的店那）金牌导购，我们正在做一个免费的检测活动，想邀请您参加……"

"我不想去了，我等会还要去买菜呢"，我还没说完，对方就打断了我的话。

"哦，其实也不用花您太长时间，就可以帮你检测您的胸部和内衣的健康状况，对您有好处的……"

说着说着就到店门口了，我顺势将左手搭到对方的背部，轻轻地用一点力量带了一下，她居然就顺势走进了我们店里……

最后这位王阿姨成交了一套内衣。

——此案例由水中花专卖店提供

点 评

派单很难吗？确实很难！因为我们感觉顾客们会很反感别人的这种拦截方式吧，但实际上只要动作和话术到位，别人还是能够认可和支持的。

本案例中的顾客才明显地拒绝了一次，但现实中很多顾客可能会拒绝3次甚至3次以上，但我们要坚持。如果顾客很坚决地说的：不要了！不看了！忙！……或许她是真的拒绝，如果对方说：不要了吧！不想看了！有点忙……那我们就该继续坚持一下，或许，成功就开始了。

案例 12　海底捞的员工在公交车上拉客

……

一天杨小丽坐公交车，看旁边有两个打扮入时的妇女，估计她们应该爱吃火锅，所以一路上就想跟她们说，来海底捞尝尝吧。可是实在是不好意思，张不开口。

杨小丽脸憋得通红，到站竟忘了下车。一看过站了，再不说就更亏了，她终于跟人家说了。那是她第一次在公交车上给海底捞抓顾客！

杨小丽叫了声姐姐，那两个妇女刚开始眉毛都竖起来了，以为她是搞传销的或者是骗子，杨小丽马上微笑着说"姐姐，我是四川来的，开了一家火锅店叫海底捞，味道挺好的，价钱也公道，想请你们过去尝尝"，说着递给她们每人一张印有地址和电话的名片。

……

结果是她们还真来了，以后还成了我们忠实的顾客！

——本案例选编自《海底捞你学不会》，略有修改

点 评

近几年，研究海底捞的很多，海底捞的成功，不仅仅是味道好（产品好），她们奉行的"变态"服务却是最能够打动人的（服务），而"客人是一桌一桌抓的"理念深深地融入了海底捞人的血液（理念），因此，她们以海底捞为荣，以海底捞为家。

诚信名言

销售无定式，销售是从被拒绝开始的！

保持良好乐观积极的心态，销售无难事，只怕有心人！

心得体会

_____

_____

_____

第三章

前台接待

　　前台接待的好坏，直接影响顾客是否愿意进入试衣间。如果提高了顾客试穿率，那么成交率也就会跟着上去的。

　　在很多其他的培训或培训资料中，接待仅仅是作为其中的一个简单的动作，也就是导购站在店铺门口说一句"欢迎光临"，其实这远远不够。本章中所述的前台接待，除了会在最合适的时间、用最动听的声音、说最中听的话之外，还要学会察言观色、时机把握、精彩开场、异议处理等重要环节……

第一节　标准姿态
第二节　礼貌迎宾
　　延伸阅读：店内没有顾客时我们做什么
第三节　接待时机
第四节　顾客分析
第五节　精彩开场
　　延伸阅读：赞美秘籍
第六节　探寻需求
　　延伸阅读：麦凯66表格
　　延伸阅读：有效沟通
第七节　介绍产品
第八节　异议处理
第九节　试穿理由

从前面的店外引客，我们把顾客按所在的空间位置，来分为这样五大步骤，而前台接待所处的是顾客进门开始到进入试衣间之前的全过程。因此，试穿率的提升全靠在前台接待过程中的所有步骤！

第一节 标准姿态

毕竟大部分顾客还是自己主动进来的，因此我们在店门口的待客迎宾和后面的交流、服务等直接决定了试穿率的高低。

首先，我们要给顾客留下最专业的印象，那得从站姿、走姿等开始。

一、站姿

站立姿势，又称站姿或立姿。是指人在停止行动后，直着身体，双脚着地，或者在其他物体之上的姿势。站立是人们生活、工作中的一种最基本的姿态。

一名优秀的店员是通过得体的举止、饱满的精神、娴熟的服务技能和热情周到的服务来赢得顾客的好感和信赖的，并以此来体现品牌和店铺的形象，而优雅端庄的站姿就是全体门店人员服务形象的基础。

在现实生活中，人们常常会在站立之时采取各种各样互不相同的站立姿势，由于适合不同的场合而各有不同，在具体要求和做法上也存在着不少的差异。

在人际交往中，站姿乃是任何一个人的全部仪态的根本之点。如果站姿不够标准，一个人的其他姿势便根本上谈不上优美和典雅。而对于店员而言，采用标准的站姿尤为重要，因为在自己的工作岗位上，基本是站立服务的。

1. **基本站姿**

基本站姿，是指人们在自然直立时所采取的正确姿势。其标准做法是：

头部微抬（一般不应站得高于自己的交往对象），面部朝向正前方，双眼平视，下颌微微内收，颈部挺直，双肩放松，呼吸自然，腰部直立，双臂自然下垂，处于身体两侧，手部虎口向前，手指稍许弯曲，指尖朝下，两腿立正并拢，双膝与双脚的根部紧靠一起，两脚呈"V"字分开，两者指尖相距约一个拳头的宽度（这一脚位又叫"外八字"），注意提高髋部，身体的重量应平均分布在两腿之上。

采用基本站姿后，从正面来看，主要特点是：**头正、肩平、身直**；从侧面看，其主要轮廓线为：**含颌、挺胸、收腹、直腿**。总的来说，采用这种站姿，会使人看起来稳重、大方、俊美、挺拔。其好处还有：可以帮助呼吸，改善血液循环，并且在一定程度上减缓身体疲劳。

女性店员在站立时，要注意体现出女性的轻盈、妩媚、娴静、典雅的韵味，要努力给人以一种"静"的优美感。

2. 店员服务时的两种站姿

（1）为别人服务的站姿

为人服务的站姿俗称"接待员的站姿"。显而易见，在自己工作岗位上接待服务对象时，店员可以采取此种站姿，站立之时，身前没有障碍物挡身、受到他人注视、与他人进行短时间交谈、倾听他人的诉说等，都是采取这种站姿的良好时机。

采用为人服务的站姿时，头部可以微微倾向自己的服务对象，但一定要保持面部的微笑，手臂可以持物，也可以自然下垂。在手臂下垂时，从肩部至中指应当呈现出一条线自然的垂线。小腹不宜凸出，臀部应当紧缩，其关键的地方在于：双脚一前一后站成"丁字步"，即一只脚的后跟靠在另一只脚的内侧；双膝在靠拢的同时，两腿略为重叠。这一站姿看上去较为优雅，故而也为不少人拍照时所用。

（2）待客的站姿

待客的站姿亦称为"长时间站姿"、"障碍物挡身时的站姿"或稍息。当一个人长时间持续不断地采用基本站姿之后，她身体再好，难免也会感到疲惫。

采用待客的站姿，技巧在五个要点：

一是手脚可以适当地放松，不必要始终保持高度紧张的状态。

二是可以在一条腿为重心的同时，将另一条腿向外侧稍稍伸出一些，使双脚呈叉开之状。

三是双手可以指尖朝前的做法轻轻扶在收银或柜台之上。

四是双膝要尽量地伸直，不要令其出现弯曲。

五是肩、臂自由放松，在敞开胸怀的同时，一定要伸直脊背。

八字步：

肢体站立、双脚八字站开，

两手自然交叉，放在腹前；

面带亲和、轻轻微笑、

语气平和、吐字清晰。

若有的女性八字步两腿不能并拢的话，可以采用丁字步：

肢体站立、双脚丁字站开，

两手自然交叉，放在腹前；

面带亲和、轻轻微笑、

语气平和、吐字清晰。

3. 八种不良站姿

（1）身体歪斜

古人所谓"立如松"，其意即人在站立之时，以身躯直立为美，而不允许使其歪歪斜斜。店员在站立之时，若是身体出现明显的歪斜，例如：头偏、肩斜、身歪、腿曲，或者膝部不直，不但会看上去东倒西歪，直接破坏人体的曲线美，而且还会令人觉得店员颓废消沉、萎靡不振、自由散漫。

（2）弯腰驼背

是指一个人身躯歪斜时的一种表现。除去腰部弯曲、背部弓起之外，大都还会伴有颈部弯缩、胸部凹陷、腹部挺出、臀部撅起等一些其他的不良体态。凡此种种，显得一个人缺乏锻炼，健康不佳，无精打采，往往对个人形象的损害会很大。

（3）趴伏依靠

在工作岗位上，店员要保持自己"站有站相"，而不能在站立之时自由散漫，随便偷懒。在站立之际，随随便便就趴在一个地方，伏在某处左顾右盼，倚着墙壁、货架而立，靠在桌柜边上，或者前趴而后靠，都是不允许的。

（4）双腿大叉

记住：自己的双腿在站立时分开的幅度，一般情况下越小越好。在可能的情况下并拢最好。即使是将其分开，通常也要注意不可使二者之间的距离较本人的肩部还宽，而切勿使其过度地"开裂"。注意到了这一点，才有可能使自己的站姿中看。

（5）脚位不当

通常情况下，双脚在站立之时呈现出"V"字式、丁字式、平行式脚位，但是，采用"人"字式、蹬踏式是不允许的。所谓"人"字式脚位，指的是站立时两脚脚尖靠在一起，而脚后跟之间却大幅度分开来。有时这一脚位又叫"内八字"。所谓蹬踏式，则是指站立时图舒服，一只脚站在地上的同时，将另一只脚踩在鞋帮上、踏在椅子上、蹬在窗台上、跨在桌子上等。这两种脚位，看上去不堪入目，甚不美观。

（6）手位不当

一是将手放在衣服的口袋里，二是将双手抱在胸前，三是将双手抱在脑后，四是将双肘支于某处，五是将双手托住下巴，六是手持私人物品。

（7）半坐半立

工作状态下，绝对不允许在需要站立之时，为了贪图安逸，而擅自采用之姿。当一个人半坐半立时，既不像站，又不像坐，让人感觉过分随便。

（8）浑身乱动

在站立时，是允许略做体位变动的，不过从总体上讲，站立乃是一种相对静止的体态，因此不宜在站立时频繁地变体位，甚至浑身上下乱动不止。手臂挥来挥去，身体扭来扭去，腿脚抖来抖去，都会使一个人的站姿变得十分难看。

二、走姿

走姿又称行姿，指的是人在走动时所采取的行进姿势。是一种动态的姿势，是站姿的延续。

1. 基本走姿

基本要点：身体协调、姿势优美、步伐从容、步态平稳、步幅适中、步速均匀、走成直线。走姿的规范标准是：

（1）双目向前平视，微收下颌，面带微笑。

（2）上身挺直，头正、挺胸、收腹、立腰、重心稍前倾。

（3）双肩平稳，双臂前后自然摆动，摆幅以 30～35° 为宜，不要过于僵硬。

（4）注意步位，两只脚的内侧落地时，理想的行走线路成一条线。

（5）步幅适当：一般应该是前脚跟与后脚尖相距为一脚长（但因性别和身高不同会有一定的差距）。

2. 正确的走姿

（1）上半身不要过于晃动，自然而又均匀地向前迈进，这样的走路姿态，不急不缓，给人如沐春风的感觉，可谓仪态万千。

（2）女士走路时手部应在身体两侧自然摇摆，幅度不宜过大。如果手上持有物品，如手提包等，应将大包挎在手臂上，小包拎在手上，背包则背在肩膀上。走路时身体不可左右晃动，以免妨碍他人行动。雨天拿雨伞时，应将雨伞挂钩朝内挂在手臂上。

（3）女性在走路时，不宜左顾右盼，经过玻璃窗或镜子前，不可停下梳头或补妆，还要注意不要三五成群，左推右挤，一路谈笑，这样不但有碍于他人行路的顺畅，看起来也不雅观。

（4）一些女性由于穿高跟鞋，走路时鞋底经常发出踢跶声，这种声音在任何场合都是不文雅的，容易干扰他人，特别是在正式的场合，以及人较多的地方，尤其注意不要在走路时发出太大的声响。

3. 不同着装的走姿

（1）穿着西装的走姿

① 穿着西装要注意挺拔，保持前后平正。

② 双腿直立，走路的步幅可以略大些，手臂放松伸直摆动。

③ 走路时髋部不要左右过分摆动。
(2) 穿着长裙的走姿
① 要平稳,步幅可略大。
② 转动时,头和身体要协调。
(3) 穿着短裙的走姿
步幅不宜太大,走路的速度可略快些。
(4) 穿高跟鞋的走姿
① 保持好身体的平衡。
② 直膝立腰,收腹收臀、挺胸抬头。
③ 步幅不宜过大。
④ 两脚跟前后踩在一条线上,脚尖略外开,走出来的脚印像柳叶一样。
⑤ 将踝关节、膝关节、髋关节挺直,保持挺拔向上的形体。

4. 走姿训练要点
(1) 明确方向
行走时,必须保持明确的行进方向,尽可能地使自己犹如在一条直线上行走,做到此点,往往给人以稳重之感,具体的方法是:行走时应以脚尖正对着前方,形成一条虚拟的直线,每走一步,脚跟部应当落在这一条直线上。

(2) 步幅适度
步幅指人每走一步两脚之间的支持距离,最佳步幅为本人的一脚之长。步子的大小,应当大体保持一致。

(3) 速度均匀
人们在行进时的具体速度,通常叫步速。一般要保持相对稳定,较为均匀,而不宜过快过慢,或忽快忽慢,一时间变化过大。正常情况下一分钟 60~100 步为宜。

(4) 重心放准
起步之时,身体向前微倾,身体的重量落在前脚掌上,在行进过程中,应注意使自己身体的重心随着脚步的移动不断向前过渡,切勿让身体的重心停留在自己的后脚上。

(5) 身体协调
走动时要以脚跟首先着地,膝盖在脚步落地时应当伸直,要成为重心移动的轴线,双臂要在身体两侧一前一后地自然摆动。走路时身体乱晃乱摆,也会让人觉得轻佻,缺少教养。

(6) 形态优美
行进的过程中,保持自己的整体形态优美,是大家容易忽视的一大问题。要做到昂首挺胸，步伐轻松而矫健，还要面对前方，双眼平视；如果双手反背于背后，这会给人以傲慢、呆板之感。

三、蹲姿

当物品掉落在地上需要弯腰将其拾起，从储物柜里拿商品时均需要用到蹲姿，一般的习惯是：弯腰、俯背、撅起臀部，这样做很不雅观，也不礼貌。

1. 蹲姿规范标准

（1）下蹲拾物时，应自然、得体、大方，不遮遮掩掩。

（2）下蹲时，两个膝盖应并拢，两腿合力支撑身体，避免滑到，如在顾客面前滑倒将十分难堪。

（3）下蹲时，臀部向下，上身保持直线，使蹲姿优美。

（4）双腿靠紧。

2. 纠正不良蹲姿

（1）双腿叉开，臀部向后撅起。

（2）两腿展开，平衡下蹲。

3. 工作中的两种蹲姿

（1）交叉式蹲姿：下蹲时，右脚在前，左脚在后，左脚跟抬起，脚掌着地。两腿前后靠紧，合力支撑身体，臀部向下，上身稍前倾。

（2）高低式蹲姿：下蹲时，左脚在前，右脚稍后（不重叠），两腿紧靠向下蹲，形成左膝高、右膝低的姿态。

诚信名言

人靠衣装马靠鞍。做什么像什么，才能做什么就是什么。

心得体会

第二节 礼貌迎宾

顾客进入内衣店必须面带微笑欢迎，打招呼须注意时机，要表现得真诚、自然。导购人员须给予顾客自由挑选内衣的空间，避免过于积极，给顾客造成心理压力，而减少销售机会。

迎接时要与顾客目光接触，表情自然，面带微笑，记住"**5米关注、3米注视、1米搭话**"的技巧。在商场专柜，当顾客在看产品（或附近其他品牌产品）的时候就开始关注她的动向，虽然导购当时无法确定该顾客有没有购买自己产品的需求，也是很珍惜和顾客搭讪，和顾客拉近关系，于是当顾客一旦走近自己的终端展位，她便能很热情、很随意地把顾客给"拦截"下来。

一、错误的迎宾动作

走进商场专柜、专卖店，除了能看到琳琅满目的各色商品外，导购也是不能不看到的"陈列"，目前各个品牌在装修上都舍得花不少本钱，陈列上也开始越来越在意，请专业的陈列师在店内做商品摆设，就是说硬件的建设已经日趋完善了。那么软件呢？就是说我们店里那些活生生的导购的服务如何呢？

当店里没有客人的时候，导购们在店里的表现可谓千姿百态：有互相谈心的、有煲电话粥的、有上网聊QQ或看网页的、有靠着收银台发呆的、有对着镜子臭美的、有站在门口倚门而笑的、有修指甲抠指头的、还有躲在试衣间里偷吃零食的……可以说是：只有我们想不到，没有她们做不到的！

案例13　如此待客迎宾

曾在品牌专柜，有个导购靠在收银台上，竟然把鞋子都脱掉在那晾脚！看到有顾客进去，马上顺脚把鞋穿上，来一句"欢迎光临，随便看看……"

有一次在合肥培训的某酒店，笔者背着包在前台那准备登记入住，谁知那两个前台工作人员正在热火朝天的谈论什么大事而似乎没看到我，笔者大概等了两分钟，实在不忍心打断她们的聊天，但又觉得有点累，只好不好意思地说："请问你们聊完没有？"

……

点评

如果这些极少数的个案变成了常态的话，估计这样的门店离关门也不远了！如果我们自己走进店里看到情形是这样的话，会感觉舒服吗？会对这个品牌认可吗？会因为这种服务态度而喜欢其产品到产生购买行为吗？即使想购买，也会杀个最低的价格。各位，服务打折了，就意味着产品的价格要打折，我们乐意按客人的要求打折吗？

案例14 万宝龙的服务

一次，走进万宝龙的专柜，看中其中一款笔，导购见我有兴趣，马上说："先生，您喜欢的话可以拿给您看看。"我说好。

她拉开一个抽屉，拿出一个托盘，托盘上一双白手套，她首先带上手套，然后拿出钥匙打开柜台，双手取出那支笔，用绸布擦了一番，然后双手捧着笔给我展示了一下，然后打开来给我看，开始介绍笔的特点……

我问多少钱？她回答：人民币1980元。

点 评

在日常生活中，我们也常常遇到类似的情况，平时我们在路边的小商店买罐可乐，老板拿出来，用看似干净实际蛮脏的毛巾擦了擦，说2块。

但当我们到了7-11店里，同样的一罐可乐，但货架很干净，灯光很温馨，就卖到了3块。

如果我们去了希尔顿或香格里拉，要了同样的一罐可乐，接下来一位很漂亮的美女，穿着最得体的工装，用精致的托盘托着可乐，专业地放在桌上，还用最动听的声音说："先生，需要帮您打开吗？"那价格估计不会低于68元了。

二、真的"没有人"

不管是在店铺，还是工作总结，或者在例会中，我们听得最多的就是"没有人"，"没有人"几乎成了全中国的导购在门店生意不好时回答的标准统一答案。

那么人都跑到哪里去了？别的品牌为什么卖得那么好？得到的回答无非是：
——他们位置好。
——他们是大品牌。
——他们有促销活动。
——他们产品设计的好。
——他们产品的颜色很鲜艳。
……

很多人都没有想过顾客不想进店的真正原因？也从来不知道检讨一下自己的一些举止行为是否得当？试想，如果我们路过某个店铺的时候，本来要进去的，结果发现：里面的导购人员有无所事事的、有聊天的、有抠指头的、有脱鞋晾脚的……我们还会进去吗？

答案不用笔者来回答，大家心里都有数了。

既然自己不会进去,那别的顾客肯定也不会进去,这样一来,进到店里的人就更少了,那么导购们就更加地无所事事、聊天、发呆……乃至抱怨,于是进到店里的顾客就更加更加的少了,于是,销售业绩就越来越差,生意也就陷入恶性循环。直到有一天,我们被人赶出商场或者在门外贴上"店铺转让"的字样为止!

三、做好迎宾,赢在起点

迎接客人进店之前导购正确的动作是忙碌,忙碌的门店无形中提升顾客的进店率。导购在店里一片忙碌的时候,顾客上门了。

迎宾,对于零售的门店,有着至关重要的作用,是品牌的门面,是服务形象的窗口,其仪容仪表礼貌素质、服务水准将给客人留下第一印象,对顾客的购买行为产生极其重要的影响。

当我们走进麦当劳在全中国的任何一家餐厅,听到的第一句话就是"欢迎光临麦当劳",没有别的迎宾语言。

目前国内品牌的LOGO大多数采用的是"英文+汉字+图形"的形式,而其中有一部分把图形或英文做的很大很显眼,而把中文字做的很小,或者用一些变体字的形式出现,但顾客走进这些店铺的时候,导购们可能会很热情地迎客"欢迎光临,随便看看",如果顾客没有看中的,就迈出这家店,又听到导购热情的送客"请慢走",但遗憾的就是,顾客可能还不知道这是个什么品牌的店。

四、不同顾客,不同迎宾

1. 新顾客

对于第一次来店铺的顾客,按正常的方式来迎客就可以了,经常说的就是:"欢迎光临×××品牌,里面请"。

2. 老顾客

对于老顾客,我们最好无须像对待新顾客那样,但我们必须马上认出她是我们的老顾客,起码要记起她姓什么,那我们就可以一开口就直接叫她"张姐、王姐"什么的,既然是老顾客了,那说明之前有购买过产品或沟通交流过,应该要立即回忆,争取多想起一些细节,以便与她有更多的话题好沟通。

一定要记住不要急着给老顾客推销产品,应该先聊聊天,慢慢引导,如果进来立即就推销产品,估计老顾客以后都不敢再来了。

还有别忘了给老顾客一些特殊的小关照,这里有个"1234原则",即:**一抱二赞三拍四按。**

一抱:就是说看见是老顾客,要很热情为地一边叫着"张姐王姐"什么的,一边迎到门口,给她一个热情的拥抱。

二赞:就是给对方一个很真诚的赞美,比如身材苗条了,皮肤白净了等。

三拍：联系店外引客的内容，女性喜欢有些肢体接触，到这里我们可以把手搂在她腰上、拍在她肩上或者挽在她手上。

四按：把她引到休息区坐下来，帮她按摩按摩。

3. 节假日或店庆

如遇节假日或节庆等时候，门店的迎宾语要随着改变，比如，五一节的时候，就可以说"五一快乐，欢迎光临×××内衣"、或"节日快乐，欢迎光临×××内衣"。

如遇店庆等时候，迎宾语将改为"欢迎光临，×××内衣三周年庆"。

如遇促销或其他活动时，迎宾语改为"×××内衣现买一送一，欢迎您的光临"。

4. 天气不好或其他状况

如遇雨天，我们可以将迎宾语改为"欢迎冒雨光临×××内衣"，准备好干净的水桶，请顾客将雨伞放入水桶中并说，并递上面巾纸，擦擦身上的雨点。

如遇雪天，我们可以将迎宾语改为"欢迎冒雪光临×××内衣，赶快进来暖和一下吧"。

如遇吃零食的顾客，可以主动递一张面巾纸或小塑料袋，除了说："欢迎光临×××内衣"外，还可以说"面巾纸是给您擦手专门准备的，垃圾桶在试衣间旁边，您有什么需要请随时叫我"。

案例15 上岛咖啡的欢迎光临

在汕头我特别喜欢去峡山那家上岛咖啡吃饭，因为那家的欢迎语与其他的略有不同，别的说的是正常语言的"欢迎光临"，而那家说的"欢迎光临"中最后一个字"临"是上扬的语调，比较像"拧"字的音，给人的感觉很欢快愉悦，因此心情似乎都会好一些。

点评

迎宾语好说也难说，需要长时间的锻炼和练习才会说的既流畅又动听。关于平时的演练，给大家两种方法：一是对着镜子自己练，自己给自己纠正；二是两个导购对着练，相互指正。时间不必太长，每天几分钟就可以了，有时哪怕1分钟，但是要坚持到底。

五、三声服务

所谓"三声服务"即：来有迎声，问有答声，走有送声。

也就是说我们的导购人员要**主动问候顾客、主动询问顾客需求、主动进行商品讲解**，三声服务将贯穿门店销售的全过程。

延伸阅读：店内没有顾客时我们做什么

上面一直在说，在门店当中，很多的导购在做一些和工作毫不相干甚至对销售有不好影响的动作或行为，既然那些是不合理的，那么当店里没顾客时导购做什么最好呢？

经过考察和总结，做一些事情将有助于销售的提升和个人业务水平的提升，分别是：

1. 整理妆容

尤其在夏天，天气比较炎热容易出汗，而要求化的淡妆可能会被汗水破坏，因此在忙完了一段当店里没顾客的时候可以花一点时候补补妆，以便以最佳状态迎接下一位顾客。

2. 整理货品、陈列

刚刚给上一位顾客介绍与试穿，动乱了一些陈列在形象柜上的样板，或者搞乱了柜子下抽屉里库存产品，应该马上整理一下。

3. 学习交流

学习无处不在，只要有机会有时间，互相之间要多多交流沟通，互相学习，沟通提高。

4. 演练话术

除了上面有说到"欢迎光临"需要演练外，店外引客、试衣流程等所有销售流程中的话术都需要演练，熟悉到脱口而出；还有后面在门店管理中同样也有很多话术需要不停地演练到滚瓜烂熟。

5. 清洁卫生

此处的卫生工作，不仅仅指工作环境的卫生要搞好，个人的卫生也同样重要。

6. 完成报表

如果生意很好的店，一天可能卖几十上百单，如果还没用上电脑统计的，记得只要有空就把前一时段的报表完成，那就不用等下班后还要留下再做半个小时的报表了。

7. 写心得案例

很多门店都没做这个工作，其实这是个很有意义的事。所谓心得案例就是成功或者失败的案例都可以记录下来，让大家一起来学习学习。比如某个顾客服务了一个多小时，终于购买了，为什么花了那么长时间？主服务人员当时是怎么想的等。再比如哪天突然做成了创历史记录的一单，那又是怎么做的呢？……时间长了，编印成册，就是后来人的参考资料。

8. 做电话回访

在最后一章中将重点讲如何做"电话回访"工作，当不忙的时候必须坚持做这个工作。

9. 友好店交流

俗话说：同行是冤家！但到了信息化严重对称的年代，我们应该改变一下观念，将"竞争"向"竞合"转移，同行是朋友，互相学习，沟通提高，把市场份额做大，大家都赚的开心。

10. 派发DM单，邀请顾客进店

派单是一项艰巨的工作，必须坚持，记住要有"不抛弃不放弃"的精神，当店里没有顾客或顾客很少的时候，就是我们主动出击的时候了。

案例16　如此随便看看

有一次陪一个美女同事去某女装店的时候，刚到门口，里面的导购就说："欢迎光临，请随便看看"。

而当我们出来走到隔壁的女装店门口时，那个说的更有意思："进来看看吧，买不买不要紧！"

......

点评

所谓"随便看看"，在后面的异议处理里会有详细的解释与处理。应该说大多数的"随便看看"是顾客说的，因为顾客比较戒备导购，不敢随便表露自己的想法，担心一旦被导购攻破心理防线就要买单；但是如果"随便看看"出自导购之口，让顾客觉得导购不耐烦，就让自己随便看而她不过来服务？还是觉得自己不像买东西的呢？从而直接让顾客觉得在潜意识里就想，既然可以"随便看看"，那也就可以"随便走走"，再"随便出去"了。

诚信名言

为成功找方法，不为失败找借口。方法总比困难多！

心得体会

_____

_____

_____

第三节 接待时机

顾客进店，通过礼貌迎宾之后，我们马上进入接待吗？估计之前很多老师的培训教导购要积极热情地上前提供服务，还要主动询问：请问小姐需要点什么？有什么可以帮您吗？

这样做是正确还是错误的呢？

案例17 这样接待可以吗

您是客人，您走进某品牌的店里。导购见到你立即笑着问："小姐您需要点什么？"

估计您和其他95%以上的顾客都会有同样的反应，随口说句，"我随便看看"。

或许接下来那导购还会问，"小姐需要帮忙吗？"

不出意外，您的回答应该是："不需要！"

点评

如果门店人员也这么做，正确吗？几乎每说出来一句话全部被顾客否定或者拒绝了，接下来该怎么做啊？

通过上面的案例，现在应该明白了，接待时机就是在礼貌迎宾之后，对于那些在店里的顾客，我们要保持一定距离，给她们一个适当的空间和时间去欣赏我们的货品和陈列，但要用眼睛的余光去观察客人的一举一动，一旦时机来到的时候，才能进入到接待介绍工作中去。

案例18 接待经验谈

前不久在俏丹娜广州办事处见到一位有六年门店销售经验的资深导购，她就和我分享了她多年关于接待最佳时机的心得：

当我说完"欢迎光临俏丹娜品牌专卖店，里面请"的迎宾语后，让顾客自己去里面走走看看，这时候不要立刻去打扰这个客人，而是等顾客自己先浏览一下产品，当顾客突然停住了脚步、或顾客将要回头似乎要找人的时候，我才马上迎上去！这样的成功率相对会高很多！

点评

实践出真知，理论只有和实践相结合，才能爆发出超强的力量！

在顾客进到门店之后，最好的做法先让他们自己浏览，我们再找时机去和她们推荐与沟通。

一、十种最佳接待时机

下面我们来看看，顾客有以下表现是我们最佳的接待时机：

1. 直奔目标物

说明顾客**有明确需求**，导购最喜欢的就是这种顾客，这些顾客要不就是店里的老顾客，要不就是目的性很强的顾客，完全知道自己的需求，因此这样的顾客可以直接接待。

2. 翻看标签

说明顾客在**寻找详细的说明资料**，应该是对产品有了一定的兴趣，才会想做更进一步的了解。

3. 一直注视着同一产品或同类产品

说明顾客在**有这方面的需求**，对这类产品兴趣很浓，即使现在看的某个看似不合适，在后期的推荐和试穿中可以推荐与之类似的产品。

4. 眼睛一亮

说明顾客**兴趣很浓**，好像突然找到了知音一样的感觉，这种感觉又貌似失散多年的姐妹突然见面，非常兴奋。

5. 看完产品后找导购人员

说明顾客**需要导购的帮忙**，可能是遇到了哪方面的难题需要更深层次的了解。

6. 走着走着停下脚步

说明顾客对停下脚步面前的产品**非常喜欢**，应该赶快重点推介。

7. 一进门就东张西望

说明顾客漫无目的或在**寻找**哪类或某个产品，可以询问。

8. 四眼对视时

当双方四目对视的时候，最起码要给顾客一个甜美的微笑，加深对方的**好感**，如果顾客是在看产品时对视了，应该马上上前询问。

9. 想进又不敢进

有时候顾客在门外会有一种矛盾的心理，这类人可能是学生或年纪稍大的阿姨，因此可以回忆下店外引客的细节，**真诚地把她拉进来**。

10. 脚步匆忙不作停留，无明显可接近的动作出现

最难最痛苦的是这种情况，因此**经验是判断的基础**，下面会有一招叫"把门

式",在这里或许可以用上。

二、最佳接待动作

1. 正确的接待动作主要体现在:

(1) 微笑与自信

随时随地、时时刻刻,只要站在店里,必须面带迷人的微笑并充满十足的自信。

(2) 标准走姿、站姿与站位

保持良好的仪表仪态,保持标准的走姿站姿站位,会提高试穿率。

(3) 语言表达和动作要专业

把最美最专业的部分表现出来,只要顾客相信我们是最专业的,接下来什么都好做了。

2. 常见的三种错误的接待动作

(1) 紧跟式

顾客一走进店里,导购就紧随其后,不停地介绍"这是我们最新款的货品"、"这款我们现在打特价"、"这是什么什么……",顾客没什么反应转了一圈,走出门店,导购跟到门口来一句:"请慢走!"

(2) 探照灯式

顾客走进店里,导购像看贼一样,眼睛紧盯顾客的一举一动,跟着顾客的走动身子原地打转了一圈,最后顾客走出店,也马上来一句:"请慢走!"

(3) 不理不睬式

顾客走进店里,导购完全不理不睬对方,专注看手机或做自己的事情,等最后顾客走出店,可能还不知道呢!

特别注意:千万不要突然在顾客背后说话,这样会吓坏顾客的。

三、十种常见顾客状况

顾客的状况如何,我们控制不了,但不管顾客是何种状况,我们都要会合理对待。

1. 进店之后就明确告知需求

顾客表现:一进来店里明确告诉导购她的需求是什么。

接待对策:这样的顾客是所有导购都想遇到的,但事实上少之又少。因此面对这样的顾客,就不必浪费时间,只须做重点事情,那就是:**抓重点,立即满足**。

案例19　女生买内衣

"哇，赏心内衣啊，真的是在这里哦，找了好久终于找到了，就是这个品牌的……"

随着一个很轻快的声音，进来三四个十八九岁的女孩子，我便问道："是不是之前有穿过我们品牌的内衣了？"

其中一个女孩就说："我是福建那边的，我妈妈从我开始发育的时候就给我买这个品牌的内衣穿了，穿起来很舒服。"

一边拉着她的朋友很熟练地指着一款说道："你看，我身上穿的就是这个款。我妈妈也是穿这个品牌。我来广州读书了，一直都没找到这个品牌，都是妈妈从家里寄过来的。你们也挑几件，真的特别好穿，来，让这位姐姐帮你挑两件去试一下……"

最后她自己买了两套，她的同学也都买了。

走的时候还说，她要告诉她妈妈她已经找到了这个品牌，再也不用从家里寄了。

——此案例由赏心专卖店提供

点评

一些经典的案例中一直有麦当劳的案例，麦当劳当初来中国就是采用"从娃娃抓起"的策略。结合门店销售，如果从少女时代就习惯了我们的品牌，估计该顾客之后的内衣都会在这里消费了，甚至还会带她女儿从一开始就在我们这消费呢。

2. 场外观望

顾客表现：有些顾客在店里观望，就是不敢或不想进入店里。

接待对策：我们需要用"真诚的邀请+坚定的眼神+亲切的微笑"，把她请进来。

3. 正在接待一个顾客，突然又来了顾客，但就一个店员在

顾客表现：正在接待一个顾客，突然又来了顾客，但巧的是此时店里只有一个店员，如果处理不好两个都会流失。

接待对策：合理安排时间和精力，尽量争取第一个顾客达成交易，这样对后面的顾客有良好的促进作用，不要因为又来了顾客就放弃前面的，这样可能两拨人都不会成交；同时要合理使用语言安慰后来的顾客，比如可以叫她先自己看看，或者和第一个说"我给那大姐倒杯水就过来"之类的待客方式。

案例20 忙碌的上午

那天早上就我一个人在店里，快十点的时候，来了一个顾客，我们沟通的还不错，但一直都还没把她推进试衣间，突然又来了另外三个顾客，其中一个是我很熟悉的老顾客何姐，她进门的时候，我正在给这个新顾客做工作，想把她推进试衣间，我立即给何姐打了个招呼："何姐，早上好。"

"美女，你在呀，我今天带了两个朋友过来买内衣，你们家的内衣真的有效，我穿了果然感觉变了"，何姐是个爽快人，直言直语。

其实这个时候我的思想斗争很厉害，我真想放弃这个新顾客，马上给何姐和她带来的两个朋友服务，因为说的我都有点口干舌燥了，而且是否成交还是个问号……

不行，我转念一想，老顾客带来的朋友可以稍微等一下，她们是不会跑掉的，既然有何姐在，还可以为我们品牌说说好话，我一定要先把这个新顾客搞定，也可以给何姐带来的朋友增加一定的信心，如果这个顾客成交多的话后面的也会买多一些。

闪念之间，我先和这个新顾客说"美女，您稍等一下，我给何姐她们倒杯水马上就来给您试衣"，说着就到了三杯水，和何姐她们说："何姐，不好意思，今天她们还没过来，现在就我一个人，你们先喝杯水，或者先看看款式，我给那个美女服务好了马上就过来"……

心理暗示的力量很神奇，那天早上，三个人都成交了，总共成交了1300多元，而且是我一个人做的服务，当她们都离开的时候，已经11点多了。

我真的感觉好累好渴，但很开心……

——本案例由伊兰芬品牌提供

点评

在销售中，信心很重要，自信的力量是无穷，同时要学会处理各种各样的状况才是最重要的，案例中小丽的做法很好，最后做了正确的选择，也都成交了，实在是不容易啊!

4. 接近顾客时顾客在打电话

顾客表现：顾客边打电话边进了店里。

接待对策：如果顾客在打电话，记得要**保持一定距离**，等她打完电话再上前沟通；或者请她到沙发上坐下，倒杯水让她慢慢聊也可以；如果很长时间一直在通话，接着顾客想离开，这个时候没办法和她说话，记得塞一份宣传单给她，也算有收获。

5. 多个女性顾客一起进店

顾客表现：两个或几个人一起挽手逛街进店的，或者没有挽手而是先后进入门店的。

接待对策：记得必有其主，**要找对关键人**，怎么判断谁是关键人呢？当两个或两个以上女士一起进店，那么我们怎么看谁是关键人呢？在进店时我们要观察她们挽手的情况，正常来说，被挽手者在此次购物行动中是主要的，如果是她自己有购买意向，那搞定她就基本可以了，如果不是她购买，但她的意见是非常重要的，因此被挽手者是关键人；如果是先后进入门店的，那么第一个进来的是关键人的可能性最大。

案例21　两个美女一起购物

顾客A在店里逛了一圈后，拿起了一条粉色的裙子问朋友B："怎样？"

B的眼睛又在店里扫了一圈，然后指着一条红色的裙子说："这条更好看"，并立即走过去拿起红色的裙子。

我对着B的眼睛说："小姐，您眼光真好。这条裙子是采用闪光丝面料，垂顺高贵，高腰线设计更能彰显完美的胸型、腰型，让双腿看起来更修长；另外大露背设计又平添了几许性感，穿起来绝对是千娇百媚而诱惑无限，非常适合新婚燕尔甜蜜的女人哦。"

因为顾客A即将结婚，我说完立即转向A继续说："粉色的这条裙子，造型简洁流畅，粉色是温顺中暗藏活泼，穿起来感觉是清新而柔润。建议您两条您一起试，然后让您那朋友帮您看看效果怎样，我想您一定都会喜欢的。"于是我和A一起进了试衣间。

"先穿红色这件吧，让您朋友先惊艳一下。哈哈眼光确

实不错，我感觉这条裙子跟您非常相衬……哇……小姐，您进来看一下您挑的红色那裙子，真的好漂亮哦。"我故意叫B进来。

B看了看，说："我就说嘛，确实很好看，就买这条啦。"

A看了看镜子，说："太露了，我不敢穿，我是想结婚那几天在家里穿的。"

"效果确实很好，也不会太露，您后背线条那么美，露一下又何妨呢？要不这样吧，我们再来试一下这件粉色的，看看效果再说吧。"我建议A试穿另外那件。

B拿起粉色的裙子"这是雪纺的吧？""对啊，您好专业啊！这款还有一个黑色的，您身材这么高挑，黑色那件您穿起来肯定特别好看哦，"我不失时机的赞美她。

"哈哈，我不要了，看看她穿得怎样"……"咦……小姐，您穿起粉色的这条，又是另外一种完全不同的风格哦，很甜美很浪漫的感觉。"

A看着镜子，"嗯，看起来不错，可是好透啊，这裙子穿起来怎么这么透啊？"

B看了看说"不是很透啦，你穿个肉色的内裤就看不到的了。你现在穿卡通的，当然会印出来啦。"

"嗯，对啊，只要搭配上同色系的内衣内裤，是绝对透不出来的。像这种材料的裙子，如果是很严实的设计，我想你也不会看中的，放心吧，透不出来。"我继续解释。

A用期盼的眼神望着B，"好看不？"

B说："没有红色的那条好看。"

我马上接口说："这可是两种不同的风格：红色的呢，是一个礼服式的设计，适合晚上穿；粉色的呢比较休闲，在家或者散步的时候穿穿，都是很不错的。可以两条一起拿着，不同的场合穿出不同的风格。"

A看了看，"我也觉得红色的好看，但是太露了，而且结婚又有旗袍、婚纱，这就有点重复了，我主要是想结婚那几天在家里穿。"

B坚持说："那你就要粉色的这条嘛。"

A说："可是我觉得它太透了，"

B："不透啦，你穿肉色的内裤就好了啦。"

A开始埋怨B，"你咋老帮人家讲话，人家夸你几句，你还帮人家卖起东西来了，奇了怪了。"

"天啊，您朋友真的很专业，我是由衷的赞赏。而且您穿这件确实很优雅与美丽，小姐，我用礼盒帮您包装一下，当是我们的一份心意，里头有我们满满的祝福哦。"

A笑了笑，"你真会说话，你是不是卖得特别好啊？"……

送到门口，"两位请慢走"，我特别对着B说："下回有时间您也可以过来看看，感受一下我们这个品牌，给我们一些指导和建议最好了。"B高兴地说"好啊。"

"好的，谢谢，拜拜。"我对着 A 笑着，并用最动听的声音说，"新婚快乐，早生贵子哦！"

A 开心地笑了，"哈哈，谢谢，拜拜！"

——本案例由新一系品牌专卖店提供

点评

两个或多个女性一起购物时，记得都要兼顾到，不要只招呼一个而冷落了另一个；销售中的赞美实在是太重要了，当我们找对关键人并使她成为我们的帮手，那这单就好做多了。

6. 其他特殊顾客（如孕妇、小孩、伤残人士）

顾客表现：特殊顾客（如孕妇、小孩、伤残人士）进店。

接待对策：对于这些特殊的顾客，一定要表达出足够的细心和善意，否则很难成交，尤其是：（1）小孩，大人带着小孩一起来到店里，很多小孩是比较调皮的，如果没人陪他玩，估计大人也没太多心思去看或试衣了。（2）伤残人士，比如手脚有缺陷的，或者乳房有问题的，一定要表现得很自然，不要有任何鄙视或想耻笑的感觉，那样会伤害顾客的自尊心的。

案例 22　接待乳房切除的顾客

那天我接待了一位年龄 40 岁左右的女士，她表情很严肃，不拘言笑，接待中我们并没有过多的交谈，只是简单按她自己的需求选了一件内衣，我小心翼翼的帮她选好尺码和颜色，引领她来到试衣间。

打开试衣间门的时候，她脸上有了一点点的放松，我知道这是试衣间柔和的灯光和干净的陈列，让她感觉到一些轻松。于是我试探的说："王姐，我来帮你试穿吧？"她立刻用生硬的表情回绝我说："不用"。我只好后退两步，说："那好，您需要我帮忙调肩带可以提前叫我，您可以在试衣间休息下"。她放心的点点头。

过了一两分钟，我在门外试探性地说："王姐，肩带要调到适合的长度才不会压胸哦，还有我们这款肩带也可以调整成美背×型的穿法，那样会防止肩带下滑的哦！"她在里面说："那怎么调成美背式的呀？"

我马上回答："要不我进来帮您调整下，让您试试吧"。她犹豫片刻后打开了门。我立即把之前自己判断适合她的产品一起带了进去。

当我走进去的时候她背对着我，对我说："你先帮我调肩带吧。"我笑了笑说："不好意思，我记错产品了，是我手里这款可以调整成美背的。"然后自己打趣到说真是年纪大了。

她说："这小年纪还说自己年纪大，难不成我自己更老了"。我看气氛缓和了许多，便帮她试穿我推荐的文胸。这时我发现她左面的乳房已经被切除，那暗红色的刀疤还留在她身上。我马上给自己下命令：自己千万不要有惊异的表情，免得伤害到她。于是假装没看到，依旧帮她试穿调节我们的产品，一边试穿一边教她穿戴方法。

她自己默默的说："女人啊一定要保护好自己的身体，不然就会有缺陷的，现在穿什么文胸都不舒服"。

我马上很诚恳的迎合说："是啊！我朋友的母亲也是切除了左边的乳房，但是她心态很好，恢复的也很好。前一段时间我还送了她一件产品，她说穿着很舒服的，我帮您也拿来试穿下吧"。她马上满口答应。

于是给她试穿后，她也觉得很舒服，便说："帮我拿2件吧"。我点点头，诚恳的和他交流了一些手术后对胸部的保护方法，还有手术后穿文胸的小技巧。她都很仔细的记下，并说下次有适合她穿的产品一定要介绍给她。

——此案例由六月玫瑰品牌专卖店提供

点 评

试衣间，它通常会透露出品牌对消费者的细心服务和消费者对品牌的认知度，而这些都是隐藏在品牌光鲜背后的环节。同时试衣间服务也是体现品牌专业化的环节之一。内衣试穿在售卖过程中也是尤为重要的，即便如此，有些导购还是会忽略掉试衣间服务这一部分。

有时候顾客的冷漠，并不是对服务不满意，而是在自己保护，我们尊重她，给她一个私密的空间让她轻松购物，得到的意外收获会更多；要学会适当的讲故事，博得她的认可。有技巧的激发她的购物兴趣；在对产品熟悉的情况下，对症下药短时间内找到最适合顾客的产品。

7. 男士陪女士或有老人陪同

顾客表现： 男士陪女士或有老人陪同进店。

接待对策：要合理安置 一起来的人，如果是男女朋友一起进店的，买单的基本是男士，因此当女士在试衣的时候，别忘了有人和男士聊天沟通，只要男士开心了，估计掏钱也很容易；如果是老人家一起呢，则要表达对老人家的尊敬和尊重。

案例23 一对潮夫妇购物

那天进来一对夫妇,第一眼看他们的穿着打扮,就觉得他们挺潮的。

女士李姐拿起一个1/2杯的文胸要试穿说要去试,我一边介绍一边打量她的身材,打算给她多挑几个款一起试。这时候她先生指着一款说:"试下那件,还不错。"

进去试衣间给李姐试穿,我教她正确的穿法和正确的调拨手法,但发现前面两件都不是很满意,主要是侧收不够好(李姐自己想要的是1/2杯的,我给她拿了一件微调的,但李姐腋下的赘肉比较多),李姐想放弃了,但我想坚持一下,说:"李姐,试下这件吧,您先生挑的哦。"

内衣一穿上身,"哈哈,您先生眼光太好了,一眼就知道这个适合您,这件穿起来比前两件都要好。"

"还不错,你叫我老公进来吧。""哦,李姐,您先生贵姓啊?""王。"

"王先生,您进来一下吧,您眼光真好啊,比我挑给您太太的穿起来效果好太多了。"

王先生进来看了看:"哈哈,要我来帮忙参考一下是吧。嗯,不错,就要这件吧。"

"可以挑多两款再试试吧,我感觉我们的内衣跟王姐的气质太相衬了。王先生,还是您来挑吧,我对您的眼光非常的佩服!"

我带王先生出了试衣间,"您看看这款,非常华贵的一个款式性感又充满浪漫。"

王先生看了看,并看了一下其他的,"那就这件,还有这件,一起拿去试吧。"

"好的,王先生,我拿进去,您进去看看效果吧。自己挑选的精品穿在心爱的人身上,这过程是一种美的享受,我等会就不进去打扰了。"

试衣间内里传来话语:"这都是你挑的吗?""是的。"

"我没穿过这种类型的呢",李姐的声音(估计正在试穿)。

"很好看,这套也要了"……

"你怎么尽挑些我没穿过的呀",李姐的声音交杂着撒娇和害羞(估计在试穿另外那套)。

"没事啦,换一下风格也不错,这件也好看,全要了。"

从试衣间出来的时候,看李姐的脸还略带红润,好像有点害羞,来到收银台准备买单,她说:"我以前没穿过这些类型的,不是肉色就是黑色或红色。你看他都给我挑些我没穿过的。"

我笑了笑，"李姐，尝试做个百变女郎嘛，内衣是女性最俏皮的真我体现，不同的风格会让您变得更风情万种。生活嘛，就是要处处充满惊喜才好玩，对吧。"

"小姑娘嘴巴真会说，你是哪里人啊？""你们好恩爱啊李姐，您先生的眼光好棒哦，把您潜藏的气质都给挖掘出来了呢！"

这时候，王先生又跑去看别的款，又选中了一件内衣，我立即走过去，然后他叫我给李姐多挑两条内裤，心里想飞来横财啊！哈哈哈，于是选了两条虽然有些贵但很舒适的，也要了。

收银员在开单收银。

"一共是四件文胸两条内裤，总计918元，您是刷卡还是付现金？"

"好的，谢谢，我帮您办张VIP卡吧，我们全国有近一千家分店，持卡可在任何一件分店享受88折优惠哦。"

"不用了，只要你在这以后我就只在你家买内衣，就算我出了国，还回来你这买。"

买单结束，他们准备离开，我一边送他们一边说，"李姐，每件内衣都是一件精品，个人强烈建议您一定要用手洗哦，用洗衣液或者沐浴露，然后……晾的时候这样就可以了……这样文胸就不易变形，穿戴会更舒适美观。记得以后每次穿内衣都要像我刚才教您的那个手法去拨，坚持那样做会让您美丽的身段更加曲线玲珑的。"

"谢谢，再见！"

——此案例由俏丹娜专卖店提供

点 评

很多时候，这类陪衬人员一起购物在很大程度上起到决定性的作用。我们要学会细心的去观察，用最短的时间明察秋毫，分析利弊，然后有的放矢，正确的去引导；并学会借力使力，让顾客的同伴帮我们销售，事半功倍。

案例24 爽快的男士

那天来了一对情侣，看样子像刚结婚不久，我们对情侣一般是有分工的，善于沟通的欢欢通常会陪男士聊天，因为我们都有准备一些聊天内容，除了内衣文化、女性健康等，欢欢特别喜欢时事政治。

那天我正好给那女士服务，而欢欢就陪她老公聊天，我们在试衣间就不想多说了，而欢欢那天和那男士聊的很好，先了解了下基本情况，按计划再聊女性的健康，后面居然聊到时事问题，刚好那男士也很关注时政，半个小时过去了，我们试衣好了，但那女的没太多独立的经济大权，而且小孩刚半岁多，要男的买单，本来"黄金三件套"试的很好,但一说到买单她就犹豫了。

出来了,男的问怎样,女的说蛮好,但就是比较贵,我立即接话说:"效果最好的是三件套,那叫黄金搭档哦,我建议一起买,如果愿意的话,最好买多件文胸,可以轮换,效果也来得快",欢欢也说:"帅哥,看你那么疼老婆,就一起买吧……"

犹豫片刻,那男的居然按照我们的意愿买单了。

——此案例来自多彩多姿品牌专卖店

点评

关键人在门店销售中起着决定性的作用,这和古语"擒贼先擒王"有异曲同工之妙!

8. 顾客手上拎着东西

顾客表现:顾客的手上拎着其他东西进店的。

接待对策:拎着东西购物很麻烦,尤其是东西比较多或比较重的时候,因此要表达细心,如果能让顾客把东西放下来,那就有 **80%** 的成交机会了。

9. 同行过来查探军情的

顾客表现:一开始或许还不知道,慢慢发觉是竞品的从业人员。

接待对策:很多品牌的门店都会遇到这种状况,同行过来查探军情的,**调整心态,搞好服务**,让别人感受我们的优质服务。

案例25 搞定同行,其实不难!

一开始我还不觉得,但慢慢发觉她就是同行,因为她一直找我们品牌和产品的缺点,看我怎么应对,而且她对我们品牌的了解似乎比我还透彻。

期间我真的很想发火,但还是压制住了自己,我一直和自己说"要调整好心态,要稳住"。十来分钟后服务结束,肯定没有成交的,她终于准备

走了。

不过她对我说,"美女,谢谢你为我的服务,听朋友说你们这个牌子这两年提升很快,看来我们要向你们学习,不错,继续努力!或许我会加盟你们的品牌"。

之后听公司的人说那天那个同行真的加盟了!

——本案例由诚爱品牌门店人员提供

点评

心态在销售中很重要,我们所有人应该向海底捞学习,多少大品牌在他们店里吃火锅还兼顾学习,多少同行去那里找茬,但他们依旧笑嘻嘻为他们服务,甚至比对待其他客人还要好呢!

成功有成功的胸怀,大商有大商之道!

10. 看了什么都不说就打算走

顾客表现:顾客看了也听我们讲解了,但最后还是什么都不说就打算离开。

接待对策:这里有个专用词:**把门式,最后拦截**,可以形象地想象一下,把门式就是最后一招的意思,顾客都打算离开了,怎么办?抓住门把手,逼顾客说一句话才放行的感觉。当然,只要顾客说话了我们就一定还有挽回生意的机会。

话术6:

您好,请问是我们的服务做的不好吗?

您好,请问是我们的产品不好吗?

您好,请问是哪方面让您觉得不满意呢?

……

只要顾客开口了,我们就一定有对策。因此在门店销售中,坚持是我们必须的!

诚信名言

在对的时间做对的事,才会有对的结果。

心得体会

_____

_____

_____

第四节 顾客分析

每一位顾客的个性不同,购物需求不同,购物的心理同样存在差异。根据顾客衣着、举止、言谈、甚至是眼神等的不同表现,判断她们的购物类型,不同类型服务的侧重也应不同,多数顾客购物会货比三家,并反复在心里衡量货品性能与价钱,判断对自己是否合适。

一、如何观察顾客

不管是我们派单引进来的还是顾客自己主动进到店铺里,我们都要**目光敏锐、动作迅速**地观察顾客,从而做出第一印象的初步判断。

那我们应该通过哪些方面来观察顾客呢?

1. 交通工具,观察顾客是步行、骑自行车、还是坐公交车、或者开车来的?针对不同的交通工具,基本可以大致判断其消费水平。

案例26 骑自行车买轿车的大叔

好多年前,我在广州某汽车销售公司工作,当时销售的是夏利和捷达轿车。

有一次一位大概五十来岁的大叔骑着自行车来到我们展厅,把自行车往门口一放,走进展厅东看看西看看,可是大家似乎没看到他一样,没一个人上前去和他搭讪(估计他们全都因为看到他是骑自行车来的,主观判断他是不会买车的吧),我那时刚去上班不久,还不是很熟悉,但觉得实在过意不去,便走上前去和他沟通起来,原来他是附近的村民(附近的村民很有钱,每年光分红就是几十万——我之后才知道的!),想给儿子买辆车上下班……

几天以后还真来买了……

点 评

很多时候我们不相信自己的耳朵而相信自己的眼睛,其实门店销售中,我们也会犯同样的错误,那就是经常用自己的主观判断来给某个顾客"判死刑",从而导致后期的服务中散漫、不用心,其结果果然如此,还暗自庆幸。

套用一句话:"人有多大胆,地有多大产",或者说"心有多大,舞台就有多大"!

2. 年龄与举止等,举止包括说话、身体语言、行为、态度、气质等,通过年龄的初步判断知道哪些产品比较适合这种年龄段的。

3. 穿着习惯:包括鞋子、服装、腰带等,要了解品牌以及整洁度。

4. 通信配饰:包括手机、首饰、手表、眼镜等。

5. 着装爱好:包括服装的面料、是何种风格、个人品位如何等。

6. 随从人员:包括职业、言谈、着装,从而初步判断收入水平和修养等。

案例27　合理猜测和适度夸奖

那天我在上班，进来一个女士，估计35岁左右吧，右肩挎了个包，看不出什么品牌，也不好猜什么价位的；左手握着个白色的iphone4，而且手机上的吊饰有两三个，显得蛮复杂……

"美女，您这个白色的iphone4真漂亮，而且吊饰也很好看，您的朋友一定很多，而且您很喜欢热闹吧"，那美女吓了一跳……

那天她买了两件文胸和配套的内裤，后期她成了我们店的忠实顾客！

——本案例来自黄金身段秀

点　评

细致入微地观察，不留痕迹地赞美，成交是必然的！

一定不要过于依赖自己的眼睛，不要因为某些细节让你做出并不一定正确的判断；要知道后期的完美服务和用心推荐起到的作用才是决定性的，切记切记！

二、顾客的购物心理分析

顾客购物心理是指顾客在成交过程中发生的一系列极其复杂、极其微妙的心理活动，包括顾客对商品成交的数量、价格、服务、营销等一系列问题的一些想法及如何付款、选择什么样的支付条件等的综合体现。

顾客根据自己的需求，到各种店铺去购买商品，这一行为中，心理上会有许多想法，驱使她们采取不同的态度，它可以决定成交的数量甚至交易的成败。因此，我们在销售过程中必须对顾客的购物心理高度重视。

1. 求实心理

这是顾客普遍存在的心理动机。她们在购物时，首先要求商品必须具备实际的使用价值即功能、质量和实际效用，而不会过分强调产品的包装等非实用价值。

2. 求新心理

这是指顾客购物时以追求商品的时尚、新颖为主要目的心理动机，他们购买物品重视"时髦"和"奇特"，比较"潮"，讲究产品样式或花色是否流行或是否与众不同，而不太注重实用性和价格的高低。一般在经济发达地区的顾客中较为多见，在西方国家的一些顾客身上也屡见不鲜。

3. 求美心理

爱美是人的一种本能和普遍要求，求美心理就是指顾客购物时以追求商品的欣赏价值、艺术价值为主要目的。一般以在中、青年妇女和演艺界人士中较为多见，在经济发达国家的顾客中较为普遍。她们在选购商品时，特别注重商品本身的造型美，色彩美，注重商品对人体的美化作用，对环境的装饰作用，以便达到艺术欣赏和精神享受的目的，而对商品本身的使用价值往往没有太多的要求。

4. 求名心理

这是以一种显示自己的地位和威望为主要目的购买心理。她们讲名牌，用名牌，以此来"炫耀自己"。具有这种心理的人，普遍存在于社会各阶层，尤其是现代社会中，由于名牌效应的影响，衣、食、住、行使用名牌，不仅提高了生活质量，更是一个人社会地位的体现。因此，这也是为什么有越来越多的"追牌族"涌现的原因。她们对名牌有一种安全感和信赖感，对名牌商品的质量完全信得过。

5. 求利心理

这是一种"少花钱多办事"的心理动机，其核心是"廉价"。有求利心理的顾客，在选购商品时，往往要对同类商品之间的价格差异进行反复仔细的比较，还喜欢选购打折或处理商品。当导购向她们介绍一些稍有残损而减价出售的商品时，她们一般都比较感兴趣，只要价格有利，经济实惠，必先购为快。具有这种心理动机的人，以经济收入较低者为多。当然，也有经济收入较高而节约成习惯的人，精打细算，尽量少花钱。有些希望从购买商品中得到较多利益的顾客，对商品的花色、质量很满意，爱不释手，但由于价格较贵，一时下不了购买的决心，便讨价还价，满足求利心理。

6. 偏好心理

这是一种以满足个人特殊爱好和情趣为目的的购买心理。有偏好心理动机的人，喜欢购买某一类型的商品。例如，有的人爱养花，有的人爱集邮，有的人爱摄影，有的人爱字画等。这种偏好性往往同顾客自身从事的某种专业、知识、生活情趣等有关。因而偏好性购买心理动机也往往比较理智，指向也较稳定，具有经常性和持续性的特点，对品牌比较忠诚。

7. 自尊心理

有这种心理的顾客，在购物时，既追求商品的使用价值，又追求精神方面的高雅。他们在购买行动之前，就希望他的购买行为受到导购的欢迎和热情友好的接待。经常有这样的情况，有的顾客满怀希望地走进店铺，一见导购的脸冷若冰霜，就转身而去，到别的店铺去了，甚至再也不愿光顾那家"冷若冰霜"的店铺了。

8. 仿效心理

这是一种"从众"的购买心理动机，其核心是不甘落后或"胜过他人"，她们对社会风气和周围环境非常敏感，总想跟着潮流走。有这种心理的顾客，购买某种商品，往往不是由于急切的需要，而是为了赶上他人，超过他人，借以求得心理上的满足。

9. 推崇权威

顾客推崇权威的心理在消费形态上多表现为决策的情感成分远远超过理智的成分。这种对权威的推崇往往导致顾客对权威所消费的产品无理由地选用，进而把消费对象人格化，造成商品的畅销。在很多的门店销售对顾客推崇权威心理的利用较为常见，比如利用人们对名人或明星的推崇，大量品牌都找了明星代言做广告。

10. 隐秘心理

有这种心理的人，购物时不愿为他人所知，常常采取"秘密行动"。她们一旦选中某件商品，而周围无旁人观看时，便迅速成交。如女顾客购买卫生用品，男青年为异性朋友购买女性用品，常有这种情况。一些政府官员或富人购买高档商品时，也有类似情况。

11. 疑虑心理

这是一种思前顾后的购物心理动机，其核心是怕"上当"、"吃亏"。她们在购买物品的过程中，对商品质量、性能、功效持怀疑态度，怕不好使用，怕上当受骗，满脑子疑虑。因此反复向导购询问，仔细地检查商品，并非常关心售后服务工作，直到心中的疑虑解除后，才肯掏钱购买。

12. 安全心理

有这种心理的人，她们对欲购的物品，要求在使用过程中和使用以后，必须保障安全，尤其像食品、药品、洗涤用品、卫生用品、电器用品和交通工具等，不能出任何问题。因此，非常重视食品的保质期，药品的副作用，洗涤用品有无化学反应，电器用具有无漏电现象等。在导购解说后，才能放心地购买。

在实际门店销售过程中，顾客购物时，不仅仅只有一种心理倾向，优势有两种或多种，但我们必须细心观察，认真分析，找出其中一种起主导作用的心理倾向，并针对顾客的特点，恰当对待，从而促使销售工作顺利进行，促成交易的圆满达成，创造更大的销售业绩。

三、顾客购物动机分析

1. 顾客购物动机的模式

（1）本能模式

人类为了维持和延续生命，有饥渴、冷暖、行止、作息等生理本能。这种由生理本能引起的动机叫做本能模式。它具体表现形式有维持生命动机、保护生命动机、延续生命动机等。这种为满足生理需要购买动机推动下的购买行为，具有经常性、重复性和习惯性的特点。所购买的商品，大都是供求弹性较小的日用必需品。例如，顾客为了解除饥渴而购买食品饮料，是在维持生命动机驱使下进行的；为抵御寒冷而购买服装鞋帽，是在保护生命动机驱使下进行的；为实现知识化、专业化而购买书籍杂志，是在发展生命动机驱使下进行的。

（2）心理模式

由人们的认识、情感、意志等心理过程引起的行为动机，叫做心理模式。具体包括以下几种动机：

① **情绪动机**，是由人的喜、怒、哀、惧、爱、恶、欲等情绪引起的动机。例如，为了增添家庭欢乐气氛而购买音响产品，为了过生日而购买蛋糕和蜡烛等。这类动机常常是被外界刺激信息所感染，所购商品并不是生活必需或急需，事先也没有计划或考虑。情绪动机推动下的购买行为，具有冲动性、即景性的特点。

② **情感动机**，是道德感、群体感、美感等人类高级情感引起的动机。例如，爱美而购买化妆品，为交际而购买馈赠品等。这类动机推动下的购买行为，一般具有稳定性和深刻性的特点。

③ **理智动机**，是建立在人们对商品的客观认识之上，经过比较分析而产生的动机。这类动机对欲购商品有计划性，经过深思熟虑，购前做过一些调查研究。例如，经过对质量、价格、保修期的比较分析，有的顾客在众多牌号洗衣机中，决定购买海尔牌洗衣机。理智动机推动下的购买行为，具有客观性、计划性和控制性的特点。

④ **惠顾动机**，是指基于情感与理智的经验，对特定的商店、品牌或商品，产生特殊的信任和偏好，使顾客重复地、习惯地前往购买的动机。如，有的顾客几十年一贯地使用某种牌子的牙膏；有的顾客总是到某几个商店去购物等。这类动机推动下的购买行为，具有经验性和重复性的特点。

（3）社会模式

人们的动机和行为，不可避免地会受来自社会的影响。这种后天的由社会因素引起的行为动机叫做社会模式或学习模式。社会模式的行为动机主要受社会文化、社会风俗、社会阶层和社会群体等因素的影响。社会模式是后天形成的动机，一般可分为基本的和高级的两类社会性心理动机。由社交、归属、自主等意念引起的购买动机，属于基本的社会性心理动机；由成就、威望、荣誉等意念引起的购买动机属于高级的社会性心理动机。

（4）个体模式

个人因素是引起顾客不同的个体性购买动机的根源。这种由顾客个体素质引起的行为动机，叫做个体模式。顾客个体素质包括性别、年龄、性格、气质、兴趣、爱好、能力、修养、文化等方面。个体模式比上述心理模式、社会模式更具有差异性，其购买行为具有稳固性和普遍性的特点。在许多情况下，个体模式与本能、心理、社交模式交织在一起，以个体模式为核心发生作用，促进购买行为。

2. 购物动机的特点

(1) **迫切性**。购买动机的迫切性是由顾客的高强度需求引起的。如有人对骑自行车本身不感兴趣,但搬到新家后,上班远了,乘车又不方便,看到邻居骑车上下班很方便,就会产生迫切需要一辆自行车的想法。

(2) **内隐性**。是指顾客出于某种原因而不愿让别人知道自己真正的购买动机的心理特点。如某些尚未用上电的农村,一些姑娘结婚时,非要让男方买电视机,美其名曰以后使用,实质上其真正的购买动机可能是为了显示自己的身价及其富有程度,满足自己的虚荣心。

(3) **可变性**。在顾客的诸多消费需求中,往往只有一种需求占主导地位(即优势消费需求),同时还具有许多辅助的需求。当外部条件时,占主导地位的消费需求将会产生主导动机,辅助性的需求将会引起辅助性动机。主导性的动机能引起优先购买行为。一旦顾客的优先购买行为实现,优势消费需求得到满足,或者顾客在购买决策过程或购买过程中出现新的刺激,原来的辅助性购买动机便可能转化为主导性的购买动机。

(4) **模糊性**。有关的研究表明,引起顾客购买活动的动机有几百种,其中最普遍的是多种动机的组合作用。有些是顾客意识到的动机,有些则处于潜意识状态。这往往表现在一些顾客自己也不清楚自己购买某种商品到底是为了什么。这主要是由于人们动机的复杂性,多层次和多变性等造成的。

(5) **矛盾性**。当个体同时存在两种以上消费需求,且两种需求互相抵触,不可兼得时,内心就会出现矛盾。这里人们常常采用"两利相权取其重,两害相权取其轻"的原则来解决矛盾。只有当顾客面临两个同时具有吸引力或排斥力的需求目标而又必须选择其一时,才会产生遗憾的感觉。

3. 购物动机的类型

(1) **感情动机**。动机购买需求是否得到满足,直接影响到顾客对商品或营销者的态度,并伴随有顾客的情绪体验,这些不同的情绪体验,在不同的顾客身上,会表现出不同的购买动机,具有稳定性。

(2) **理智动机**。顾客经过对各种需要,不同商品满足需要的效果和价格进行认真思考以后产生的动机,具客观性周密性控制性。

(3) **惠顾动机**。感情和理智的经验,对特定的商店、厂牌或商品产生特殊的信任和偏好,使顾客重复地、习惯地前往购买的一种行为动机,具有经常性习惯性。

4. 购物动机对购买行为的作用

购物动机是顾客需求与其购物行为的中间环节,具有承前启后的中介作用。概括来说,购物动机对购物行为有以下三种功能:

（1）始发功能，购物动机能够驱使顾客产生行动。

（2）导向功能，购物动机促使购物行动朝既定的方向、预定的目标进行，具有明确的指向性。

（3）强化功能，购物行为的结果对购物动机有着巨大的影响，动机会因良好的行为结果而使行为重复出现，使行为得到加强；动机也会因不好的行为结果，使行为受到削弱，减少以至不再出现。这两种作用都是强化作用，前者叫正强化，后者叫负强化。正强化能够肯定行为，鼓励行为，加强行为；负强化则会削弱行为，惩罚行为，不定行为。

四、不同类型顾客的应对

1. 不同类型顾客的表现

根据导购与顾客招呼的先后顺序，以及顾客的反应，我们得到下面的框架图，从图 3-1 中大致可以了解我们面对的将是什么类型的顾客。

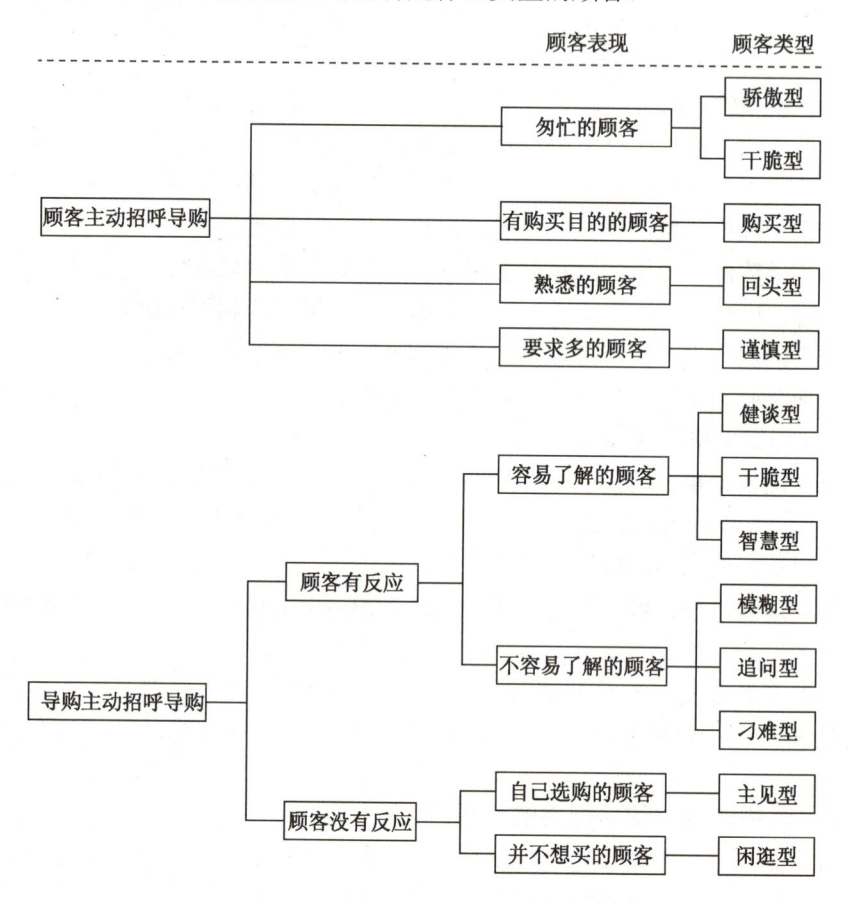

招呼方式	顾客反应	顾客表现	顾客类型
顾客主动招呼导购		匆忙的顾客	骄傲型 / 干脆型
		有购买目的的顾客	购买型
		熟悉的顾客	回头型
		要求多的顾客	谨慎型
导购主动招呼导购	顾客有反应	容易了解的顾客	健谈型 / 干脆型 / 智慧型
		不容易了解的顾客	模糊型 / 追问型 / 刁难型
	顾客没有反应	自己选购的顾客	主见型
		并不想买的顾客	闲逛型

2. 不同类型顾客的应对措施

根据上面的大致判断，以及自己的观察，我们根据顾客的表现特征，得出顾客的大致类型，从而了解如何应对这种类型的顾客。请看下表：

顾客类型	表现特征	应对措施
骄傲型	有很强的自信心	谦恭和蔼，迅速准确
干脆型	直爽，反应敏捷	迅速利落，言简意赅
购买型	有明确购买意向	迅速成交，连带购买
回头型	回头客，再次光临	交流体会，介绍新款
谨慎型	购物仔细认真	耐心解答，协助决定
健谈型	东拉西扯，偏离话题	切入正题，重点推荐
智慧型	对专业知识有兴趣且理解力较强	专业讲解，鼓励尝试
模糊型	无明确购买目的	细心询问，协助决定
追问型	过分追问细节	简明扼要，突出特点
挑剔型	挑毛病表明感兴趣	不可辩解，多讲特点
主见型	喜好自己拿主意	简明扼要，保持距离
闲逛型	潜在顾客	简单扼要，保持礼节
戏闹型	打发时间，无心购买	有礼有节，不卑不亢
特殊型	年老或有缺陷的顾客	回避缺陷，周到得体
携伴型	有同伴一起购物	携同介绍，有主有次
富贵型	只选购高价位的商品	高价需求，强调时尚
实惠型	只选购中低价位的商品	不可怠慢，强调实用
代买型	受人委托，送礼	细心了解，目的尺码
男顾客	男性购买女性内衣	耐心尊重，含蓄大方

3. 不同年龄的顾客接待时应注意的问题

（1）少女

少女逛内衣店一般由母亲或是同学、朋友等陪同，也有单独的。

关键是要亲切、耐心，像大姐姐一样对待她。注意要细心，语声放低，避免对方害羞而产生胆怯心理。

（2）年轻女性

较喜欢款式新颖、花俏、性感、价位适中的内衣。

推荐时可按个人喜好；强调个人气质，时尚感，对胸部的保护，激发其购买欲望。

（3）中年妇女

有一定经济基础的人群。

介绍时要沉着、稳定、专业，侧重穿着后对胸型或体型的改善。

（4）老年女性

她们讲究的是实惠、舒适性。

对她们要非常有耐心，尽量从低价位开始介绍，如果她们觉得好，自然会再次购买，增加她们对品牌的信任感。

诚信名言

知己知彼，百战不殆！

不知彼而知己，一胜一负！

不知彼不知己，每战必殆！

心得体会

_____

_____

第五节 精彩开场

这里说的开场是导购与顾客见面时，前一到两分钟要说的话，这可以说是顾客对导购第一印象的再次定格（与顾客见面时，顾客对我们的第一印象取决于我们的衣着打扮、仪容仪表、言行举止、仪态、精神面貌等）；虽然经常讲不能用第一印象去评判一个人，但顾客却经常会用第一印象来评价我们，这决定了顾客愿不愿意给我们继续服务的机会。

开场，也是门店的导购们最喜欢的部分，因为大家都想把店铺里的所有顾客说服立马买单。实际上可能吗？

一、开场的目的

1．建立好感

开场开得好，可以让我们和顾客之间比较快地建立起亲密关系，在开场中，要主动、热情、有耐心，说话要有感染力。

2．抓住主动权

积极主动地跟顾客打招呼，让顾客受到我们的感染，同时可以更快速地进入下一个流程。

3．为了解顾客需求做铺垫

如果顾客对我们爱答不理的，那下面的询问顾客需求阶段的工作就很难做了。

塑造自家商品的价值，把顾客引导到体验中去。

在终端门店，商品只有通过体验，成交的可能性才会更大。体验都没有实现，指望成交的可能性就很低了。

二、十种开场方式

下面介绍十种常见的比较好的开场方式。

1. 自我介绍开场

自我介绍不仅在门店销售中很重要，在日常生活工作中遇到和陌生人交往时也很重要，可以用自我介绍来"破冰"，从而达到认识对方、了解别人的目的。

话术 7：

您好，我是这里的高级导购悠悠，很高兴为您服务，我来为您做一个专业的介绍。

说上面这句话的时候，特别要注意下面三点：

（1）着重说"高级导购"，表明自己的职位。

（2）悠悠或许是个艺名，建议门店里的导购都有个易记易读而且比较特别的名字；

（3）着重说"专业"二字，一开口立即把自己推到一个特别专业的位置，以便后续推进！

错误的话术：

您好，您贵姓啊？（不介绍自己是谁，直接问别人，99%的人会白你一眼）。

您好，我叫×××，您叫什么呀？（应该还没熟到那种程度吧？）。

你是谁呀？（我是谁关你什么事？谁家的孩子这么没礼貌？）

2. 赞美开场

赞美在门店销售和日常生活中实在太重要了，所以赞美是很好的开场技巧之一。

话术 8：

小姐，您身材真好，我在商场干这么长时间，有您这样身材的不多……

美女，您真有眼光，您看到的是刚刚推出的最新款式……

大姐，您肤色真好，这款的颜色刚好衬您哦……

注意这个有争议的话术：

小姐，您真有气质……

（这句话绝大多数门店人员经常在用，不一定是错误的，但要慎用，因为当你夸奖一个女性有气质的时候，估计是因为她不够漂亮才这么说的。这句话的潜台词是：她不漂亮！）

3. 直接问需求开场

这是一种最直接的问话方式，可能一开始就可以询问到别人的具体需求，但被拒绝的比例较高。

话术9：

美女，请问您喜欢厚的还是薄的？

大姐，请问是您自己穿还是买给别人呢？

小姐，请问您想看看文胸还是塑裤呢？

错误的话术：

美女，你买文胸啊？（不买，看看而已）

大姐，你是穿75B的吧？（你猜？错了，我就是不告诉你）

4. 功能卖点开场

在产品同质化日益严重的今天，产品在设计、功能、款式等方面的差异性是最具竞争力的卖点，这种别的品牌没有的独特卖点，是很好的开场介绍方法之一。

话术10：

小姐，这件文胸是我们品牌今夏特别设计的款式,而且是采用特殊面料和制作工艺……对于电脑、电视等具备特别防辐射的功能！上下班都能保护您身体的健康；除了×××，这款内衣的最大特性就是具备×××功能（突出功能性）；这款是我们的专利产品，我们已经取得了国家专利局颁发的专利证书哦！

5. 新产品开场

很多顾客很关注产品的款式、颜色等是否是最新、最流行的，一般最新款的产品经常就成了门店销售中最大的卖点之一。

话术11：

小姐，这是我们刚到的最新款，我来给您介绍……（开门见山）。

小姐，您好，这款是我们目前刚刚上货的最新款式，款式优雅、与众不同，请试一下。

小姐，您好，这个颜色是今年最流行的……

错误的话术：

小姐，现在有新款刚刚到货，请问您有没有兴趣？（没有）

小姐，这是我们的最新款，您喜欢吗？（一般）

小姐，今年流行绿色，您喜欢吗？（不喜欢）

6. 活动或促销开场

促销天天有，手段各不同。因此促销也就成了门店销售的重要手段。

用促销开场是门店导购经常用到的开场技巧，同时促销又是提升业绩很好的方法，但现实工作中太多的促销被自己白白浪费了。

话术 12：
　　哇！小姐，我们店里正好在做促销，现在买是最划算的时候！（突出重音）
　　您好，小姐，您真是太幸运了，现在全场5折（要把5那个字眼说得很疯狂的样子）
　　您好，小姐，您运气真好，现在优惠大酬宾，全场88折。
错误的话术：
　　小姐，现在打88折，请问您有没有兴趣？（没有）
　　小姐，现在有买100送30的活动，您应该喜欢？（不喜欢）

7. 制造热销开场
当顾客表现出对某个产品有好感的时候，我们应该趁热打铁，渲染热销的气氛。
话术 13：
　　这款产品今天都已经出6件了，有两件还是老顾客介绍朋友来买的呢！
　　这是今年上市的最新款，在我们广州的其他店铺，这个刚上架已经没有货了，在我们店只有几件了，我给您介绍一下！

8. 介绍卖场布置开场
有些顾客很有主见，走路风风火火，购买意愿比较明确，对自己的需求很了解，因此观察到这样的顾客可以采取卖场布置的开场方式。
话术 14：
　　您好，我们专卖店里分成几个比较大的产品区域，您左手边是文胸系列，您右手边是家居系列，请问您想看看哪类产品呢？
　　您好，我们展柜上展示的是正价产品，花车上展示的是特价产品，您想……

9. 恐惧诱因开场
针对部分有特殊功效的产品，可以采用这种方式开场，吓吓别人以达到推荐产品功能的目的。
话术 15：
　　其实，内衣要好看更要健康，您说对吗？导致女性乳腺增生的原因有很多，其中穿错内衣是非常大的因素，所以说，选择内衣也是选择健康。

10. 唯一性开场
物以稀为贵，对于顾客喜欢的产品，要表达出机会难得，促使顾客马上下决定购买。因为只要她走出了我们的店，她就消失在茫茫人海，我们可能没有问到她的电话、她的QQ，所以我们所能做的就是现场达成交易。
话术 16：
　　我们促销的时间就是这两天，过了就没有优惠了，所以现在买是最划算的时候……

我们是全国销售量最好的品牌,连续六年销量冠军……

我们×××店是本市规模最大的内衣店。

经常可以组合运用:新款加赞美,新款加促销,促销加热销,促销加唯一性,功能加促销等不一而足,看现场顾客的需要,随时烂熟于胸,脱口就出。

错误的开场就是立刻报价和报出折扣,太多的导购是这么干的,不信可以去门店看看。

三、常见的错误开场

门店的导购经常犯这样的错误,一开口就让顾客想拒绝、顾客没有往下一个流程继续进行的欲望,那就更别说购买了,这是很可怕的事。

下面举例看看常见的错误开场:

1. 您好,请随便看看。

如果这话出自顾客的嘴里,我们可以理解,但我们还要想办法打消"随便"的念头,但如果这句话出自我们自己的嘴里,那实在是不应该。前面讲过,如果我们自己这么开场,就是在暗示顾客随便怎样都无所谓。

2. 您好,买内衣吗?

难道进到店里的人必须买内衣才可以吗?这句话就有那么点味道。别人心里在想:我看看就不可以吗?

3. 您好,这是我们的最新款,您喜欢吗?

得到的回答:不喜欢!哪怕那顾客心里喜欢她都会说不喜欢,自讨没趣!

4. 您好,我们正在做促销活动,您一定会喜欢我们赠品的。

谁说我喜欢?我又不是冲着你们的赠品来的!

诚信 名言

该说的时候会说——水平!

不该说的时候不说——聪明!

知道何时该说何时不该说——高明!

心得体会

延伸阅读：赞美秘籍

世界上最华丽的语言就是对他人的赞美，适度的赞美不但可以拉近人与人之间的距离，更加能够打开一个人的心扉。虽然这个世界上到处都充满了矫饰奉承和浮华过誉的赞美，但是人们仍然非常愿意得到发自内心的肯定和赞美。从人的心理本质上来看，被别人承认是人一种本质的心理需求。

当然，赞美是一种艺术，赞美不仅有"过"和"不及"，而且还有赞美对象的正确与否，不同的顾客需要不同的赞美方式。赞美方式的正确选用和赞美程度的适度把握，是对顾客赞美是否能够达到实效的重要衡量标准。

一、要善于寻找赞美的话题

人际关系顺畅是事业成功最关键的因素，而赞美别人是处世交际最关键的课程。一句赞美的话，犹如一泓清泉，透彻、晶莹、沁人心脾，流泻之处充满了温馨与滋润，它不仅在人与人之间吹散了冷漠的雾霾，而且让友谊得以加深，让工作一帆风顺，让交际更得人缘。

因而，无论是熟人还是陌生人，只要善于寻找，对他人身上可以加以赞美的地方进行赞美，就能够打开对方的话匣子，并使他愿意与我们交谈。

案例28　通过赞美搭讪冷漠美女

小王坐火车回家，对面坐了一位漂亮的姑娘，可是待人特别冷淡，对什么事都爱答不理的，车行七八个小时，他们之间很少讲话，车厢里沉闷的让人透不过气来。小王正打算睡觉，一下子瞥见她手上戴着一只很别致的手镯，就顺口说了句："你的手镯很少见，非常别致，市面上好像看不到。"

没想到她眼睛一亮，微笑着向小王介绍这只手镯的来历，然后她又给小王讲她外婆的故事、她家乡的故事。小王也打消了睡意，和她聊的津津有味，等到火车到站时，他俩都为此趟旅程的相遇感到十分欣慰。

点　评

赞美的力量是无穷的，而善于发现赞美点才是最重要的，不然连切入点都找不到，赞美又从何而来呢？

赞美是一种重要的交际手段，它能在瞬间沟通人与人之间的感情。任何人都希望被赞美，人性深处最大的欲望，莫过于受到外界的认可与赞扬。

要建立良好的人际关系，恰当地赞美别人是必不可少的。事实上，每个人都希望自己能得到别人的赞美，并且得到别人的赏识。但是，由于人与人之间相互交谈的时间并不是很多，而且不善于赞美他人值得赞美的地方，这一点着实令人感到奇怪。其实，赞美他人是非常容易的事情，不需要你付出任何代价，而赞美别人后得到的回报却是多方面的。

好名声来自人们的赞美，所以人人都喜欢被赞美。美国著名社会活动家推出一条原则"给人一个好名声"，让人们达到它，因为人们为了获得赞美宁愿做出惊人的好成绩。只要你善于赞美他人值得赞美的地方，你的赞美是不会被拒绝的。

美国一位学者提醒人们："努力去发现你能对别人加以夸奖的极小事情，寻找你与之交往的优点——那些你能够赞美的地方，要形成一种每天至少5次真诚地赞美别人的习惯，这样你与别人的关系将会变得更加和睦。"

二、赞美他人要讲究方法

在生活中每个人都少不了要对他人进行赞美，因此，一定要掌握赞美别人的方法。只要掌握了以下几个赞美的方法，赞美别人便不再是件难事。

第一：直言夸奖法

夸奖是赞美的同义词。直言表白自己对他人的羡慕，这是人们用得最多的方法。老朋友见面说："啊！你今天精神真好啊！"年轻的妻子边帮丈夫打领带边说："你今天看上去气色好多了。"一句平常的体贴话，一句出自内心的由衷赞美，会让人一天精神愉悦，信心倍增。

第二：肯定赞美法

人人都有渴望赞美的心理需求，在特定的场合更是如此。例如，在报上发表了文章，成功地完成了论文，苦心钻研多年的项目通过了鉴定等，对这些，人们都希望得到别人的肯定。这时，不失时机地给予真诚的赞美会使赞美者高兴万分。

第三：意外赞美法

出乎意料的赞美，会令人惊讶。因为赞美的内容出乎对方意料，会大大引起对方的好感。

第四：反向赞美法

指责与挑剔，每个人都难以接受，把指责变成赞美是难以想象的，能真正做到更是不容易。

第五：目标赞美法

赞美别人时，为他树立一个目标，往往能让他坚定信念，为这一目标而奋斗。

生活中，人们对那些喜欢说奉承话的人总是投之鄙夷的眼光，其实，说奉承话无非是对他人的一种恭维，换句话说，也是对他人的一种赞美。在人与人关系中，说奉承话自有其独特的"历史地位"。

说奉承话只是为了生存的一种手段，是为了达到目的的一种谋略，是搞好人际关系的一种技巧。

如果我们有满腹经纶而又怀才不遇，可是又不肯或者不晓得如何说奉承话，那么，可能就会永无出头之日，即使"伯乐"也难以发现这匹千里马。

案例29 赞美改变心境

晋武帝登基时，测字摸到个"一"字，显得很不高兴。

侍中裴楷进言道："陛下，这个一字摸的非常好，是大吉兆，因为天得一则清，地得一则宁，君王得一则天下忠。"说的晋武帝转忧为喜。而这个侍中裴楷也在新皇帝心里留下了很好的印象。

点 评

目标不同，赞美方式不同。赞美使人转忧为喜，值得学习。

当一个人听到别人奉承话时，心中总是非常高兴的，即使事后冷静地分析，明知对方讲的是奉承的话，却还是抹不去心中的那份喜悦。因此，说奉承话是与人际交往所必备的技巧，奉承话说的得体，会使你更迷人！

奉承别人首要的条件，是要有一份诚挚的心意与认真的态度。这样，所说的奉承话会超过一般奉承话的水平，成为真正夸奖别人的话，听在对方耳中，感受自然和一般奉承话有所不同。

三、真诚赞美的三种形式

真诚坦白地直接赞美固然不错，但如果用词不当就有可能变成"拍马屁"，引起对方的不快，或给众人留下太露骨、太肉麻的感觉。如果我们热情洋溢的直接赞美还缺乏足够的自信，那么采用间接赞美的方式，也会收到很好的效果。这样无论是怎样使用溢美之词，都不显得露骨和肉麻，而对方又能够同样领会到赞美之情。间接赞美有以下三种形式：

1. 以面带点式赞美

不直接赞美对方，而是针对对方的优点，大加赞美其优点所在的层面，这样以面带点，言在彼而意在此，不露痕迹，却使对方如沐春风。

案例30 间接式赞美

《围城》中的方鸿渐就是这样一位巧施赞美的能手。他经苏小姐介绍认识了苏的表妹唐晓芙，唐晓芙说自己是学政治的，给方鸿渐提供了一个自己还算内行的信息，一般来说，女孩学政治是比较有野心但缺乏灵气的，因此苏小姐夸她道："这才厉害呢，将来是我们的统治者，女官。"

方鸿渐从她的话里发掘出了闪光点，大加渲染了一番，说："女人原是天生的政治动物，虚虚实实，以退为进，这些政治手腕，女人生来就有。女人学政治，那正是以后天发展先天，锦上添花了。我在欧洲听裴格先生曾经说过：男人有思想创造力，女人有社会活动力；所以男人在社会上做的事情让给女人去做，男人好躲在家里从容思想，发明新科学，产生新艺术，我看此话甚有道理，女人不必学政治，而现在的政治家要想成功，都要学女人。政治舞台上的戏剧全是反串。老话说，要齐家而后能治国平天下，请问有多少男人会管理家务的？管家要仰仗女人，而自己吹牛说大丈夫要治国平天下。把国家社会全部交给女人有多少好处啊。"

方鸿渐一席话说得唐晓芙心花怒放。自然，这一番颇费心思的间接式赞美达到了他预期的目的。

点评

针对优点，大加赞美，以面带点，赞美不露痕迹，高！

2. 借用第三者的口吻赞美对方

比如，若当着面直接对对方说："你看来还那么年轻"之类的话，不免有点恭维、奉承之嫌。如果换个方法来说："你真是漂亮，难怪某某一直说你看上去总是年轻！"可想而知，对方必然会很高兴，而且没有阿谀之嫌。因为一般人的观念中，总认为"第三者"所说的话是比较公正实在的。因此，以"第三者"的口吻来赞美，更能得到对方的好感和信任。

3. 背后赞美

就是当事人不在场时，背地说些赞扬他的话。一般情况，背后赞美的话语都能传达到本人。在日常生活中，如果我们想赞扬一个人，不便对他当面说出或没有机会向他说时，可以在他的朋友或同事面前，适时地赞扬一番。

据心理学家调查，背后怎的作用绝不比当面赞扬差。此外，若直接赞美的度还不足会使对方感到不满足、不过瘾，甚至不服气，过了头又或变成恭维，而用背后赞美的方法则可避免这些问题。因此，有时不适合当面赞扬时，不妨通过第三者间接赞美，这样的效果可能更好。

每个人都认为"天生我材必有用"，工作中的每一点成绩都将使自己有一种自豪感。所以，在工作中恰到好处地赞美合作者所付出的才智、汗水、努力和作用，会使对方感到自己在工作中的价值，获得心理上的满足，使合作双方的关系更融洽。

四、请教式的赞美能获得他人的好感

每个人都有"好为人师"的自大心理,所以在很多时候以低姿态,有针对性地去请教他人,以自己的普通甚至低劣凸显对方在某方面的高明或优势,可以起到赞美他人的作用。恰到好处地使用此种方式,既成功赞美了别人,又能给别人留下为人虚心好学的好印象。

在现实生活中,人们常常因为这样那样的原因与别人产生矛盾,引起争吵和纠纷。对于人际关系中始料不及的纠纷,如果不及时解决,容易使双方积怨加深,妨碍彼此正常的工作、生活,甚至会给别人带来不良的影响。因此,巧妙地赞美他人能调解纠纷,化干戈为玉帛,避免不必要的损失,让人际关系变得和谐融洽。

1. 维护双方形象

不对矛盾的双方进行批评指责,相反,分别赞美争执的双方,肯定他们各自的价值,使他们感到再争执下去只会损害自己的形象,因而自觉放弃争吵。

2. 唤起当事人的荣誉感

讲述吵架者可引为自豪的一面,唤起其内心的荣誉感,使其自觉放弃争吵。

在一辆公共汽车上,乘务员关门时夹住了乘客,但自己还不认账,这时一青年人打抱不平,对乘务员说:"你是干什么吃的?不爱干回家抱孩子去!"乘务员的嘴巴像刀子,两人吵了起来。这时,车上一位老工人挤了过去,拍拍青年人的肩膀说:"小丁,你当机修大王还不够,还想当吵架大王吗?"青年人说:"师傅,我可不认识你呀!""我认识你,上次去你们厂,你站在门口的光荣榜上欢迎我,那张大照片可神气呢!"青年人一下子脸红了。"以后可不要再吵架了,这不是解决问题的办法。"一场纠纷就这样平息了。

3. 恰当地"褒一方,贬一方"

人们在吵架的时候经常为了谁对谁错,谁好谁坏而争执不休,因此,劝架者应不对双方道德上的孰优孰劣做出判断,而是在二者个性、能力的差异上适当地"褒一方,贬一方",使被褒的一方获得心理满足,并放弃争执,而又不伤害被贬的一方,使劝解成功。

案例 31 褒贬式赞美

小陈和小杨是学校新来的年轻老师,小陈心细,考虑事情周到,小杨性情有些鲁莽,但能力较强。一次,两个年轻人发生了争执,小陈说不过小杨,感觉很委屈,跑到校长那诉苦。校长拍拍小陈的肩膀说:"小陈啊,你脾气好,办事周到,这个大家都清楚,也很欣赏,可是小杨天生是个爆脾气,牛脾气一生来什么都忘记了,等脾气过去了就没事,你是个细心的人,懂得如何团结同事、搞好工作,你怎么能跟他那爆脾气一般见识呢?"一番话说得小陈脸红了起来。

> **点 评**
>
> 褒贬不一，合适运用！

4. 大事化小小事化了

缩小争端本身的严重性，使一方或双方看淡争端，从而缓和情绪，平息风波。

五、寓鼓励于赞美之中

不是任何赞美都会产生正面效应，任何事情都要有个"度"。对学生、下属、晚辈等表示赞美，如过分使用溢美之词则可能会助长对方骄傲、自满、浮躁的情绪，不利于对方学习、工作、做人等的进一步发展。如一位母亲赞美孩子："你是一个好孩子，你这种刻苦的精神让我很感动。"这种话就很有分寸，不会使孩子骄傲。但如果这位母亲说："你真是一个天才，在我看到的小孩中，没有一个人赶得上你。"那就会使孩子骄傲，把孩子引入歧途。

这要求我们在赞美这类人的时候要把握分寸，适可而止。少一些华丽的不切实际的溢美之词，多一些实实在在的引导、肯定和鼓励，既满足对方自我价值实现的心理，又令其感受到肩上的责任和期冀，从而更加努力上进。

将鼓励寓于赞美之中，一定要注意赞美须具体、深入、细致。感谢和称赞，是有密切的连带关系的。"承蒙您的帮助，我非常感谢。"这仅仅是感谢，如果加上几句："要不是靠您的帮助，一定不会有这么好的结果。"就觉得完美了。

赞美还要注意运用适当的方式，一般的赞美方式方法大体有以下几种：

1. 对比赞美

就是把被赞美的对象和其他对象比较以突出其优点，常用"比××更……"或"在××中最……"等句式来表示。俗话说："有比较才有鉴别。"对比赞美给人一个很具体的感觉。正因为如此，从另外一个角度看，它会产生一个负面，从而容易引起人际关系中的矛盾，所以在比较时就不应该用贬低来代替赞美。

> **案例 32 学会对比赞美**
>
> 两个学生都拿着自己画的画请老师做评价。
> 如果老师对甲说："你画的不如他"，那乙也许比较得意，而甲心中一定不悦。不如对乙说："你画的比他还要好"，乙固然很高兴，而甲不至于太扫兴。

> **点 评**
>
> 表达的意思一样，只是赞美方式不同，结果迥然不同。

2. 断语性赞美

就是给被赞美者一个总结性的良好评价。实际上，对别人的工作进行肯定就是一种赞美。但是这种赞美由于是较为全面的、总结性的评价，所以容易流于抽象，与赞美的具体性产生矛盾。赞美者也会给人一种高高在上的感觉，所以这种方发经常和其他的方法结合起来综合使用。

3. 感受性赞美

就是给赞美者就赞美对象的其中一点表示出自己的良好感受，这种方法体现了赞美的具体性，因为它陈述的知识赞美，不受其他条件的限制，所以这种形式能充分发挥其赞美的优势。要实施这种赞美有两个步骤：一是把被赞美者值得肯定的优点"挑"出来；二是让被赞美者觉得你对他的优点很满意。这样，赞美的作用就自然产生，而且令人信服。

六、总结赞美的技巧与要点：

1. 赞美一定是真诚的
2. 赞美事实而不是人

要是我们把赞美的焦点放在别人所做的事情上，而不是他们本身，他们就会更容易接受赞美，而不会引起尴尬。如：你的演讲很棒，你的文章非常精彩等。

3. 赞美要具体

当赞美的对象是针对某一件事情时，赞美会更有力量，称赞得越广泛，它的力量就越弱，也就是说赞美要"到点"。

4. 掌握赞美的"快乐习惯"

每一次赞美别人时，不但对方快乐，同时也会使我们获得满足，这里有一个人性规律：若我们不能为任何人增加快乐，那么，我们就不能为自己增加快乐。因此，每天至少赞美三个人，那么，我们将感觉到自己的快乐指数也在不断上升。把赞美当作是一个快乐游戏，经常留意那些可以赞美的好事，它会增强我们的积极心态，我们会越来越惊喜发现自己周围有许多以前从没有注意到的快乐。

诚信名言

赞美很重要，记得要"到点"！赞美使沟通变得很容易！

心得体会

_____
_____
_____

第六节 探寻需求

一、什么是需求

在心理学中，需求是指人体内部一种不平衡的状态，对维持发展生命所必须客观条件的反应。

营销学中，需求可以用一个公式来表示：

需求=购买欲望+购买力

欲望是人类某种需要的具体体现，如我们饿了，我们的需要是填饱肚子，那我们的具体体现就是要吃饭，而需要是一种天生的属性，因为天生的属性不能创造，所以需求也不能被创造。

在市场营销的概念中，营销是一个发现需求并且满足需求的过程，供需双方通过交换创造价值，而营销就是对这个过程的管理，从而让这个过程变得更有效、通过管理创造价值最大化。

销售的目标就是发现需求满足需求。

1. 需求与需要的区别

需要是有机体感到某种"缺乏"而力求获得满足的心理倾向，是内外环境的客观要求在头脑中的反应。它源于自然性要求和社会性要求，表现为物质需要和精神需要。需要常以一种"缺乏感"体现，以意向、愿望的形式变现出来，最终发展为推动人进行活动的动机。需要总是指向某种东西、条件或活动的结果，具有周期性，并随着满足需要的具体内容和方式的改变而不断变化和发展。

需求是指人们在欲望驱动下的一种有条件的、可行的，又是最优的选择，这种选择使欲望达到有限的最大满足，即人们总是选择能负担的最佳物品。表现在消费者理论中就是在预算约束下达到最高无差异曲线。

2. 什么是顾客需求

顾客需求是指顾客的目标、需要、愿望以及期望。

根据马斯洛的需求层次理论，个体成长发展的内在力量是动机。而动机是由多种不同性质的需要所组成，各种需要之间，有先后顺序与高低层次之分；每一层次的需要与满足，将决定个体人格发展的境界或程度。马斯洛认为，人类的需要是分层次的，由低到高，它们分别是：**生理需要，安全需要，社交需要，尊重需要，自我实现。**

（1）生理需要

对食物、水、空气和住房等的需求都是生理需求，这类需求的级别最低，人们在转向较高层次的需求之前，总是尽力满足这类需求。一个人在饥饿时不会对其他任何事物感兴趣,他的主要动力是找到食物。

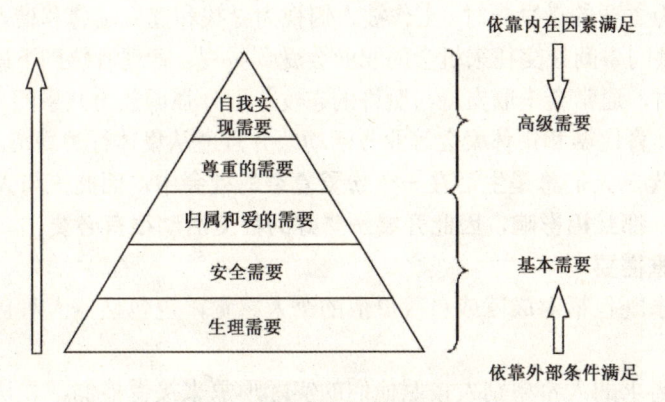

上图:马斯洛需求层次

即使在今天,还有许多人不能满足这些基本的生理需求。我们应该明白,如果员工还在为生理需求而忙碌时,他们所真正关心的问题就与他们所做的工作无关。当努力用满足这类需求来激励下属时,我们是基于这种假设,即人们为报酬而工作,主要关于收入、舒适等,所以激励时试图利用增加工资、改善劳动条件、给予更多的业余时间和工间休息、提高福利待遇等来激励员工。

产品经济时代,产品供不应求,人们以农产品作为经济提供品,满足他们生存的需要。

(2) 安全需要

安全需求包括对人身安全、生活稳定以及免遭痛苦、威胁或疾病等的需求。和生理需求一样,在安全需求没有得到满足之前,人们唯一关心的就是这种需求。

对许多员工而言,安全需求表现为安全而稳定以及有医疗保险、失业保险和退休福利等。受安全需求激励的人,在评估职业时,主要把它看作不致失去基本需求满足的保障。如果我们认为对员工来说安全需求最重要,他们就在管理中着重利用这种需要,强调规章制度、职业保障、福利待遇,并保护员工不致失业。如果员工对安全需求非常强烈时,管理者在处理问题时就不应标新立异,并应该避免或反对冒险,而员工们将循规蹈矩地完成工作。

商品经济时代,商品日渐丰富,顾客需求开始变得苛刻起来,商品质量和技术含量的提升引起他们的关注,这一时期主要以工业产品作为主要经济提供品来满足他们生存和安全等较低层次的需要。

(3) 社交需要

社交需求包括对友谊、爱情以及隶属关系的需求。当生理需求和安全需求得到满足后,社交需求就会突出出来,进而产生激励作用。在马斯洛需求层次中,这一层次是与前两层次截然不同的。这些需要如果得不到满足,就会影响员工的精神，导致高缺勤率、低生产率、对工作不满及情绪低落。管理者必须意识到，当社交需求成为主要的激励源时，工作被人们视为寻找和建立温馨和谐人际关系的机会，能够提供同事间社交往来机会的职业会受到重视。管理者感到下属努力追求满足这类需求时，通常会采取支持与赞许的态度，十分强调能为共事的人所接受，开展有组织的体育比赛和集体聚会等业务活动，并且遵从集体行为规范。

任何时代，人们总是生活在一个纷繁复杂的社会中，因此人与人之间的交流沟通和交往，都互相影响，因此开展一些好的社交活动很有必要。

（4）尊重需要

尊重需求既包括对成就或自我价值的个人感觉，也包括他人对自己的认可与尊重。

有尊重需求的人希望别人按照他们的实际形象来接受他们，并认为他们有能力，能胜任工作。他们关心的是成就、名声、地位和晋升机会。这是由于别人认识到他们的才能而得到的。当他们得到这些时，不仅赢得了人们的尊重，同时就其内心因对自己价值的满足而充满自信。不能满足这类需求，就会使他们感到沮丧。如果别人给予的荣誉不是根据其真才实学，而是徒有虚名，也会对他们的心理构成威胁。在激励员工时应特别注意有尊重需求的人员，应采取公开奖励和表扬的方式。布置工作要特别强调工作的艰巨性以及成功所需要的高超技巧等。颁发荣誉奖章、在公司的刊物上发刊登扬文章、公布优秀员工光荣榜等都可以提高人们对自己工作的自豪感。

服务经济时代，商品经济空前繁荣，顾客对服务的需求不断增加，对服务的品质日益挑剔。顾客对社会地位、友情、自尊、态度的追求，使得高品质的服务成了满足他们需求的主要经济提供品。

（5）自我实现

自我实现需求的目标是自我实现，或是发挥潜能。达到自我实现境界的人，接受自己也接受他人。解决问题能力增强，自觉性提高，善于独立处事，要求不受打扰地独处。

要满足这种尽量发挥自己才能的需求，他应该已在某个时刻部分地满足了其他的需求。当然自我实现的人可能过分关注这种最高层次的需求的满足，以至于自觉或不自觉地放弃满足较低层次的需求。自我实现需求点支配地位的人，会受到激励在工作中运用最富于创造性和建设性的技巧。重视这种需求的管理者会认识到，无论哪种工作都可以进行创新，创造性并非管理人员独有，而是每个人都期望拥有的。为了使工作有意义，强调自我实现的管理者，会在设计工作时考虑运用适应复杂情况的策略，会给身怀绝技的人委派特别任务以施展才华，或者在设计工作程序和制定执行计划时为员工群体留有余地。

体验经济时代，随着社会生产力水平、顾客收入水平的不断提高，他们的需求层次有了进一步的升华，产品和服务作为提供品已不能满足人们精神享受和发展的需要。从社会总体上看，顾客需要更加个性化、人性化的消费来实现自我。因此，顾客的需求也随之上升到了"自我实现"层次。

3. 影响需求量的因素

（1）商品本身价格

一般而言，商品的价格与需求量成反方向变动，即价格越高，需求越少，反之亦然。

（2）替代品的价格

当所谓替代品是指使用价值相近，可以互相替代来满足人们同一需要的商品，比如煤气和电力等。一般来说，相互替代商品之间某一种商品的价格提高，消费者就会把其需求转向可以替代的商品上，从而使替代品的需求增加，被替代品的需求减少，反之亦然。

（3）互补品的价格

所谓互补品是指使用价值上必须互相补充才能满足人们某种需要的商品，比如汽车和汽油、家用电器和电等。在互补商品之间，其中一种商品的价格上升，需求量降低，会引起另一种商品的需求随之降低。

（4）消费者的收入水平

当消费者的收入提高时，会增加商品的需求量，反之亦然。

（5）消费者的偏好

当消费者对某种商品的偏好程度增强时，该商品的需求量就会增加，相反偏好程度减弱，需求量就会减少。

（6）消费者的预期

即消费者对未来商品的价格以及对自己未来收入的预期。当消费者预期某种商品的价格即将上升时，社会增加对该商品的现期需求量，因为理性的人会在价格上升以前购买产品。反之，就会减少对该商品的预期需求量。同样的，当消费者预期未来的收入将上升时，将增加对商品的现期需求，反之则会减少对该商品的现期需求。

（7）消费者规模

当消费者的数量增加时，需求随之增加，反之则少。

二、了解需求的重要性

1. 需求与购买的关系

（1）销售与购买的过程

导购和顾客的关系体现在两个过程中：

一是销售的过程，即导购向顾客推荐自己的产品和售后服务。

二是购买的过程,顾客是否接受导购的产品。

可以说,销售的过程决定着购买的过程,顾客是否会购买导购推荐的产品,关键在于导购的销售工作。同样,通过分析顾客的购买过程,可以采取相应的销售过程,也可以有效地提高销售成绩。当然,无论是一个复杂的企业采购行为,还是一个简单的个人消费行为,基本上都遵循一定的购买流程。

(2) 购买与销售的过程

① 购买动机与找出购买动机

动机决定着行为,购买动机是顾客购买过程的第一步。相应地,导购应全面地找出顾客的购买动机,了解顾客购买动机的强弱。

② 询问专家评估方案与充当专家向顾客介绍产品

企业要向专家咨询自己的购买方案,个人可能会向朋友咨询自己要购买产品的特点。顾客评估的过程就是比较不同销售商的产品和售后服务的过程,导购就是要承担起咨询专家的职责,让顾客相信自己的方案是顾客进行采购的最佳方案。

③ 选择方案满足购买动机与提供方案达成协议

经过咨询以后,顾客会最终选择一个最适合自己的购买方案,与导购达成协议。在顾客选择购买方案和达成协议之间,顾客往往会有一个质疑的过程。顾客在这个过程中会提出一些异议或反对意见。导购应切实、有效地应对顾客的异议,说服顾客与自己最终达成协议。

2. 需求的本质

(1) 顾客的购买动机源于需求

顾客的购买行为源于购买动机,而购买动机又源于需求。顾客之所以会产生需求,是因为对现状不满,期望改变现状,以达到一个新的高度。

达到新的高度需要一定的硬件和软件等两方面的条件作为支撑,我们提供的产品和售后服务就是顾客需要的硬件和软件。例如,一份报纸要提高发行量。目标的改变就可能带来两个需求:一个是设备的改进,另一个是人员素质的提高。设备的改进是硬件的需求,而人员素质的提高则是软件的需求。

导购了解了顾客的需求,就可以有的放矢,以便有针对性地充分满足顾客的需求。

(2) 明确顾客现状和目标之间的差距

需求的本质就是顾客的期望和现状之间的差值。了解需求就是要了解和发掘顾客的现状和他所期望达到的目标,明确这两者之间的差距。这个差距就是顾客的购买需求。销售人员所能提供的产品或售后服务可以弥补这个差距,把产品的各种实际价值提升到顾客所期望的高度,甚至提升到比他的期望更高的水平上。

（3）需求的层次：解决问题是需求的最高层次

在日常工作中，人的需求有两个不同的层次，可有可无的需求和必须的需求。对于顾客来说，他们的需求也分为两个层次：

① **一个层次是想要。**顾客想拥有这件产品，但是愿望不够明确，也不够迫切，购买的动机也不会太强烈。

② **另外一个层次是解决问题。**在这个层次上，顾客对产品需求的目的是很明确的——解决工作中的问题。这件产品确实能给顾客带来很大的效益。因此，解决问题层次上的需求往往很迫切。导购容易和顾客达成这个层次上的协议。

解决问题是需求的最高层次。优秀的导购都非常明白顾客不同的需求层次对于销售效果的影响，善于将顾客的需求层次提高，即通过销售工作将顾客想要的层次提高到解决问题的层次，提高顾客对于产品需求的迫切程度。这样与顾客达成协议是比较容易的，销售业绩也会随之相应地提高。

3. 了解需求很重要

（1）销售人员似医生，不看病人怎知病情？

医生不了解病人的需求就用药，是草菅人命；销售人员不了解顾客的需求就进行推销，不仅自己要徒劳无功地浪费很多口舌，更重要的是完不成销售的计划。销售员给顾客推销产品，相当于医生给病人治病，应首先充分、全面地了解顾客的需求所在、期望所在，然后才能带给他一个完美的解决方案。

案例33　小张看医生

小张吃鱼时嗓子被鱼刺卡住了，坐在门诊外的椅子上候诊。

大夫从桌上拿起一份挂号单，大声的喊：小张！

小张病怏怏的样子，边走边咳嗽：我是！

大夫低头整理手中的资料，自言自语，并打手势，示意小张坐下，问：怎么了？

小张说：我……咳嗽……我今天……咳嗽。

大夫：哦，不用说了，我知道。说着并从桌子下面拿出一个大盒子，放在桌子上，"我看你适合吃这种药。这是本院独家开创的哮喘新药'咽喉糖浆'，疗程短，见效快，一个疗程吃3盒，平均每天只需花费3块钱。给你先开6盒吧！"边说边开起了药方。

小张非常惊讶地瞪大眼睛并止不住地弯腰大声咳嗽，以至于把鱼刺都咳出来了。小张从口里掏出一条根鱼刺，递给医生。医生见到鱼刺先是吃惊，而后又显得非常尴尬。

点评

在平常的生活、工作中，我们也经常犯类似的错误，总喜欢在别人还没有完全表达完自己的意思之前就下结论，结果可想而知：往往是错误的！

（2）不了解顾客的需求就难以得到顾客的认同

在日常生活中，人们会发现有许多勤奋而刻苦的销售员，他们有明确的业绩目标，每天花大量的时间来背有关产品的知识和销售的技巧。但是，他们却往往得不到顾客的认同，完不成自己的业绩目标。他们的失败原因在于不了解顾客的需求，在每一个顾客面前都使用那些千篇一律的套词，结果当然可想而知了。

（3）了解顾客的需求才能实现销售

优秀的销售员应充分意识到，顾客的需求是需要自己去发掘的。顾客可能属于不同的行业，即使是同一个行业的顾客，他们各自的特点也不相同，他们的需求也就往往存在着很大的不同。针对不同的顾客，要采用不同的销售方法，把自己产品的特点和顾客的需求很好地密切结合起来，这样才能达到销售的业绩目标和目的。

案例34　手机导购的推销

某手机专卖店，某品牌手机导购正向一名女顾客推荐手机。

导购：您看，这是最新上市的XXX型号，既小巧又可爱，而有高性能的电池又保证了较长的待机和通话的时间。现在好多顾客都买这款手机，它还可以挂在胸前做装饰，用起来也挺方便，我都想买一个了。

顾客：（迷惑，不好意思的）对不起小姐（先生），我不想要。

导购：不想要没关系，我们有很多款式的手机，那给你介绍这款YYY型号的吧。它非常时尚，而且有多种颜色的彩壳可供更换。它的内置电话本可以存放250个电话，并且可以下载铃声和图案，它价格适中而且……

顾客：（迷惑，不好意思的打断）对不起，我只是想问一下什么地方可以修理手机天线。

导购：（非常尴尬的）修理手机天线？

点评

如果导购根本不知道顾客的需求是什么，因此达不到销售目的是太正常不过了。

三、探寻顾客哪些需求

1. 顾客的两类需求

（1）基本需求

顾客来到我们店里，先不管购物是否成功，但顾客至少会表露出一些喜好，通过我们的观察或询问，基本可以得到一些她的真实的想法的。而对于这些可以表述、说出来的需求，我们称为顾客的基本需求。

需要了解的顾客的基本需求大致有以下十点：
① 产品颜色。② 产品尺码。③ 产品款式。④ 产品功能。⑤ 面料。⑥ 品牌。⑦ 价格。⑧ 产品设计风格。⑨ 售后服务。⑩ 洗涤保养方法等。
对于顾客的基本需求，我们可以使用的探寻方法是——**问**。

（2）心理需求

心理需求也就是顾客不说出来、或者说不出来的需求。

需要了解的顾客的基本需求大致有以下几点：

①婚姻与家庭；②子女与教育；③事业；④健康等。

对于顾客的心理需求，我们可以使用的探寻方法是——**观察**。

2. 探寻顾客需求的原则

（1）了解基本需求比心理需求更重要，所以要掌握提问的技巧。

就像上面马斯洛需求层次理论一样，只有满足了低级的需求才有可能去追求高层次的需求，这里同样也要满足这个规律。因此顾客的基本需求的满足更重要。

（2）不说出来的需求往往起决定作用。

虽然基本需求容易满足，但顾客很多时候就是不轻易说出实际的需求，经常需要我们去观察和引导，乃至"恐吓"。

（3）产品卖点是固定的，顾客需求是变化的，因此要将卖点和顾客特定的需求相结合进行产品介绍和引导，才能激发购买动机。

前面有个公式是：**需求=购买欲望+购买力**。

在这里给出另外一个公式：**购买欲望=产品卖点+顾客需求**。

（4）顾客的需求需要排序，某方面需求很强，就会忽略其他的需求。

顾客的需求是多方面的，上面说到的基本需求起码有十个甚至更多，而心理需求也有很多，在和顾客沟通交流中我们要学会梳理，并快速排序，将顾客最强的需求摆在第一位。

（5）有时顾客对自己的需求并不是很清楚，所以需要提醒和引导。

很多时候顾客自己真不知道自己的真正需求在哪里，所以需要我们提醒和引导，就像小品《卖拐》里的赵本山一样，通过自己的引导，把原本身体健康腿脚无恙的范伟忽悠到瘸了，最后还买了拐，实在是高！**（本案例见最后的《卖拐》分析）**

3. 需要掌握的顾客资料

从一开始到接下来进试衣间、最后购物成功以及后续的服务，整个流程是紧密结合在一起的，所以我们必须尽可能多地了解顾客的信息，这样我们才有可能在后期的工作中真正做到"终生感动计划"，而真正留住这些忠实的顾客。

（1）顾客个人资料（姓名、电话、联系地址等，越详细越好）。

（2）顾客家庭情况（人口数、婚姻状况、家庭收入、是否有小孩及老人、小孩是否在读书等）。

（3）工作情况（工作行业、单位、工作地点、个人职位、收入等）。

（4）顾客居住情况（现居住所在地、自购房还是租房、房子大小等）。

（5）顾客购物需求（购买时间、数量、杯型、码数、颜色、是否搭配了其他产品等）。

（6）购买决策情况（是否自己买单、是否有其他决策人等）。

（7）顾客爱好等情况（如个人爱好、经常接触的社交圈等）。

（8）顾客其他情况在（增加顾客感兴趣的话题，尤其是在试衣间里要多沟通）。

以上列举的种种，了解得越多越好。

延伸阅读：麦凯66表格

日期_____   最新修改时间_____   填表人_____

基本情况：

    1. 姓名_____   昵称（小名）_____

    2. 职称_____

    3. 公司名称/地址/家庭住址_____

    4. 电话（公）_____（宅）_____手机：_____ QQ：_____邮箱：_____

    5. 出生年月日_____出生地_____籍贯_____

    6. 身高____体重____身体五官特征_____（如秃头、关节炎、严重背部问题等）_____

教育背景：

    7. 最高学历_____毕业学校_____毕业日期_____学位_____

    8. 大学时代得奖纪录_____研究所_____

    9. 大学时所属兄弟或姐妹会_____擅长运动是_____

    10. 课外活动、社团_____

    11. 如果客户未上过大学，他是否在意学位_____其他教育背景_____

    12. 兵役军种_____退役时军阶_____对兵役的态度_____

家庭情况：

    13. 婚姻状况_____配偶姓名_____

    14. 配偶教育程度_____

    15. 配偶兴趣/活动/社团_____

    16. 婚纪念日_____

17. 子女姓名、年龄_____是否有抚养权_____
18. 子女教育_____
19. 子女喜好_____

业务背景资料

20. 客户的前一个工作_____公司名称、地址_____受雇时间_____受雇职衔_____
21. 在目前公司的前一个职衔_____现在职衔_____日期_____
22. 在办公室有何"地位"象征_____
23. 参与的职业及贸易团体_____所任职位_____
24. 是否聘顾问_____
25. 客户与本公司其他人员有何业务上的关系_____
26. 关系是否良好_____原因_____
27. 本公司其他人员对本客户的了解_____
28. 何种联系_____关系性质_____
29. 客户对自己公司的态度_____
30. 本客户长期事业目标为何_____
31. 短期事业目标为何_____
32. 客户目前最关切的是公司前途或个人前途_____
33. 客户多思考现在或将来_____为什么_____

特殊兴趣

34. 客户所属私人俱乐部_____
35. 参与政治活动_____政党_____对客户户的重要性为何_____
36. 是否热衷社区活动_____如何参与_____
37. 宗教信仰_____是否热衷_____
38. 对本客户特别机密且不宜谈论之事件（如离婚等）_____
39. 客户对什么主题特别有意见（除生意之外）_____

生活方式

40. 病历（目前健康状况）_____
41. 饮酒习惯_____所嗜酒类与份量_____
42. 如果不嗜酒，是否反对别人喝酒_____
43. 是否吸烟_____若否，是否反对别人吸烟_____
44. 最偏好的午餐地点_____晚餐地点_____
45. 最偏好的菜式_____
46. 是否反对别人请客_____
47. 嗜好与娱乐_____喜读什么书_____

48．喜欢的度假方式＿＿＿＿＿＿＿＿＿＿＿＿＿＿＿

49．喜欢观赏的运动＿＿＿＿＿＿＿＿＿＿＿＿＿＿＿

50．车子厂牌＿＿＿＿＿＿＿＿＿＿＿＿＿＿＿

51．喜欢的话题＿＿＿＿＿＿＿＿＿＿＿＿＿＿＿

52．喜欢引起什么人注意＿＿＿＿＿＿＿＿＿＿＿＿＿＿＿

53．喜欢被这些人如何重视＿＿＿＿＿＿＿＿＿＿＿＿＿＿＿

54．你会用什么来形容本客户＿＿＿＿＿＿＿＿＿＿＿＿＿＿＿

55．客户自认最得意的成就＿＿＿＿＿＿＿＿＿＿＿＿＿＿＿

56．你认为客户长期个人目标为何＿＿＿＿＿＿＿＿＿＿＿＿＿＿＿

57．你认为客户眼前个人目标为何＿＿＿＿＿＿＿＿＿＿＿＿＿＿＿

客户和你

58．与客户做生意时，你最担心的道德与伦理问题为何＿＿＿＿＿＿＿

59．客户觉得对你、你的公司或你的竞争负有责任＿＿＿＿＿＿如果有的话，是什么＿＿＿＿＿＿＿＿＿＿＿＿＿＿＿

60．客户是否需改变自己的习惯，采取不利自己的行动才能配合你的推销与建议＿＿＿＿＿＿＿＿＿＿＿＿＿＿＿

61．客户是否特别在意别人的意见＿＿＿＿＿＿＿＿＿＿＿＿＿＿＿

62．是否以自我为中心＿＿＿＿＿＿＿是否道德感很强＿＿＿＿＿＿＿

63．在客户眼中最关键的问题有哪些＿＿＿＿＿＿＿＿＿＿＿

64．客户的管理阶层以何为重＿＿＿＿＿＿客户与他的主管是否有冲突＿＿＿＿＿＿＿

65．你能否协助化解客户与主管的问题如何化解＿＿＿＿＿＿＿＿＿

66．你的竞争者对以上的问题有没有比你更好的答案＿＿＿＿＿＿＿

四、探寻顾客需求的提问方法

1. 提问的两种方式

探寻顾客需求，最重要的是探寻其基本的需求，需要通过我们的提问来解决，那提问该怎么提呢？提问有以下两种方式：

（1）开放式提问

开放式提问，是指提出比较概括、广泛、范围较大的问题，对回答的内容限制不严格，给对方以充分自由发挥的余地。这样的提问比较宽松，不唐突，也常得体。

特点：

① 常用于访谈的开头，可缩短双方心理、感情距离。

② 但由于松散和自由，难以深挖对方。

③ 不能直接用"是"或"不是"来回答。

话术17：
　　您是想选一款什么样的内衣呢？
　　您平时对于选择内衣都有什么要求呢？
　　您比较喜欢什么风格的内衣呢？
　　您想要什么颜色的外套呢？
　　您想要的手机具有什么功能呢？
　　……

（2）封闭式提问

　　封闭式提问，是指提出答案有唯一性，范围较小，有限制的问题，对回答的内容有一定限制，提问时，给对方一个框架，让对方在可选的几个答案中进行选择。这样的提问能够让回答者按照指定的思路去回答问题，而不至于跑题。

　　特点：
　　① 对发问者要有一定的功底。
　　② 问的有限制，所以要准。
　　③ 可以用"是"或"不是"，或在几个选项中进行选择的问题。

话术18：
　　您是想要胸部再提升一点呢还是聚拢一点？
　　您平时选择胸衣更注重款式呢还是更注重健康？
　　您了解亚洲版内衣吗？
　　您是想保养身材还是想调整身材呢？
　　您平时穿内衣做肢体动作会移位吗？
　　您喜欢长袖的还是短袖的外衣呢？
　　……

2. 问问题的基本原则

　　在询问顾客问题时，不管用的是开放式还是封闭式的提问方式，要注意几个基本原则：

（1）问简单的问题

　　所谓简单问题就是顾客几乎不用思考就可以回答的问题。在销售的前期，问话更多是探顾客的需求，有了顾客的需求，展开对顾客的产品推荐和说服，想要顾客说出自己的需求，就需要问一些简单的问题，不问那些敏感、复杂的问题。这样也便于回答、利于拉近和顾客的距离。

话术19：
　　是您自己穿，还是送人？
　　您平时喜欢穿什么颜色的呢？
　　您喜欢厚的还是薄的？

您需要什么样子的款式？

……

（2）问 YES 的问题

在销售沟通的过程当中，可以问些 YES 的问题，YES 的问题，顾客会觉得你提出的问题是为她着想，利于沟通，很快拉近距离，取得信任。

话术 20：

如果不合适，买了穿不了几次，反而是浪费，您说是吧？

买内衣款式非常重要，您说是吧？

买内衣质量非常重要，您说是吗？

买品牌的商品售后服务比较重要，您说是吧？

结婚是一辈子的大事，拍婚纱照也就一次，多投资点也是值得的！您说是吗？

手机也不便宜，如果通话质量不高，会很麻烦的，您说是吗？

……

案例 35　祈祷与抽烟

甲、乙两个人在教堂烟瘾来了。甲问神父："祈祷的时候可不可以抽烟？"神父回答说："不可以！"

乙问神父："抽烟的时候可不可以祈祷？"神父回答说："当然可以！"乙就点上一支烟抽了起来。

点　评

问话方式不同，结果不同。但很多时候我们就像甲一样，乱说乱问。

（3）问"二选一"的问题

多问一些"二选一"的问题，框定顾客的选择，避免节外生枝，顾客产品看多了，经常是看花眼，结果无法下决定，甚至一走了之。

话术 21：

您是选择蓝色还是绿色？

您要这个还是那个？

您刷卡还是付现？

您穿着还是打包？

……

案例 36　卖早餐加鸡蛋的艺术

有甲乙两家相邻的卖粥小店。甲店和乙店的客流量、粥的质量相差不多，表面上看两家每天的生意都一样红火。然而到晚上算账的时候,乙店总比甲店多出百八十元来,天天如此。

为什么会这样呢?

原来差别只在服务员的一句话:

当客人走进甲店,服务小姐热情招待,微笑服务,盛好一碗粥后,就会问客人:"加不加鸡蛋?"客人有的说加,有的说不加,大概各占一半。

而走进乙店的客人。服务小姐同样微笑着热情招待,给客人盛好一碗粥,就会问客人:"先生/小姐,加一个鸡蛋,还是加两个鸡蛋?"一般情况下,爱吃鸡蛋的就要求加两个,不爱吃的就要求加一个。也有要求不加的,但是很少。

一天下来,乙店就要比甲店多卖出很多鸡蛋,营业额和利润自然就会多一些。

点评

心理学上有个"沉锚效应":在人们做决策时,思维往往会被得到的第一信息所左右,第一信息会像沉入海底的锚一样把人们的思维固定在某处。在上面的故事中,甲店的服务员让顾客选择"加还是不加鸡蛋",在乙店中,是"加一个还是加两个"的问题,第一信息的不同,使顾客做出的决策就不同。

既然沉锚效应对人们心理的影响如此巨大,那么就有必要深入分析沉锚效应形成的原因,弄清其所以然,把握它,运用它,让它为我们服务。沉锚效应的形成,有深刻的心理机制:当关于同一事物的信息进入人们的大脑时,第一信息或第一表象给大脑刺激最强,也最深刻。而大脑的思维活动多数情况下正是依据这些鲜明深刻的信息或表象进行的。虽然这一信息或表象远未反映出一个人或一个事物的全部。

(4)不连续发问

连续发问就是"查户口",很快会引起反感,原则不连续超过两个问题,问了问题等顾客回答,根据顾客的回答,来做针对性的推荐。

(5)错误的问题:

需要我帮您介绍吗?——不需要

您要试试吗?——不用了

今年流行绿色,您喜欢吗?——不喜欢

小姐,这货您要不要?——不要

您以前用过我们品牌的产品吗?——没有

这个很适合您,您觉得呢?——一般

这是我们的最新款,您喜欢吗?——不喜欢

……

心理学验证,遇到别人提问时,大多数人会先选择回答问题,回答完问题,会忘记原本要问的问题,这就是丧失了话语权。所以我们销售过程,为了有效地影响客人,而不是被顾客影响,就要有效地问问题,而不是让顾客不停地问问题,那样是防守不完的。

3. 问问题的注意事项

(1) 每当在"封闭式问题"后得到一个否定的答案,记得重问一个"开放式问题"。

比如说,如果问顾客"喜欢黑色还是白色",顾客说都不喜欢,那接下来继续问一句,"那您喜欢什么颜色的呢?"就轻松解决了这个问题。不要在得到顾客的否定回答之后不知所措,丧失良机。

(2) 提问之后保持沉默,等待对方回答。

在问完顾客一个问题的时候,一定要等对方回答问题,有时顾客不回答,但要观察她是否听了我们在说什么,或者有时顾客会点下头、微笑一下都表示她的认可。

(3) 从顾客的回答中整理出顾客的需求。

在问顾客问题的时候,一定要综合顾客的回答而快速及时地进行整理,通过前面顾客提供的信息,考虑接下来该问什么,不是随便乱七八糟的问。

(4) 多询问顾客关心的事情。

对于顾客关心的问题要多提问,这就靠我们的观察能力。

(5) 碰到不愿意沟通、答非所问、不搭理、踩到地雷、无法下台等状况时怎么办?

当遇到上述的情况时,我们的处理办法是:**赞美,往后退一步**,友好地重复刚才的问题,如果还不愿沟通,那就重新问个其他顾客感兴趣的问题。

案例37 小贩卖李子

一位老太太到市场买李子,她遇到A、B、C三个小商贩。

小商贩A:"我的李子又大又甜,特别好吃。"老太太摇了摇头走了。

小贩B:"我这里各种各样的李子都有,您要什么样的李子?""我要买酸一点儿的。""我这篮李子酸得咬一口就流口水,您尝尝。"老太太一尝,满口酸水,"来一斤吧。"

小贩C:"别人买李子都要又大又甜的,您为什么要酸的李子呢?""我儿媳妇要生孩子了,想吃酸的。"小贩马上赞美太太对儿媳妇的好,又说自家李子不但新鲜而且特别酸,剩下不多了,老太太被小贩说得很高兴,便又买了两斤。

小贩C又建议:"孕妇特别需要补充维生素,猕猴桃含有多种维生素,特别适合孕妇"。老太太就高兴地买了一斤猕猴桃。

最后小贩C说:"我每天都在这儿摆摊,您媳妇要是吃好了,您再来我给您优惠。"

点评

同样是卖水果的，会问话的生意当然是最好的。

然而在实际工作中，我们常常强加自己的意愿到顾客的头上（小贩 A），因此销售业绩肯定没有；对顾客的需求知道一部分而不全面，也不会多问几句，发掘一些新的需求（小贩 B），因此业绩不上不下；而小贩 C 善于察言观色、善于询问的小贩 C 最终把顾客做成了忠实的顾客，何乐而不为？

延伸阅读：有效沟通

沟通是人与人之间、人与群体之间思想与感情的传递和反馈的过程，以求思想达成一致和感情的通畅；而有效的沟通，是通过听、说、读、写等思维的载体，通过演讲、会见、对话、讨论、信件等方式准确、恰当地表达出来，以促使对方接受。

一、内涵条件

要达成有效沟通须具备两个必要条件：

首先，信息发送者清晰地表达信息的内涵，以便信息接收者能确切理解。

其次，信息发送者重视信息接收者的反应并根据其反应及时修正信息的传递，免除不必要的误解，两者缺一不可。

有效沟通主要指组织内人员的沟通，尤其是管理者与被管理者之间的沟通。

有效沟通能否成立关键在于信息的有效性，信息的有效程度决定了沟通的有效程度。信息的有效程度又主要取决于以下几个方面：

1. 信息的透明程度

当一则信息应该作为公共信息时就不应该导致信息的不对称性，信息必须是公开的。公开的信息并不意味着简单的信息传递，而要确保信息接收者能理解信息的内涵。如果以一种模棱两可的、含糊不清的文字语言传递一种不清晰的，难以使人理解的信息。对于信息接收者而言没有任何意义。另一方面，信息接收者也有权获得与自身利益相关的信息内涵。否则有可能导致信息接收者对信息发送者的行为动机产生怀疑。

2. 信息的反馈程度

有效沟通是一种动态的双向行为，而双向的沟通对信息发送者来说应得到充分的反馈。只有沟通的主、客体双方都充分表达了对某一问题的看法，才真正具备有效沟通的意义。

二、有效沟通三原则

1. 有效果沟通

强调沟通的目标明确性。通过交流，沟通双方就某个问题可以达到共同认识的目的。

2. 有效率沟通

强调沟通的时间概念。沟通的时间要简短，频率要增加，在尽量短的时间内完成沟通的目标。

3. 有笑声沟通

强调人性化作用。沟通要使参与沟通的人员认识到自身的价值。只有心情愉快的沟通才能实现双赢的思想。

至于有效沟通手段问题，应根据实际情况采取不同的方法。在制度方面可以建立有效措施：如定期召开公司例会。在会上各部门负责人进行工作情况通报以使各部门之间相互了解，解决信息不畅通之困扰；更可在会后安排形式不同的小聚（例如晚餐、夜宵等）以使大家相互之间更加畅所欲言，增进感情。

三、有效沟通的技巧

1. 沟通一般包括三个方面

沟通的内容，即文字；沟通的语调和语速，即声音；沟通中的行为姿态，即肢体语言。这三者的比例为**文字占 7%，声音占 38%，行为姿态占 55%**。同样的文字，在不同的声音和行为下，表现出的效果是截然不同。所以有效的沟通应该是更好的融合好这三者。

文字 7%——**你在说什么**，语言在你所施加的影响中所占的比例也许不高，但须记住，当视觉和声音的效果消减时，剩下的就只有传达的信息了。

声音 38%——**你是怎么说的**，使用不同的语调、音高和语速，对于别人怎样理解你所说的话是差别很大的。因为你沟通所产生的影响有三分之一是来自声音的表述的，所以必须保证自己的声音使自己想要沟通的内容增色。

行为姿态 55%——**为加强效果你使用的肢体动作**，身势、手势、视线的接触，以及整体的仪态与行为举止等都有助于立即产生印象。因为你的一举一动和脸部表情比你所使用的词语威力要强八倍，所以必须意识到它们的力量，并予以重视。

因此很明显，为了使自己的信息传达给对方并使之完全被理解，传送信息时必须伴随有恰当的身势语、语音语调，并贴切地加强语气。

2. 自信的态度

一般经营事业相当成功的人士，他们不随波逐流或唯唯诺诺，有自己的想法与作风，但却很少对别人吼叫、谩骂，甚至连争辩都极为罕见。他们对自己了解相当清楚，并且肯定自己，他们的共同点是自信，日子过得很开心，有自信的人常常是最会沟通的人。

3. 沟通要真诚

沟通中包括意识和潜意识层面，而且意识只占 1%，潜意识占 99%。有效的沟通必然是在潜意识层面的，有感情的、真诚的沟通。

4. 体谅他人的行为

这其中包含"体谅对方"与"表达自我"两方面。所谓体谅是指设身处地为别人着想，并且体会对方的感受与需要。在经营"人"的事业过程中，当我们想对他人表示体谅与关心，对方也相对体谅我们的立场与好意，因而做出积极而合适的回应。

5. 沟通中的肯定

即肯定对方的内容，不仅仅说一些敷衍的话。这可以通过重复对方沟通中的关键词，甚至能把对方的关键词语经过自己语言的修饰后，回馈给对方。这会让对方觉得他的沟通得到我们的认可与肯定。但要切记"三不谈"：时间不恰当不谈；气氛不恰当不谈；对象不恰当不谈。

6. 善用询问与倾听

询问与倾听的行为，是用来控制自己，让自己不要为了维护权力而侵犯他人。尤其是在对方行为退缩，默不作声或欲言又止的时候，可用询问行为引出对方真正的想法，了解对方的立场以及对方的需求、愿望、意见与感受，并且运用积极倾听的方式，来诱导对方发表意见，进而对自己产生好感。一位优秀的沟通好手，绝对善于询问以及积极倾听他人的意见与感受。

一个人的成功，20%靠专业知识，40%靠人际关系，另外 40%需要观察力的帮助，因此为了提升个人的竞争力，获得成功，就必须不断地运用有效的沟通方式和技巧，随时有效地与"人"接触沟通，只有这样，才有可能使我们事业成功。

四、沟通中各种语言的使用

要使自己的话语更加可信，使自己信心更足，进而更好地进行交流沟通，可做如下几件简单的事情：

1. 使用我们的眼睛

沟通时看着别人的眼睛而不是前额或肩膀，表明很看重他。这样做能使听者深感满意，也能防止他走神，但更重要的是，树立了自己的可信度。如果别人与我们交谈时不看着我们的眼睛，我们就会有这么一个印象：这家伙对我所说的话不感兴趣，或者根本就不喜欢我！

2. 使用我们的面部和双手

谈话的过程中我们一直都在发出信号——尤其是用面部和双手。使用面部和双手如能随机应变，足智多谋，能大大改善影响他人的效果。

面部： 延续时间少于 0.4 秒的细微面部表情也能显露一个人的情感，立即被他人所拾获。面带微笑使人们觉得我们和蔼可亲。人们脸上的微笑总是没有自己所想象的那么多。真心的微笑（与之相对的是刻板的微笑，根本没有在眼神里反映出来）能从本质上改变大脑的运作，使自己身心舒畅起来。这种情感使能立即进行交流传达。

双手： "能说会道"的双手能抓住听众，使他们朝着理解欲表达的意思这一目标更进一步。试想，人们在结结巴巴用某种外语进行沟通时不得不采用的那些手势吧！使用张开手势给人们以积极肯定的强调，表明我们非常热心，完全地专注于眼下所说的事。

视觉表达几乎是信息的全部内容。如果与别人交谈时没有四目相视并采用适当的表情或使用开放式的手势，别人是不会相信我们所说的话的。

3. 使用我们的身体

视线的接触和表情构成了沟通效果的大部分，但是使用身体其他部分也能有助于树立良好的印象。利用身体来表明自信的方法有多种多样，都会影响着自己在他人心目中的形象：

身体姿势： 必要时，坐着或站立时挺直腰板给人以威严之感。耷拉着双肩或翘着二郎腿可能会使某个正式场合的庄严气氛荡然无存，但也可能使非正式场合更加轻松友善。

泄露信息： 不由自主地抖动或移动双腿，能泄露从漠不关心到焦虑担忧等一系列的情绪。无论面部和躯干是多么平静，只要叉着双臂，或抖动着双膝，都会明白无误地显露内心的不安。

身体距离： 站得离人太近能给人以入侵或威胁之感。如果与人的距离不足 50cm，听者会本能地往后移，这就是当对方过分靠近时产生的那种局促不安的感觉。反之，如果距离达 60cm 或更远，听者就会觉得我们不在乎他，并产生一种与世隔绝的感觉。

不同的身体姿势能使沟通的内容增色或减色。只要意识到上述事项，就能轻而易举地对自己的身体语言加以控制。在不同的场合使用一种或多种手势以加强自己的表达效果，保证能用合适的视觉信号强化自己的语言信息。

4. 使用我们的声音

声音是一种威力强大的媒介，通过它可以赢得别人的注意，能创造有益的氛围，并鼓励他们聆听。下列各项请细加考虑：

音高与语调： 低沉的声音庄重严肃，一般会让听众更加严肃认真地对待。尖利的或粗暴刺耳的声音给人的印象是反应过火，行为失控。但是，即使最高的语调也有高低之分，我们也可以因此找到最低的语调并使用它，直至自然为止。使用一种经过调控的语调表明我们知道自己在做什么，使人对我们信心百倍。

语速： 急缓适度的语速能吸引住听者的注意力，使人易于吸收信息。如果语速过快，他们就会无暇吸收说话的内容；如果过慢，声音听起来就非常阴郁悲哀，令人生厌，听者就会转而他就；如果说话吞吞吐吐，犹豫不决，听者就会不由自主地变得十分担忧、坐立不安了。自然的呼吸空间能使人吸收所说的内容。建设性地使用停顿能给人以片刻的时光进行思考，并在聆听下一则信息之前部分消化前一则信息。

强调： 适时改变重音能强调某些词语。如果没有足够的强调重音，人们就吃不准哪些内容很重要。另一方面，如果强调太多，听者转瞬就会变得晕头转向、不知所云，而且非常倦怠，除了非常耗人心力之外，什么也想不起来了。

在电话上交谈时不可能有视觉上的便利，但两件事可以有助于最好地使用自己的声音。站立能使身体挺直，这样能使呼吸轻松自然，声音更加清楚明亮。微笑能提升声带周围的肌肉，使声音更加温和友善，替代缺失的视觉维度。

诚信名言

物以类聚人以群分，站对队伍做对事情！

心得体会

_____

_____

第七节　介绍产品

说起介绍产品，很多人马上就会想起诸如：FAB法、下降式介绍法、以及其他的各种各样介绍法，但提醒一下，在本书完整的销售流程中有两次提及介绍产品，这里是第一次，之后在试衣间还有一次，其中试衣间的介绍产品才是重点，这里只是提及产品，目的是要将顾客推进试衣间。所以，如何更好地介绍产品将在后面详细讲解。

之前绝大部分门店的做法是：如果顾客主动提出自己喜欢什么款式、什么杯型、什么尺码、什么颜色等，我们的导购立即很热情与快速地拿着顾客想要的产品，叫顾客去试衣间试衣服。

如果导购拿了三件内衣让顾客去试，或者一起进入到试衣间，但不巧的是，第一件尺码不合适，只好放弃，而第二件又杯型不合适，那她还会试第三件吗？那种可能性就很小很小了，换成是我们也不会再试了。而且，更恐怖的是她会立即主观地下一个结论：这家店（这个品牌）的内衣不适合我！于是，店里就可能少了一位忠实的顾客了。

如果以后遇到类似的情况，不要急着拿顾客想要的给她去试，而是积极地引导她，因为前面已经探寻了顾客的真正需求，因此这里就该体现我们的专业性了。

针对顾客的回答，我们有针对地解决顾客的需求，并做有针对性的介绍，但此时不要介绍太多，而是想方设法先把她推进试衣间，但这里要引导她。

引导话术22：

美女，您知道亚洲版内衣与欧洲版内衣的区别吗？

王姐，您是否注意到我们平常穿的内衣钢圈经常压在胸部上？

王姐，我们的都是健康内衣。

王姐，内衣是身材的模具，你的内衣是什么样子，你的胸就是什么样子。

美女，当您运动的时候，内衣是否经常移位呢？

……

案例38 如此介绍

顾客A在导购B欢快的"欢迎光临"声中走进某内衣店，A刚慢走了三四步，就看到一款颜色比较鲜艳的内衣，稍迟疑了一下，B马上就跟上去说："美女，您真有眼光，这是我们刚到的新款，而且颜色很漂亮……"，话还没说完，A说"谢谢"，继续往前走；

A看到一款深V款，B又立即跑上前去说："这个深V款式应该很适合你……"，A又走了；

……

就这样，A看着B介绍着，A离开了，B说"欢迎再次光临！"

点评

顾客走着，导购跟着，顾客看着，导购说着，就在走着与说着中顾客走了！

不知道当顾客离开后，顾客会想什么？而此时导购又在想什么呢？

为什么在自己很热情的介绍时顾客走掉了呢？

诚信名言

急于求成，反而坏事！成功不是靠运气，而是要方法！

心得体会

第八节 异议处理

从店外引客、前台接待、探寻需求、产品介绍、服务介绍等，每一个销售步骤，顾客都有可能提出异议；愈是懂得异议处理的技巧，愈能冷静、坦然地化解顾客的异议，每化解一个异议，就摒除与顾客的一个障碍，就愈接近成交一步。记住：销售是从被拒绝开始的。

一、异议和异议的功能

1. 什么是异议？

顾客异议又叫推销障碍，是指顾客针对导购（业务、推销等人员）及其在推销中的各种活动所做出的一种反应，是顾客对产品、人员、销售方式或交易条件等，不赞同、提出质疑、抱怨，提出的否定或反对意见。

在门店销售过程中，导购推销人员会经常遇到诸如："我没兴趣"、"价格太贵了"、"质量能保证吗"、"新品牌没听说过"等，向她解说产品或服务时，她带着不以为然的表情……这些就是顾客异议。

多数新加入销售行列的导购，对顾客异议都抱着负面的看法，对遭到太多的异议感到挫折与恐惧，但是对一位有经验的导购而言，却能从另外一个角度来体会异议，揭露出另几层含意：

第一、从顾客提出的异议，能大致判断顾客是否有需要。

第二、从顾客提出的异议，能了解她对你的建议或讲解接受的程度，从而能迅速修正销售战术。

第三、从顾客提出的异议，能获得更多的信息。

2. 异议的8大功能

（1）顾客异议是宣泄顾客内心想法的最好指标。
（2）异议经处理能缩短成交的距离，如果争论则会扩大成交的距离。
（3）没有异议的顾客才是最难处理的顾客。
（4）异议表示给顾客的利益目前仍然不能满足其需求。
（5）注意聆听顾客说的话，区分真的、假的、隐藏的异议。
（6）切忌用夸大不实的话来处理异议，当我们还不知道顾客异议答案时，坦诚地告诉他不知道；但会尽快找出答案，并确实做到。
（7）将异议视为顾客希望获得更多的信息。
（8）异议表示顾客仍有求于我们。

二、异议的分类和产生的原因

1. 异议的种类

顾客异议分为三种，即真实的异议、虚假的异议、隐藏的异议。

下面就分别说明一下这三种异议：

(1) 真实的异议

真实的异议就是顾客表达目前没有需要或对产品不满意或对产品抱有偏见，例如：从朋友处听到产品容易出故障。

(2) 虚假的异议

虚假的异议指的是顾客用藉口、敷衍的方式应付导购，目的是不想诚意地和导购交流，不想真心介入销售活动。

顾客提出很多异议，但这些异议并不是她们真正在意的地方，虚假的异议分为两种：

① 顾客用藉口、敷衍的方式应付导购，目的是不想诚意地和导购交流，不想真心介入销售活动。

② 顾客提出很多异议，但这些异议并不是她们真正在意的地方，如"你们的产品已过时了"、"你们的服务不好"等，虽然听起来是一项异议，但不是顾客内心真正的想法。

(3) 隐藏的异议

隐藏的异议是指顾客并不把真正的异议提出，而是提出各种真的异议或假的异议。

其目的是要借此假象达成隐藏异议解决的有利环境，例如：顾客希望降价，但却提出其他如品质、外观、颜色等异议，以降低产品的价值，而达成降价的目的。

2. 异议产生的原因

既然异议产生了，那我们来研究一下异议产生的原因，再找到解决异议的方法。归纳起来，异议产生的原因有以下两点：

(1) 原因在顾客

① **拒绝改变**：大多数的人对改变都会产生抵抗；例如从目前顾客穿着的是 A 品牌，而你推荐的是 B 品牌，要让顾客改变目前的状况就可能产生异议。

② **情绪处于低潮**：当顾客情绪正处于低潮时，没有心情进行商谈，容易提出异议。

③ **没有意愿**：顾客的意愿没有被激发出来，没有能引起她的注意及兴趣，顾客的需求不能充分被满足，因而无法认同提供的产品或服务。

④ **无法满足顾客的需要**：无法认同提供的商品，顾客的意愿没有被激发出来，没有能引起他的注意及兴趣。
⑤ **预算不足**：当顾客预算不足的时候容易产生价格上的异议。
⑥ **藉口、推托**：顾客不想花时间，说自己很忙，或者说要去接孩子等。
⑦ **顾客抱有隐藏式的异议**：顾客抱有隐藏异议时，会提出各式各样的异议。
（2）原因在自己
① **无法赢得顾客的好感**：导购人员的举止态度、说话语气等让顾客产生反感。
② **做了夸大不实的陈述**：为了说服顾客，往往以不实的说辞哄骗顾客，结果带来更多的异议。
③ **事实调查不正确**：引用不正确的调查资料，引起顾客的异议。
④ **不当的沟通**：说得太多或听得太少都无法确实把握住顾客的问题点，而产生许多的异议。
⑤ **展示失败**：演示失败会立刻遭到顾客的质疑。
⑥ **姿态过高，处处让顾客词穷**：导购处处说赢顾客，让顾客感觉不愉快，而提出许多主观的异议，例如顾客表示不喜欢这种颜色、不喜欢这个款式等。

三、顾客异议的几种类型

顾客异议分为以下几种类型：

1. 需求异议

需求异议是指顾客认为不需要产品而形成的一种反对意见。它往往是在导购向顾客介绍产品时或介绍产品之后，顾客当面拒绝的反应。

例如，一位女顾客提出："我的面部皮肤很好，就像小孩一样，不需要用护肤品"。

"我太胖了，根本不需要这种强压型的"。

"这种产品我不喜欢"。

"我已经有了这种款式的"等，这类异议有真有假。

真实的需求异议是成交的直接障碍，导购如果发现顾客真的不需要产品，就应该换其他产品进行合理推荐。

虚假的需求异议既可表现为顾客拒绝的一种借口，也可表现为顾客没有认识或不能认识自己的需求。

导购应认真判断顾客需求异议的真伪性，对虚假需求异议的顾客，设法让他觉得推销产品提供的利益和服务，符合顾客的需求，使之动心，再进行销售。

2. 财力异议

财力异议是指顾客认为缺乏资金支付能力的异议。

例如"产品不错，可惜无钱购买"。

"近来小孩要上学,没太多闲钱了"。

"价格怎么这么贵"等。

一般来说,对于一件块的内衣,顾客还是有这个支付能力的,主要看我们怎么说服她立即下购买的决定。不过有时可能顾客没带够现金,或者其他人支付款项的,我们应该合理对待。

3. 权力异议

权力异议是指顾客以缺乏购买决策权为理由而提出的一种反对意见。

例如顾客说:"做不了主"。

"等朋友一起过来看看再说"。

"回家和老公商量商量再买"等。

与需求异议和财力异议一样,权力异议也有真实或虚假之分。

大多数情况下,来购物的顾客基本都有自主权利,当然不排除极少数人所表述是真实的。

4. 价格异议

价格异议是指顾客以推销产品价格过高而拒绝购买的异议。无论产品的价格怎样,总有些人会说价格太高、不合理或者比竞争者的价格高。

例如"太贵了,我买不起"。

"我想买一种便宜点的款式/品牌"。

"我不想买那么贵的"。

"在这些方面你们的价格不合理"。

"我想等降价后再买"等。

当顾客提出价格异议,表明她对推销产品有购买意向,只是对产品价格不满意,而进行讨价还价。当然,也不排除以价格高为借口。

在实际销售工作中,价格异议是最常见的,如果导购无法处理这类异议,销售是很难达成的。

5. 产品异议

产品异议是指顾客认为产品本身不能满足自己的需要而形成的一种反对意见。

例如:"我不喜欢这种颜色"。

"这个产品款式太老土"。

"新产品质量都不太稳定"。

还有对产品的设计、功能、结构、款式、颜色等提出异议的。

产品异议表明顾客对产品有了一定的认识,但了解的还不够,担心这种产品能否真正满足自己的需要。因此,虽然有比较充分的购买条件,就是不愿意购买。

为此,导购一定要充分掌握产品知识,能够准确、详细地向顾客介绍产品的使用价值及其利益,从而消除顾客的异议。

6. 人员异议

人员异议是指顾客认为不应该向某个导购购买推销产品的异议。有些顾客不肯买推荐的产品，只是因为对该导购有异议，她不喜欢这个导购，不愿让其接近，也排斥此导购的建议。但顾客肯接受自认为合适的其他导购。

例如："我要买头发长长的那个女孩推荐的"。

"对不起，请派另一名导购来为我服务"等。

导购对顾客应以诚相待，与顾客多进行感情交流，做顾客的知心朋友，消除异议，争取顾客的谅解和合作。

7. 货源异议

货源异议是指顾客认为不应该向有关公司的营销人员购买产品的一种反对意见。

例如："我用的是某某公司的产品"。

"我们有固定的进货渠道"。

"买知名品牌产品才放心"等。

顾客提出货源异议，表明顾客愿意购买产品，只是不愿向眼下这位导购购买而已。当然，有些顾客是利用货源异议来与导购讨价还价，甚至利用货源异议来拒绝导购的接近。

因此，导购应认真分析货源异议的真正原因，利用恰当的方法来处理货源异议。

8. 购买时间异议

由于销售环境、顾客及推荐方法等不同，导致顾客表示异议的时间也不相同。一般来说，顾客表示异议的时间有以下几种：

（1）会面开始。 顾客一开始都有可能拒绝导购，因此应事先做好心理准备。

（2）产品介绍阶段。 在这一阶段，顾客很可能提出各种各样的质疑和问题。事实上，导购正是通过顾客的提问去了解顾客的兴趣和需求所在的。如果顾客在销售的整个过程中一言不发、毫无反应，导购反而很难判断介绍的效果了。中国有句古话："贬货者才是真正的买主"，提出疑问，往往是购买的前兆。

（3）试图成交阶段。 顾客的异议最有可能在导购试图成交时提出。在这一阶段，如何有效地处理顾客的异议显得尤为重要。如果导购只在前面两个阶段圆满地消除了顾客的异议，而在最后关头却不能说服顾客，那一切的努力都将付诸东流。

为了避免在成交阶段出现过多的异议，导购应该从一开始就主动回答顾客有可能提出的异议，为成交打下基础。如果在试图成交阶段顾客的异议接二连三，就说明在前面营销介绍阶段存在的漏洞太大。

购买时间异议是指顾客有意拖延购买时间的异议。顾客总是不愿马上做出决定。事实上，许多顾客用拖延来代替说"不"。

导购经常听到顾客说："让我再想一想"、"我回家和老公商量商量，再来"等等。这些拒绝很明显意味着顾客还没有完全下定决心，拖延的真正原因，可能是因为价格、产品或其他方面不合适。有些顾客还利用购买时间异议来拒绝导购。因此，导购要具体分析，有的放矢，认真处理。

案例39 如此接待

广州北京路，小雅和她男朋友一起逛进某连锁内衣店，想买一件内衣。

一导购很热情地上来服务，开口就问小雅："美女，您要厚的还是薄的？"

小雅说："我要薄的。"

这时那导购看了看小雅的身材，分析道："我看您胸部不大，而且略有外扩的迹象，我建议您穿厚的。"

"哦，我还是喜欢薄的"，小雅随口说了一句。

那导购就什么也没说，走了……

点评

在销售当中有一条很著名的法则：千万给对方留面子！案例中导购的话说的非常没水平，"胸部不大"为什么不可以说成"您胸部不是很丰满"？而且别人是和异性朋友一起的，哪怕不是她男朋友，也要顾及点吧。

既然顾客坚持自己的想法，为什么不会随机应变呢？而是觉得顾客没有按我们所推荐的就不再理会人家了呢？

四、异议处理原则和处理方法

1. 异议的处理原则

既然顾客异议避免不了，那我们该如何合理处理各种各样的顾客异议呢？

（1）做好准备工作

"不打无准备之仗"，这是导购面对顾客拒绝时应遵循的一个基本原则。

销售前，导购要充分估计顾客可能提出的异议，做到心中有数。这样，即使遇到难题，到时候也能从容应对。事前无准备，就可能不知所措，顾客得不到满意答复，自然无法成交。

可以说，良好的准备工作有助于消除顾客异议的负面性。

针对顾客的异议，建议大家根据实际情况编制一本**《顾客异议的标准应答语录》(本书后面附有平时在日常工作中经常遇到的顾客异议50例以及合理解决话术)**，让所有店铺人员熟记，一旦遇到顾客的异议，都会快速解决。

下面介绍一下编制异议的标准应答语流程：

步骤1：把大家每天遇到的顾客异议写下来。

步骤2：分类统计，按每一异议出现的次数多少排序，出现频率最高的异议排在前面。

步骤3：以集体讨论的方式编制适当的应答语，并编写整理。

步骤4：大家都要记熟。

步骤5：互相扮演顾客，大家轮流练习标准应答语。

步骤6：演练过程中发现的不足，通过讨论进行修改和提高。

步骤7：对修改过的应答语进行再练习，并最后定稿备用；最好是印成小册子发给大家，以供随时翻阅，达到运用自如、脱口而出的程度。

（2）选择恰当的时机

美国通过对几千名导购的研究，发现好的导购所遇到的顾客严重反对的机会只是差的导购的十分之一。这是因为优秀的导购对顾客提出的异议不仅能给予一个比较圆满的答复，而且能选择恰当的时机进行答复。懂得在何时回答顾客异议的导购会取得更大的成绩。

导购对顾客异议答复的时机选择有四种情况：

① 在顾客异议尚未提出时解答。

防患于未然，是消除顾客异议的最好方法。导购觉察到顾客会提出某种异议，最好在顾客提出之前，就主动提出来并给予解释，这样可使导购争取主动，先发制人，从而避免因纠正顾客看法，或反驳顾客的意见而引起的不快。

导购完全有可能预先揣摩到顾客异议并抢先处理的，因为顾客异议的发生有一定的规律性，如导购谈论产品、服务的优点时，顾客很可能会从最差的方面去琢磨问题。有时顾客没有提出异议，但他们的表情、动作以及谈话的用词和声调却可能有所流露，导购觉察到这种变化，就可以抢先解答。

② 异议提出后立即回答。

绝大多数异议需要立即回答。这样，既可以促使顾客购买，又是对顾客的尊重。

③ 过一段时间再回答。

以下异议需要导购暂时保持沉默：

a、异议显得模棱两可、含糊其词、让人费解，异议显然站不住脚、不攻自破。

b、异议不是三言两语可以辩解得了的，异议超过了导购的议论和能力水平。

c、异议涉及到较深的专业知识，简单解释不能让顾客马上理解等。

急于回答顾客此类异议是不明智的。经验表明：与其仓促错答十题，不如从容地答对一题。

④ 不回答。

许多异议不需要回答，如：无法回答的奇谈怪论、容易造成争论的话题、可一笑置之的戏言、明知故问的发难等。

导购不回答时可采取以下技巧：沉默、装作没听见、按自己的思路说下去、答非所问、悄悄扭转对方的话题，插科打诨幽默一番，最后不了了之。

（3）忌与顾客争辩

不管顾客如何批评，导购永远不要与顾客争辩，"占争论的便宜越多，吃销售的亏越大"。

与顾客争辩，失败的永远是导购。

（4）给顾客留"面子"

导购要尊重顾客的意见。顾客的意见无论是对是错、是深刻还是幼稚，导购都不能表现出轻视的样子，如不耐烦、轻蔑、走神、东张西望、绷着脸、耷拉着头等。

导购要双眼正视顾客，面部略带微笑，表现出全神贯注的样子。并且，导购不能语气生硬地对顾客说："您错了"、"连这您也不懂"。也不能显得比顾客知道的更多："让我给您解释一下……"、"您没搞懂我说的意思，我是说……"。这些说法明显地抬高了自己，贬低了顾客，会挫伤顾客的自尊心。

2. 异议处理的方法

（1）转折处理法

转折处理法，是销售中常用的方法，即导购根据有关事实和理由来间接否定顾客的意见。

应用这种方法是首先承认顾客的看法有一定道理，也就是向顾客作出一定的让步，然后再讲出自己的看法。

此法一旦使用不当，可能会使顾客提出更多的意见。在使用过程中要尽量少地使用"但是"一词，而实际交谈中却包含着"但是"的意见，这样效果会更好。只要灵活掌握这种方法，就会保持良好的洽谈气氛，为自己的谈话留有余地。

话术23：

顾客提出导购推销的服装颜色过时了，导购不妨这样回答：

"小姐，您的记忆力的确很好，这种颜色几年前已经流行过了。我想您是知道的，服装的潮流是轮回的，如今又有了这种颜色回潮的迹象。"

这样就轻松地反驳了顾客的意见。

（2）转化处理法

转化处理法，是利用顾客的反对意见自身来处理。

顾客的反对意见是有双重属性的，它既是交易的障碍，同时又是一次交易机会。导购要是能利用其积极因素去抵消其消极因素，未尝不是一件好事。

这种方法是直接利用顾客的反对意见，转化为肯定意见，但应用这种技巧时一定要讲究礼仪，而不能伤害顾客的感情。

此法一般不适用于与成交有关的或敏感性的反对意见。

(3) 以优补劣法

以优补劣法，又叫补偿法。如果顾客的反对意见的确切中了产品或公司所提供的服务中的缺陷，千万不可以回避或直接否定。明智的方法是肯定有关缺点，然后淡化处理，利用产品的优点来补偿甚至抵消这些缺点。

这样有利于使顾客的心理达到一定程度的平衡，有利于使顾客做出购买决策。

话术 24：

当推销的产品质量确实有些问题，而顾客恰恰提出："这东西质量不好。"导购可以从容地告诉他：

"这种产品的质量的确有问题，所以我们才减价处理。不但价格优惠很多，而且公司还确保这种产品的质量不会影响您的使用效果。"

这样一来，既打消了顾客的疑虑，又以价格优势激励顾客购买。

这种方法侧重于心理上对顾客的补偿，以便使顾客获得心理平衡感。

(4) 委婉处理法

导购在没有考虑好如何答复顾客的反对意见时，不妨先用委婉的语气把对方的反对意见重复一遍，或用自己的话复述一遍，这样可以削弱对方的气势。

有时转换一种说法会使问题容易回答得多。但只能减弱而不能改变顾客的看法，否则顾客会认为我们歪曲他的意见而产生不满。

话术 25：

导购可以在复述之后问一下："您认为这种说法确切吗？"然后再继续下文，以求得顾客的认可。比如顾客抱怨"价格比去年高多了，怎么涨幅这么高。"导购可以这样说："是啊，价格比起前一年确实高了一些。"

然后再等顾客的下文。

(5) 合并意见法

合并意见法，是将顾客的几种意见汇总成一个意见，或者把顾客的反对意见集中在一个时间讨论。总之，是要起到削弱反对意见对顾客所产生的影响。

但要注意不要在一个反对意见上纠缠不清，因为人们的思维有连带性，往往会由一个意见派生出许多反对意见。

摆脱的办法，是在回答了顾客的反对意见后马上把话题转移开。

(6) 反驳法

反驳法，是指导购根据事实直接否定顾客异议的处理方法。

理论上讲，这种方法应该尽量避免。直接反驳对方容易使气氛僵化而不友好，使顾客产生敌对心理，不利于顾客接纳导购的意见。

但如果顾客的反对意见是产生于对产品的误解，而手头上的资料可以帮助说明问题时，不妨直言不讳。

但要注意态度一定要友好而温和，最好是引经据典，这样才有说服力，同时又可以让顾客感到我们的信心，从而增强顾客对产品的信心。

反驳法也有不足之处，这种方法容易增加顾客的心理压力，弄不好会伤害顾客的自尊心和自信心，不利于推销成功。

（7）冷处理法

对于顾客一些不影响成交的反对意见，导购最好不要反驳，采用不理睬的方法是最佳的。

千万不能顾客一有反对意见，就反驳或以其他方法处理，那样就会给顾客造成我们总在挑她的毛病的印象。当顾客抱怨公司或同行时，对于这类无关成交的问题，都不予理睬，转而谈要说的问题。

顾客说："啊，你原来是××公司的导购，你们公司周围的环境可真差，交通也不方便呀！"尽管事实未必如此，也不要争辩。可以微微一笑，说："小姐，请您看看产品……"

国外的销售专家认为，在实际销售过程中80%的反对意见都应该冷处理。但这种方法也存在不足，不理睬顾客的反对意见，会引起某些顾客的注意，使顾客产生反感。且有些反对意见与顾客购买关系重大，导购把握不准，不予理睬，有碍成交，甚至失去推销机会。因此，利用这种方法时必须谨慎。

3. 引爆异议及投诉的高危表现

作为专卖店的导购来说，学会及时平息顾客的异议及投诉固然重要，但更聪明的选择是预防或减少投诉的发生。大多数投诉是因导购的服务不佳而起。因此最大限度地提升导购自身的服务素质和技巧才能得以避免。导购必须从自身出发，去认识和分析自己的言行，从而避免引爆异议与投诉高危表现的出现。

一般来说，引起顾客异议及投诉的因素有：

（1）缺乏拒绝的技巧

如果一个缺乏沟通技巧的导购对顾客说出："我不知道"、"我们做不到"、"这不关我们的事"等语句的话，顾客会产生一种极度不满的情绪，因为这种回答向顾客传递着导购可能在指责我，或导购不愿意为我服务等信息，没有顾客愿意为这样的服务付费。

（2）没有期限的承诺

在处理顾客异议和投诉时，导购经常会说到"我们会帮您解决的，您回去等消息吧"，对于急于解决问题的顾客来说，这种回答方式显得含糊、敷衍、不负责任，似乎是为了打发顾客而采用的缓兵之计。

正确的做法是给顾客一个明确的时间期限，如："我们会在周五之前和您联系"、或"我们会在明天下班之前帮您解决！"这样具体的承诺对于冷却顾客投诉的情绪非常有帮助。

（3）与顾客无意义的争辩

有些导购经常因自己的固执而与顾客发生争执，甚至与顾客争得面红耳赤。

当顾客向导购反映问题时,导购会态度强硬地说出"不可能,绝不可能有这样的事情发生!"之类的话,令顾客感到这个错误是自己造成的。这种做法是坚决不可取的,正确的做法是参照沃尔玛式的法则,告诉自己:第一,顾客永远是对的;第二,当顾客不对时请参照第一条。永远不要与顾客争辩,不要评论顾客的是非对错,学会在适当的时候闭上自己的嘴巴。

(4)承诺没有兑现

一些导购在不确定的情况下对顾客说优惠活动已经取消或者结束,这种情况非常容易伤害到顾客,应当极力避免。

导购务必信守承诺,说到做到。

此外要尽量少承诺,不要给予不切实际的许诺,同顾客在讲明优惠细节时应当尽量据实回答,不要承诺不能兑现的条件。

(5)明知有不良结果但没有及时弥补

如果知道顾客有可能会感到失望,就要马上向顾客解释,例如,如果顾客提前预订的款式无法按期到店时,就要尽快告诉顾客,建议她是否另选商品。

导购在专卖店服务过程中,不可能提供完美无缺的服务,工作中出现小小失误在所难免,顾客也明白这一点,因此只要能够及时道歉,是可以很快平息顾客心中的不快的。

五、常见的异议与处理

本阶段经常遇到的顾客异议很多,总结起来主要集中在以下这几个:

1. 你们这个品牌,怎么没听过?

   回答1:我们这是新的牌子!可能您没注意吧!

   回答2:我们在内衣界还是比较有名气的!

   回答3:不可能吧!

   ……

2. 怎么价格这么贵啊?

   回答1:是吗?这还贵啊?

   回答2:我们这儿已经算是便宜的,隔壁的比我们的贵好多呢!

   回答3:我们卖的是品牌!

   ……

3. 你们的款式好少呀。

   回答1:怎么会少呢?不少了!

   回答2:我们这儿已经算多的了!

   回答3:新货过两天就到了!

   ……

4. 感觉质量不好，内衣会起球。
   回答1：是吗？起球？不会啦！
   回答2：我们这种面料经过特殊处理，已经算是比较好的了！
   回答3：以前应该不经常穿这样的面料，是吧？
   ……

5. 你们的款式越来越时尚了，都没有我能穿的了。
   回答1：怎么会没有适合您的款式呢？
   回答2：是吗？应该没有什么变化吧！
   回答3：不会的！我来帮您介绍几款！
   ……

6. 为什么网上那么便宜啊？
   回答1：是吗？不会吧！
   回答2：网上的是假冒产品！
   回答3：网上的没有服务啊！
   ……

六、处理异议的5大经典步骤

顾客异议，就像顾客拿着一把大砍刀过来，每提出一个异议，就在导购身上砍一刀，如果导购的回答像上一节那样，就相当于回敬了顾客一刀，如此循环反复，最后血流成河，两个人都倒在血泊里，因此成交就成了一句空话。

那我们该怎么做呢？

上面已经介绍了很多关于顾客异议如何处理的方式方法，或许那些要记起来或背出来很辛苦，下面就介绍个异议处理的公式，也就是处理异议的**5大经典步骤**，分别是：

认同 ⇒ 赞美 ⇒ 互动 ⇒ 转移 ⇒ 推进

下面就详细讲解这5大经典步骤：

1. **认同**

   认同大致可以分为两类：

   一是自我认同，是个人认同，是指自己对自我现况、生理特征、社会期待、以往经验、现实情境、未来希望、工作状态等各层面的觉知，统合而成为一个完整、和谐的结构；亦即追求自我统一性及连续性的感觉。

   二是社会认同，是个人拥有关于其所从属的群体，以及这个群体身份所伴随而来在情感上与价值观上的重要性的知识；亦即个体身为一个群体成员这方面的自我观念。每个人将他的社会世界区分为不同的等级或社会类别，社会身份涉及个人将自己或他人定位为某一社会类别的体系。个人用来定义本身社会身份的总合就是社会认同。随着个体发展与生活环境的不同，每个人一生可能发展出各种不同的认同型式：在个人方面，如自我认同、性别角色认同；在群体部分，如阶级认同、文化认同等，所以族群认同是个体可能发展的众多认同之一。

这里说的认同，主要是对顾客的异议、意见、看法或任何的不赞同表示绝对的认同。经常用到的万能语句是：**是的！**除了用"是的"，还有：

您说的很有道理！

我理解您的心情！

我明白您的意思！

我认同您的观点！

您这个问题问的很好！等。

这些话语非常重要，认同别人的目的是：**降低对方的抵触情绪，便于后续工作的推动！**

很多人看到这些很怕，因为说什么都认同那样接下来该怎么收场。比方说，顾客说："新品牌没听说过，"按这第一个步骤，那回答应该就是"是的"。如果真的说"是的"的话，那不等于是自打嘴巴吗？

其实这里之所以这样说的目的，就是为了降低对方的抵触情绪，如果我们逆着对方的话来说，估计是要吵架的。

2. 赞美

赞美前面有专门介绍过，这里就不再复述了，但要提醒一下，赞美**首先要真诚，其次要抓住闪光点！**

在具体运用中经常用到的最经典的三句话是：

您真不简单！

我很欣赏您！

我很佩服您！

在这5个经典步骤中赞美经常可省略，如果要用就一定要用好。此处的赞美不是随便找个话题来赞美顾客，而是顺着对方的异议或话题引申出来的，比如：

对方说：你们的价格太贵，那就应该赞美她对生活品味的追求比较高。

对方说：你们品牌没听说，那就应该赞美她对品牌有研究。

对方说：你们颜色很土气，那就应该赞美她对流行颜色（元素）很了解。

……

3. 互动

从两个构成的字来说，"互"是交替，相互；"动"使起作用或变化，使感情起变化。归纳起来"互动"就是指一种相互使彼此发生作用或变化的过程。一直以来在思索"互动"按照词义上来说是相互作用的一个过程。好像与我们日常听到的"互动"含义有些差别，至少是按照以上的解释不能表明我们使用得如此频繁的本义。因为我们知道相互作用，有积极的过程，也有消极的过程，过程的结果有积极的，也有消极的，显然消极的过程以及消极的结果都不是我们的追求。

而日常中的互动是指社会上个人与个人之间，群体与群体之间等通过语言或其他手段传播信息而发生的相互依赖性行为的过程。长期稳定的良性互动关系需要满足以下三个条件：

第一、主体之间需具有共同的或者相类似的价值理念，至少不能是相互对立的价值理念。

第二、两个主体之间有发生相互依赖性行为的必要性。

第三、两个主体之间有发生相互依赖性行为的可能性。

之所以要互动，因为我们经常犯一个同样的错误，那就是在沟通或说话过程中，我们自己叽里呱啦说说说，而从来不询问对方是否理解或明白我们说的意思。不管是在门店销售中还是在平时的工作中，我们在与别人沟通的时候记得多与对方互动，经常可以用到的话语有：

您说对吧！

您说是吗？

你觉得呢？

当然在互动过程经常要问的是封闭式的肯定回答句，**首先一定要真诚，其次要把握好时间；再次要运用好眼神和肢体动作！**

互动用的好，可以**拉近彼此距离，离销售目标更近！**

4．转移

从心理学层面来说，转移是指个体对某个对象的情感、欲望或态度，因某种原因无法向其对象直接表现，而把它转移到一个比较安全，能为大家所接受的对象身上，以减轻自己心理上的焦虑。

这里所说的转移就是在认同顾客的任何不赞同的异议之后，加上赞美和互动，再把话题拉回到我们自己想述说的点上，最后达到自己解释清楚、顾客也认真听取的目的。

上一节中的异议处理，如果直接就像前面的回答那样，相信任何人（包括我们自己）都很难接受这么直接的反驳，但是如果首先认同顾客的异议，一步步往下，相信到转移这里比一开始直接说出来的效果要强很多倍。

具体做法是：

（1）首先降低程度；

比如说，有顾客说价格好贵的时候，用"不便宜"来替换"好贵"，再解释"贵"

的原因。

比如说，顾客说颜色好土的时候，用"不洋气"来替换"土"，再说明"土"的原因。

比如说顾客提出款式好少时，就得用"不是很多"来替换"少"，再说明"少"的原因……

以此类推。

（2）接着再说明原因；

注意在说明原因的时候无须说的很全面，不是说的越多越全面越好，主要是解决顾客提出的最为关心的那个异议，等这个最重要的异议解决了再解决其他的。

比如说，向顾客解释价格好贵的原因可以有很多：老品牌、质量好、用料好、服务优等。

比如说，向顾客解释颜色好土的原因可以是：这季最流行、最好卖的颜色等。

比如说，向顾客解释款式好少的原因可以是：经典款、畅销款等。

以此类推。

（3）同时要注意语言表达。

在解释原因的时候，并不是把所有因素都要说出来，记得要言简意赅，用最少的语言来说服顾客才是最高招。

不要把所有可以想到的全部说出来，滔滔不绝，三五分钟都讲不完，等讲完发现顾客已经离开店里100米了！

5. 推进

大部分门店在销售中前面都做的很好，但就是在这个环节几乎没有做到，大家经常疑惑的：为什么顾客不进试衣间？其实原因在这里！

记住：**推进才是真正的重点！**

如果说第一步的认同是退一步海阔天空，不与对方正面交锋；第二步的赞美是麻痹对方；第三步的互动是调整频道往一起靠拢；第四步的转移是解释原因，使对方认同；那么第五步的推进才是真正的目的所在，为把顾客推进试衣间做最后的准备！

前面的退让是为了后面更好更猛烈的进攻！前面处理的再好，如果不推进，那还是无用功！

这里经常用到的话术有：

来，里面请！

来，到试衣间体验一下吧！

来，两件一起吧！

七、常见的异议再处理

上面列举了6个异议处理的例子，相信大家现在知道该如何处理了，我们来重新处理一下上面的几个异议（回答略）。（具体回答见最后附件：**50个常见异议处理话术**）

1. 你们这个品牌，怎么没听过？
2. 怎么价格这么贵啊？
3. 你们的款式好少呀。
4. 感觉质量不好，内衣会起球。
5. 你们的款式越来越时尚了，都没有我能穿的了。
6. 为什么网上那么便宜啊？

案例40　这样异议处理比较好

晚上6点，商场格外安静，我正整理货品，突然有位着装朴素的微胖妇女带着一位年轻女孩走进来，我立马上前："您好，欢迎光临赏心内衣！"

"请问是哪位需要的呢，我来帮您介绍一下"，她们都没有说话，只是眼神漫无目的的看着。大概30秒后，女孩开口了，"你们这个赏心品牌，我怎么很少看到呢？"

"呵呵，那只能怪我们的宣传工作做的还不到位，其实我们品牌刚到我们这里不久，在其他很多地方做的蛮好的，正好今天好好给你们介绍一下。"

我故意顿了顿，并观察女孩穿着一件粉色的V领外衣，里面搭配的一件黑色小背心，我立马顺势给她推荐了一款黑色裹胸，并稍微介绍一下此款的卖点，女孩看着内衣，没有说话，于是我主动将她引导到试衣间试穿。

女孩没动，继续看其他产品，并小声地和她妈妈说："妈，这个品牌的东西还行，还不错哦。"

我手里拿着刚推荐的黑色裹胸，还又多拿了两款其他的，坚持邀请她进试衣间："美女，不去试衣间体验一下，您永远不知道我们的品牌有多么适合您这么好的身材的……"

果然进到试衣间，女孩穿上内衣后非常激动，高兴地叫她妈妈进去看，她兴奋地说：“从来没有哪件内衣能穿出这么丰满的效果，真的好开心。"

这时，我看到她妈妈流露出惊奇与渴望的眼神。她的这种表情我读得懂的！我再次观察了下这女孩的妈妈——身材偏胖，穿的是一件毫无束缚效果的内衣，而且胸部下垂，腋下有很多副乳。

于是我叫助理挑了两款应该适合她调整型内衣，没有过多介绍，我就直接叫她试穿，她果然毫不犹豫地就试穿了，穿上身后，胸部丰满又圆润，整个人一下年轻了好几岁，气质也完全不一样了，我再顺势夸了她一句："大家看，你们俩一起出去别人还以为是姐妹呢！"我看得出来她的开心是由衷的，而且她舍不得脱下呢！而另外一件她都不想试穿了。

她们开始询问价格，核算后4件内衣共628元，妈妈很惊讶，说"我从来没有穿过这么贵的内衣，太贵了。"

在她犹豫的时候我告诉她内衣穿着好坏对女人的重要性（其实她心里有底了，因为穿上我们内衣的前后差别实在太大了），同时我再次介绍了我们品牌。

在我耐心诉说下，她的表情镇定了许多。接着她掏出身上所有的现金一共500元，加上女儿手上的200元。

她们走的时候还不断的称赞我，说我是个专业又有耐心的人。

我说："姐，回去好好穿，您的身材本来就很棒的！"又把目光移到她女儿身上："妹，记得保护好自己，还要监督你大姐哦，哈哈。"

"你这孩子，"在她妈妈娇嗔地责备声中，她们高兴地离开了。

——此案例由赏心品牌专卖店提供

点评

卖什么不重要，重要的是看怎么去卖。

在门店销售当中，赞美的力量非常大，幽默的力量也很大，最重要的是选对的产品穿在对的人身上，让她产生更加对的效果，那结果一定是非常对的！

把话讲到点说到心里去，比说太多看似有用的废话更有说服力！

诚信名言

顾客要的不是便宜，是感到占了便宜！
不与顾客争论价格，要与顾客讨论价值！

心得体会

第九节 试穿理由

到了这个阶段，只需要最后给顾客一个合适的理由，顾客就可以马上进入试衣间进行试衣了，那一般来说有哪些试穿理由呢？

下面就列举听完导购的介绍，10种不同反应的顾客，我们该给予的试穿理由：

1. 听完介绍后欲言又止，但又反复触摸产品。

状态分析： 听完了介绍，顾客想说又不说，不想说又想说，处于欲言又止的状态，说明她对产品或介绍已经很感兴趣了，同时她还在反复的触摸产品，这时候我们应该很坚定的直接的肯定的邀请她进入试衣间，不用含糊！

使用动作： 还记得在店外引客阶段时讲到的手部动作吗？这里又可以再次使用了。

话术26：

到试衣间亲自试穿感受一下，来，里面请！（做方向的手势或直接推顾客）

2. 我一把年纪了，穿这个不合适。

状态分析： 一般来说，说这种话的年纪都不会太小，或者自认为年纪比较大的人，她们比较缺乏自信，但内心又渴求能找回年轻的感觉，她们内心是比较矛盾的。因此要会使用赞美，并合理解决"不合适"的异议。

话术27：

（很真诚地）我看您还很年轻啊，姐！其实内衣呢要试穿才知道自己合不合适呢，来，里面请！（做方向的手势或直接推顾客）

3. 这些效果都是你们吹出来的，我以前听得多了。

状态分析： 顾客可能是被忽悠过；或者到其他品牌店里听导购们说过关于神奇效果的事；或者是看电视购物被搞晕了。这里需要解决的是立竿见影的效果，让她听说不行，看到也不行，必须亲身体验到才是硬道理！

话术28：

内衣是要试穿的，有没有效果试穿了马上就知道，来，到试衣间体验一下！

4. 这么贵我试穿了也买不起。

状态分析： 顾客现在看到的是价格或许超出了她的想象或承受范围之内了，因为她的注意力集中在价格，而她表述的是买不起，那不买就不能试试吗？

话术29：

没关系的，现在试穿有礼，来，到试衣间试穿体验一下！

5. 我就是随便看看。

状态分析： 顾客可能真的只是随便看看（**记住：顾客经常用这句话来敷衍导购**），但是不管顾客是来干嘛的，我们都要把她当成是即将成交的对象来认真对待。

话术30：

　　试穿一次，今后就知道怎样给自己挑好的内衣了，来，到试衣间试穿体验一下！

　　6. 我之前从来就没穿过功能内衣。

　　状态分析： 顾客可能真的没尝试过即将推荐给她的功能型内衣，但这并不代表不可以改变她，既然想让顾客改变，那就必须拿出可以说服她改变的理由，重点在于不同点或者说优势在哪里。

话术31：

　　比较一下，与普通内衣有什么不同，来，到试衣间试穿体验一下！

　　7. 我没时间了，还得去接孩子呢。

　　状态分析： 顾客可能真的时间很匆忙（**记住：顾客经常用这句话来敷衍导购**），但不管她是真忙还是假忙，我们都要想办法留住顾客多在店里待上几分钟，只要店里的顾客多了，人气就高了，成交的机会也就高了。

话术32：

　　只要2分钟时间，就2分钟，来，到试衣间试穿体验一下！（说"就2分钟"的时候，最好重音突出，表示时间很短！）

　　8. 我原来就是卖内衣的，我看你们家产品真的不行。

　　状态分析： 顾客最喜欢说的就是产品不行（**记住：顾客经常用这句话来敷衍导购**），她们以此来打压导购，目的是为了接下来的谈判中占得先机，可以给她打个最低的折扣。

话术33：

　　您对内衣这么在行，试穿一下，那就可以给我们提一些宝贵的意见啊，来，到试衣间试穿体验一下！

　　9. 瞧你说的，我这身材还需要调整吗？

　　状态分析： 说这种话的顾客，应该身材是不错的，那我们千万不要说她身材不好或一般般之类的话，而是要顺着她的意思继续下去。或者可以提醒她：好身材也要懂得保养嘛！

话术34：

　　您的身材这么好，试穿一下，也可以检查一下我们的内衣合不合格啊，来，到试衣间试穿体验一下！

　　10. 别再说了，再说我就不敢看了，我这就走。

　　状态分析： 顾客可能真被我们说烦了，或者"逼单"太紧，应学会适当放松，让顾客也吐口气，不然顾客真有走的可能。不过既然对方都说出来了，就表示还不会立即离开，这时要学会使用合适的技巧！

　　使用动作： 在说这句话的时候，可以加多点个人感情色彩的动作进去，比如说可以跺跺脚、撒撒娇，可以长的不漂亮，但一定要学会撒娇，所有人都喜欢温柔懂得撒娇的女人。

案例41　给她最佳理由，还你最好结果

上午10点多，店里来了一位靓姐，脚步非常匆忙，我赶紧上前接待。

她的眼睛盯着我们某一个款，并直接说她的需求，"帮我挑一款适合我的吧"。

"好！"我马上回应她。

因为她比较急，所以我就先目测她大概是穿B80的，于是我就拿了三个款给她试。她一看我拿了三个款就有点不愿意去试，"我不要那么多，要一件就够了"，我连忙说"没关系，多试几个款式，挑一款最适合自己，而且自己最喜欢的就好了。"

犹豫片刻，她就进了试衣间，但她不让我进去，在我再三的说服下她还是不让我进去，所以我只能在外面帮她把肩带调整好，讲解了内衣试穿的重要步骤及需注意的事项！

出来的时候，她手上就拿着其中两个款式，问我"你觉得哪一款穿起来效果会更好？"其实我知道这两款应该都很合适她的，而且都很漂亮，只是她拿不定主意。

我说："两款都很合适的话，就都一起带上吧！"她犹豫了一下，但并没有答应。

这时我又把两款配套的内裤给她配上，说："我们正在做活动哦，满500送100，非常划算的，相当于8折多点的，平时持我们VIP卡也就只能享受我们会员9折的优惠。"

她说："不用了，我就住在这附近，需要的话再过来就是了，很方便的！再说我这加在一起也不够500啊！"我用眼睛的余光扫描了她的内衣肩带露出来了，是黑色的。于是就拿了一款黑色的内裤给她，"你看这款黑色内裤可以跟你身上的内衣配套一起哦！"她又开始犹豫了，我继续展开攻势，"我们品牌像这样重量级的活动是很少的，如果错过了这次，下次来持卡也只有9折了。"

思索片刻。她问我送什么呢？我说送内衣、内裤都可以的。她说她本来只想

来买一件就可以的，现在倒拿了两件，内衣就够了，不用了。我就马上拿了几款内裤给她挑选！但选来选去她又没太想要的意思。这时我就直接又拿了那两款的配套内裤给她，坚定地说："我们女性的内裤是要天天换洗的哦，就多带一条配套的也不错啊！"

她觉得我讲的挺有道理的，然后就都要了。

——此案例由霞黛芳品牌专卖店提供

点 评

在销售中，就算顾客只需要一件商品，也可以多挑几件给顾客一起试的，这样我们也就有了更多的机会销售更多的产品出去的；

女人都是容易冲动的感性消费者，只要是看见喜欢、适合自己的，基本上是买了再说！

只要我们每天对每个顾客都这样有计划性、有信心地去销售我们想要推销给顾客的东西，而不只是卖顾客想要买的东西，我相信这样持之以恒地不放过任何一个机会，注意每个细节，销售业绩的提升是件很容易的事！

诚信名言

酒逢知己千杯少，话不投机半句多！

心得体会

_____

_____

_____

第四章

试衣流程

　　试穿（其他行业称为：体验，下同，不再表述）是成交的必经之路，要想提高成交率，就要提高试穿率；要想提高试穿率，首先要增加入店后留下来顾客的数量。留下来顾客的数量越多，才有更多的机会提高试穿率，试穿率提高了，才会有更多的机会提高成交率，从而提高店铺业绩。

　　内衣与服装以及其他行业相比有太大的不同，内衣的成交绝大部分在私密隐蔽的试衣间里完成，而其他行业的产品可以在大庭广众和亲戚朋友一起来体验再成交，因此内衣的试衣间是成交最关键的部分……

第一节　化解顾客的害羞心理
　　　　延伸阅读：顾客进入试衣间，第一眼看到什么最好
第二节　分析顾客原有内衣的优缺点
第三节　量体配码
　　　　延伸阅读：顾客身材设计本
第四节　分析顾客身材
第五节　介绍产品
第六节　试穿产品及异议处理
第七节　成交
第八节　连带销售

第一节　化解顾客的害羞心理

一、顾客进去前要处理好的两件事

当然在顾客进入试衣间之前，要处理好两件事情：

第一，要打消对方的疑虑，这些在异议处理中都处理的差不多了，这里就不加以复述。

第二，要化解对方的害羞心理。

何谓害羞？因胆怯、怕生或怕被人嘲笑而心中不安，感到不好意思，或难为情。其实，害羞是一种正常的反应。最常表现为脸红、目光四处游移、耸肩、坐立不安等，这些都是人害羞时的典型表现。对害羞的人而言，这种感受是痛苦的，是不想再次经历却又无法回避的，同时又是难以解释的。

很多女性除了自己的老公或给孩子喂过奶之外，几乎没别人见过她裸露的身体，因此很多顾客不愿意让导购一起进入试衣间。因为她害羞或者惧怕别人的嘲笑！

因此我们首先要想办法打消顾客的种种疑虑，并化解她的害羞心理。

案例42　跟着害羞顾客，一起脱

那天来了一个同龄人，慢慢了解到她是湖南的，姓朱。通过初步沟通，知道她之前的内衣都基本是在地摊买的。

接下来我想让她去试穿，她同意了，但是她不想让我也进去。我就跟她说，"朱小姐，你放心好啦，相信我是专业的，也是为了你好，我希望你正确穿着内衣。再说了，我们是同龄人，我们还是老乡呢。不要那么害羞，如果你觉得不适应的话，你可以先背对着我，我不看你，但我教你怎么去穿。"她没出声，只是听着。我顺势来开试衣间的帘子，做了个"请"的手势，她就随着我的手势进去了，我立即拉上帘子。

然后我开玩笑地说，"要不这样，我也脱了，我让你也看总可以了吧。"说着我就开

始解自己外衣的扣子。她马上就笑了，说："你就不用了吧，我脱！"很快她就主动赤裸着上半身站在我面前了。我当时很意外，更多的是兴奋，原来女孩子之间可以这么快就相处并获得信任。

于是在接下来的时间，我很自信地针对她胸部存在的一些小问题和她进行了很专业的讲解，她告诉我："其实自己也一直希望能找到对自己好一点的内衣……"

——此案例由俏丹娜品牌专卖店提供

点评

先不管案例的导购是否按流程做的，但自信很重要，只有我们自己自信了，才能让顾客感受到我们的自信，也因此受到感染。

内衣门店销售中经常遇到顾客不让进试衣间的状况，要学会合理解决，如果不用专业指导顾客，她们会觉得我们和其他任何品牌一样，那么附加值就很难体现出来；万一遇到不让看的顾客，"自己先脱、自己也脱给您看"或许是最好的方式。

把顾客当朋友，取得对方的信任比什么都重要。

案例43 面对缺陷顾客，跟着脱

那天有个顾客，是我从店外面派单派进来的，在进试衣间之前所有环节都处理的很好，我至少邀请她进试衣间不下6次之多，她就是一直不想进去，但我没有放弃，继续处理她的各种异议，继续邀请她进试衣间。其实我一直感觉她很想进去试衣的，怎么就是不进去，我很纳闷。最后，感觉她很不情愿的进去了。

本来我在她前面帮她拉开试衣间的门帘，可是她却说，"悠悠，你出去吧，我一个人试就好了"；"王姐，我们是最专业的，相信我可以帮到您的，如果您觉得不好意思，我都可以脱给您看我的内衣的"。说着我就开始解自己的外衣扣子，她若有所思不说话了……

原来她的右边的乳房动过手术切除了，这时我才理解她不想让我进去的顾虑是怕我嘲笑她的生理缺陷，我很镇定……

结果她成了我们店的终生优秀顾客！我也就成了她最专业的内衣导师！

——此案例由旺华品牌提供

第四章 试衣流程
/NO.4/

> **点 评**

平常的门店销售中，我们也经常遇到很多顾客就是不让导购进试衣间的情况，很多导购就不知所措，只好在门外很着急的等着，为什么会这样呢？

思考 1：试衣间是有木门还是拉帘的呢？如果是拉帘的，想进去服务是很方便的；如果是木门的里面有门锁或插销吗？为什么不把门锁或插销弄坏呢？

思考 2：顾客为什么不想让我们进去？就害羞那么简单？还是有其他生理缺陷？我们注意到了吗？

思考 3：如果遇到顾客真的是有很严重的生理缺陷，我们或许没见过的，我们的心理承受能力够吗？

延伸阅读：顾客进入试衣间，第一眼看到什么最好

顾客进入试衣间，第一眼看到什么最好呢？
是我们经常看到的"试穿试戴图"？
是试衣间经常挂着的"洗涤保养图"？
还是"如何测量和选择适合自己的内衣图"呢？
……

通过长时间的观察和调研，建议把试衣间里不管是要教顾客如何测量和选择适合自己的内衣、还是教顾客试穿试戴或如何做好内衣的洗涤保养工作的图片统统拿掉，因为所有人都一样，一看到过于复杂的事物就会觉得麻烦，从而降低购买欲望！

可以考虑换成顾客一看就有兴趣去主动发问的新奇特的图片，比如下面的方形的辣椒和方形的西瓜，以及在本章第四节中可以看到的众多体型的图片。

二、顾客进去后要做的事

只要顾客进了试衣间，就离成交又前进了一大步了！当然并不是进了试衣间

就一定会成交，但是不进试衣间成交的可能性就很小，尤其是内衣。

进入试衣间后，请注意一下步骤和说话方式：

1. **自我介绍：**

在店外引客或前台接待阶段，导购都有自我介绍的机会，只是在那时或许还没有问到对方的姓氏等方面的信息。因此在此做一次很深刻的自我介绍，目的是更加拉近与对方的距离。

话术35：

您好，我是这里的金牌导购悠悠，很高兴为您服务，请问一下怎么称呼您呢？

千万不要小看这句话，要会用最合适的重音来表述这句话，这句话本身包含了几个重要信息：

(1) 金牌导购。 表明的是自己在门店里的称谓，说明自己的服务是很好的（门店里可以设立称谓制度，比如星级导购、金牌银牌导购等）。

(2) 悠悠。 可能只是个"艺名"，但一定要便于记忆，而且比较时髦一点点，如果叫什么阿猫、阿狗那就不好了。

(3) 服务。 表示接下来是为对方的服务时间，请对方笑纳。

(4) 怎么称呼您。 是询问对方有关信息的开始，从姓氏问起，接下来在试衣间还有十几乃至几十分钟的时间，顾客的很多信息是在这里询问出来的！

2. **赞美对方：**

赞美前面已经说的很多了，别忘了，在门店销售的全过程时时都要赞美，但赞美有度，要因人而异。刚进入试衣间的时候，赞美对方哪些优点比较好呢？

话术36：

您这件衣服真好看，颜色和款式都很适合您。

您的皮肤真白净，您平时用什么化妆品啊？（如果对方真的告诉你，不要继续聊化妆品的事情，不要忘记自己该做的事情）

您的妆化的真得体，好自然哦！

您头发烫得很自然，我也想去烫一个，不知道在哪里哦？

……

3. **告诉对方接下来你要做什么**

既然和顾客一起进了试衣间，因此引导就占据了整个试衣的全过程。接下来就要告诉对方该做什么，甚至怎么去做，都要表达得清清楚楚，有时还要亲自做动作给对方看，乃至脱光自己的衣服！

话术37：

王小姐，您先解一下外衣，我帮您做一个专业的美体设计，当我是您的身材医生好了。

上面这句话也包含了几个重要信息：

（1）解一下外衣。 只是在下命令，也是很明确的指令，叫对方解开外衣。

（2）专业的。 这个词已经出现过几次了，不仅仅嘴巴上那么讲，同时要用自己的实际行动证明自己是最专业的。

（3）设计。 是个特别专业的词汇，接下来会有各方面专业素养的体现，其中身材的分析和对她美体的设计是最能够体现专业程度的，也是最能打动对方的。

（4）身材医生。 相信大家对医院和医生从来就不陌生，我们去医院，首先闻到的是空气中弥漫着特有的药味，看到的是医生个个穿着白大褂和不苟言笑的神情，还有就是病人和其家属严肃的表情……，接着医生只用短短的三两句话就可以给病人开药：

医生问："哪里不舒服？"回答："头痛并咳嗽"。

再问："为什么会头痛呢？"回答："天气变化快，衣服穿少了"。

再问："之前有这种情况吃什么药呢？"回答："打吊针吃点感冒药就可以了"。

最后一句："那就打吊针并吃点白加黑吧"。

多简单的对话，高效实用。

在这里之所以用 **"身材医生"** 这个词，也是为了给顾客更深刻的印象，同样还是在表明自己的专业水准！

4．动作语言要点

试衣间一般都不会太大，在比较小的空间，只有导购和顾客两个人，离的很近，而且还有身体上的亲密接触……

在这样的环境下，导购的语言、动作、行为、举止等就显得尤为重要了，因此要特别注意：

（1）说话一定要温柔。 不管是指令，还是接下来的建议，或者需要顾客所做的动作，都要用最温柔、最动听的声音和对方沟通交流，而且还要做到声音、语言、动作等与对方高度的同步，以便快速进入对方的频道。

（2）要显示出自己的专业、动作的娴熟。 从一开始就一直强调专业，在试衣间狭小的隐蔽的空间正好可以很完整地展现出来，不仅要做到业务方面的专业，还要有很娴熟的动作，尤其在后面的试穿、调拨手法等方面。

（3）表现的大方得体、从容自然。 有时经常会遇到一些有某些生理缺陷的顾客，一开始就想拒绝别人进入试衣间，因为她担心别人的冷眼和笑话，那样会伤她们的自尊心。因此，无论看到什么，都要保持沉着冷静，大方得体、从容自然，不要有夸张的表情出现。

（4）记得一直要提醒顾客看镜子。 在试衣间里一定要时时记得提醒顾客看镜子，很多时候导购是边讲解边做动作示范的。

顾客进了试衣间，刚才一直服务的导购要想方设法跟进去，那么等会要拿适合的内衣给顾客试怎么办？难道要自己出去找几分钟再返回试衣间，而让顾客赤裸身体在试衣间等吗？如果是这样会很麻烦，估计不到一分钟顾客就穿上了衣服准备离开了。

这里非常讲究的是导购间的配合要**及时、高效、合理。**

导购间该如何配合呢？

一般来讲一直给顾客讲解、服务的那个导购为主负责人，她一般是随顾客一起进入试衣间；在外面（帘外、门外）的导购为辅责任人，主要是里面的导购给她指令，最为重要的环节就是快速地挑取合适的产品给顾客试穿。

三、面对不愿试穿的顾客，该怎么办呢？

导购在接待顾客时，常会说这样的推介语："喜欢的话，可以试穿。"或者"这是我们的新款，欢迎试穿。"

实际上，这些语言并不能起到真实的促进销售作用。因为这些话不稳妥，导购怎么就知道顾客喜欢呢？如果销售人员在不知道顾客是否真正喜欢这款衣服的时候就推荐，顾客心里就会想："我凭什么试穿？"或者"谁说我一定要穿你们的新款，这件新款要适合我才行。"

当然，有些导购也不会很突兀的要求顾客试穿，他们会采取一些策略。比如说，他们会这样表示："小姐，您真是非常有眼光。这件衣服是我们这个礼拜卖得最火的一款，每天都要卖出五六件。以您的身材，我相信您穿上后效果一定不错！来，这边有试衣间，请跟我来试穿一下，看看效果怎么样……"并不等回答就提着衣服主动引导顾客去试衣间，尤其在面对犹豫不决的顾客时。

其实这样的推荐也是有问题的。这种导购，持有的销售心态是迫切的。因为在这里，导购具有强烈引导顾客试穿的意味，而且这种强烈的引导表现得过于急促。因为终端一线的人员都明白，销售的成功与试穿衣服有很大关系。鉴于此，导购才会非常迫切地、不论情况地引导试穿，这极可能导致顾客的反感。试想一下，如果你是一位顾客，当你遇到的导购在销售过程中，语言给人的感觉是咄咄逼人的，你是不是会很反感？

导购在建议顾客试穿衣服的时候，顾客就是不肯采纳导购的建议，在这种销售情景下，应该由导购当场来感受"就是不肯"这几个字的具体程度，如果顾客是很坚决的，就是不愿意接受导购试穿衣服的建议，就不要强迫顾客。

在终端销售过程中不要强拉顾客来试穿衣服，因为每一个顾客都有自己的想法和意识，任何销售都必须是对顾客采取尊重的方式，带有强迫性的、攻击性的方式对创造销售业绩是不利的。

为什么顾客不愿意接近导购，甚至很多顾客害怕接受导购的热情服务呢？"强迫"服务应该是其中一个主要原因，如果顾客并没有表达出坚决不肯，或者经过几番劝说，也没有明显表示出不愿意试穿的态度，导购就可以进行热情的、适当的试衣引导。

另外，衣服采用什么样的面料等，这些不一定是顾客需要试穿的理由。人们早就过了穿衣穿面料的时代了，除了西服、羽绒、羊绒这类服饰需要强调面料，多数衣服更多的价值，不在于物理性质上的面料，而是在于精神美学。

这件衣服顾客是不是真心喜欢？是不是符合顾客的气质和风格？这对于引导顾客的穿衣，是不是一个比较好的解决方案？如果我们要想刺激顾客，不是用强烈的推动方式，而是让顾客主动走到试衣间。我们应该把试衣的体验，用恰当的语言描述出来，让顾客想象试衣的美丽效果，激起她内心的欲望。

因此建议导购如此表达："小姐，我个人的观点觉得这件衣服还是比较适合您的气质，也合您现在的身材，面料也比较透气，适合现在的天气，而且颜色也跟您的皮肤非常搭配，您如果穿上的话，不仅可以修饰体型，在炎热的夏天穿着这件裙衫，还会有风一般的感觉。当然啦，衣服本身就是一个立体感的商品，平面上可能看不出效果。如果愿意，不妨可以拿进试衣间自己试试，感觉一下。"

诚信名言

解除对方心结，让对方信任你，是成功的关键！

心得体会

_____
_____
_____

第二节　分析顾客原有内衣的优缺点

前面讲到让顾客"解一下外衣，我帮您做一个专业的美体设计，当我是您的身材医生好了"，这样很有杀伤力的话术，顾客听了之后，应该是乖乖地脱掉外衣，当顾客脱掉衣服时，先不要急着让她脱下自己原来的内衣，这时让她看镜子，认真帮她剖析她现在穿着的内衣的优缺点。

一、发现优点

优点一般是指哪些方面，有了优点要怎么夸奖（赞美）呢？

1. 对于赞美我们早就不陌生，应该说很熟悉了，全程都要会合理使用赞美，而且赞美要到点！那么对原有内衣的夸奖仅限于：

（1）**颜色**——这个款式的颜色很鲜艳，我也很喜欢！这个颜色是这季的最流行的颜色，很好看的！……

话术 38：

姐，您真会挑内衣，您穿的这个嫩嫩的绿色很好看，也是这个季节最流行的哦！（特别注意：如果顾客马上和我们攀谈这个颜色之类的话题，一定要快速岔开，进入自己设定的流程中！）

(2) **款式**——这个款式是这季的最流行的，很漂亮哦！
　　　　　　这个款式很畅销的吧！……

(3) **花边**——这个花边层次感很强，很有中国民族风的感觉。
　　　　　　这种花边在市面上很少见哦，很别致的！……

(4) **搭配**——您的内衣很衬您的外套哦！
　　　　　　您穿衣服很得体哦，要向您好好学习学习！……

(5) **其他**。

话术 39：

姐，您的内衣和外衣的搭配真的很棒，我们都要向您好好学习呢！

2. 不要夸奖即将推荐的与功能有关的方面，比如：**包容性、聚拢性、收副乳、管理脂肪**等。

3. 记得增加自己的肢体动作，在后面的体型分析里面将会详细分析。

二、挖掘缺点

1. 关于文胸

要找原有文胸的缺点，想想也比较容易（**如果顾客身上穿的正好是自己品牌的文胸，就不要挖掘太多不足，而是要推荐更适合的文胸给她，切记！**）。

在对文胸不足的分析中，重点分析的部位有：**罩杯、钢圈、底边、侧边、肩带、后比**等。

(1) **罩杯**：太大——空杯；太小——压胸。

(2) **钢圈**：和胸部不贴，切割乳房或经常跑位。

(3) **底边**：太窄，没力量，不能起到固定的作用。

(4) **侧边**：包容性不好，导致副乳的增加和脂肪切割断层，导致手臂变粗。

(5) **肩带**：1.5cm 甚至以下的，拉力不够，肩井穴压强过大，导致肩部酸痛、头酸痛、眼睛疲劳、耳鸣等，甚至影响颈椎。

(6) **后比**：一字比，无法包容、管理好背部脂肪。

最后得到结论就是：顾客穿的是不好、不科学、破坏曲线、影响健康的杀手文胸。

话术 40：

来，姐，先把这件衣服脱了。来，我们来看看您穿的这款文胸，从款式和花色来看都是非常的漂亮，但是您仔细看看，从这个地方（让顾客侧身看镜子），钢圈的这个位置，钢圈压在这里了，我们胸部的脂肪是可以流动的，哪里有压力，脂肪就会往哪边跑，所以说，钢圈压在这里，胸部的脂肪就会这样流失了，流失到腋下，流失到背部，我们长期穿这样的文胸，就会让我们的胸部越来越小，越穿越扁平。

话术 41：

来，姐，看一下我们后面，它非常的窄，它的坏处就是容易切割我们背部的脂肪，切割成上面一片下面一片，尤其是夏天穿比较紧身的衣服是非常不雅观的，待会儿我拿一款我们的文胸给您感受一下，您会发现我们的这个位置的设计非常的宽，而且背部越穿越平，把我们背部的脂肪赶到胸部上去。

话术 42：

姐，您看，您的胸部本来不应该是这样扁平的，您看您的乳晕和乳头，都有些发黑的现象了，健康的乳晕和乳头都是粉红色的，看我们穿的这个文胸呢，它里面是海绵的，我们都知道它的原材料是石油渣滓的提取物做成的，它长期覆盖在我们的乳房上面，它会让我们的乳晕和乳头发黑，因为它不透气，您让它不透气，它就给您颜色看看，就让您变成黑色了，第一呢是影响我们身体的不美观，第二呢，造成身体的不健康，长期穿着，对我们的身体非常的不好。待会儿呢，我拿一款我们的最适合中国女性穿着的文胸，它不论是裁剪还是设计、整个的包容性还有服帖度，都是非常的好。

2. 关于内裤

现象是顾客的臀部四瓣、扁平或其他很多形状，具体见体型分析。

最后得到结论就是：顾客穿的是不好、不科学、破坏曲线、影响健康的杀手内裤。

话术 43：

姐，您看，您的臀部本来是浑圆浑圆而且上翘的，不应该是这样下垂的，可能是您平时没有太多注意内裤和塑裤的穿着，或者是穿着方法不是很恰当，长期这样下去不仅影响外在的美观，还可能影响我们身体的健康哦。待会儿呢，我会拿一款最适合您的塑裤给您体验一下，估计您自己都会觉得不可思议呢。

当然最后的目的是推荐即将介绍给顾客的产品！

诚信名言

有比较才有鉴别，有比较才有发言权，有比较才会取得对方的信任！

心得体会

第三节 量体配码

一、正确量体

分析完顾客原有内衣的优缺点之后,马上给顾客进行最专业的量体和配码工作,前面一直强调的专业,在量体的过程中就要真正体现出来了。

延伸阅读:顾客身材设计本

顾客姓名:					试穿日期:				
顾客电话:					服务导购:				
身材设计:									
BB	左BP	右BP	上胸围	下胸围	腰围	腹围	臀围	左大腿	右大腿
试穿类型:									
后续跟踪									
日期	服务性质				跟踪结果				

特别说明:

① 身材设计是指对顾客的身材哪些方面需要进行哪些改造;
② 试产类型是指顾客当天试穿了哪些类型的产品;
③ 服务性质是指给顾客打电话回访或顾客回店里进行再次服务。

1. 正确量体时的动作语言要点

(1) 语言温柔,指令准确。
(2) 动作轻柔、专业快捷。
(3) 嘴不要直接对着顾客的嘴或面部。
(4) 背部要挺直、姿态要优美。

2. 标准量体动作

如何准确量体，每个品牌有各自的说法和做法，现在这里给一个最全面最标准的量体动作。

话术 44：

来，我们把文胸脱了，姐，我给您做一个全身的测量……

来，姐，请把双腿略微分开，与肩同宽，重心放在双脚中间，我量一下您的腿围……

（1）量上胸围

动作： 站在顾客的右侧，左手拿着软尺，双手做手势，用手背将乳房托到理想的位置，然后进行测量。

要点： 应一面看镜子，一面让顾客理解您的意思，动作要轻柔。

忌讳： 特别注意不要触碰或挤压到乳头。

话术 45：

姐，您看着镜子，我来帮您做正确的测量，为了得到最正确的数据，我想在您理想的位置进行测量；来，请您将头抬高一点……；来，请将手臂抬高一点点……。

（2）量下胸围

动作： 左手拿着软尺，右手做手势，将两手做成碗形，将乳房托高到理想的位置，然后进行测量；还要测量 BB 点和 BP 点的距离。

要点： 测量的数据将成为决定产品尺码的依据，务必要准确。

忌讳： 特别注意不要触碰或挤压到乳头。

话术 46：

姐，你看着镜子，我在您理想的位置进行测量……；请您帮下忙，用双手托住乳房，然后将它们抬高到合适的位置……，因为只有数据准确了才能挑选到最合适的内衣……

话术 47：

姐，刚才通过测量，发现您的胸部已经有一点下垂了，左边下垂了 2 公分，右边下垂 3 公分，为什么我们有的女性人高不显高，人矮不显矮呢？这和我们的身体比例是有关系的，您看现在您的胸部只要提高一点点，腰就显长了，对吧。所以说胸部提高一公分，腰部显长三公分哦……

话术 48：

姐，通过刚才对您身体的测量，发现您胸部的脂肪已经在开始流失了，已经流失到腋下，流失到背部了，待会儿呢，我拿一款我们的文胸，这样调拨，把您背部和腋下的脂肪聚集在一起，把您穿错文胸流失的脂肪找回来。

来，看您这里，胸部这个地方已经出现断层了，这就是我们常说的副乳，这个地方长副乳的话，对我们的身体是非常有害的（腋下淋巴，不能排毒……）。

（3）量腰围

动作：站在顾客右侧，左手拿着软尺，右手做手势，手臂微微弯曲时手肘的位置就是腰部理想的位置。

要点：应根据各个顾客原身高准确测出其各自的腰部理想位置。

忌讳：手不要在顾客的腰部有游离或类似抚摸的动作，顾客会反感或怕痒的。

话术 49：

姐，你看着镜子，请微微弯曲手肘部，肘部最下端的这个位置就是您的腰部的理想位置……

（4）量腹围

动作：基本原则是测量腹部最突出的部分，测量腹部的参考标准位置为肚脐以下 3 指的地方。

要点：先将软尺收紧，然后慢慢地放松，测量其自然回复到的地方的尺寸；测量时应使软尺的下部分完全紧贴身体。

话术 50：

姐，你看着镜子，人的腹部是十分容易变化的，尺寸也是比较容易变化的，腹部的标准位置为肚脐以下 3 指的地方……

（5）量臀围

动作：单脚蹲或跪在顾客右侧，首先将软尺放到臀部最隆起的地方，然后将其两端分别朝着腹部最突出的方向，交叉两端测出臀围。

要点：应测量从侧面看臀部的最隆起处。

话术 51：

姐，我通过镜子确认臀部最隆起的位置在这里，我们理想的位置应该是身高 1/2 处。来，姐，您看一下镜子，有没有觉得自己的臀部略有下垂呢？其实这也属于正常状况，因为我们随着年龄以及地心引力的影响，我们的胸部和臀部每年都会下垂 0.2cm。

姐，您有没有看到臀部这个地方出现了一个窝，这是我们臀部的脂肪都流失到腿上了。本来我们的臀和大腿这个地方应该有很明显的分界线的，但是现在我们的臀和大腿之间的分界线已经不明显了，看到没有，这个地方的脂肪已经流失了，顺着臀部流失到大腿上，使腿部变粗。本来您的臀高是不应该只在这个高度的……

好，姐，现在您看一下镜子，您这边的臀提高了，腿明显就变得修长了，俗话说，臀高一公分，腿就修长了三公分……

(6) 量大腿

动作：单脚蹲或跪在顾客右侧，让顾客两腿分开，与肩同宽。用力均匀地、平行地站立，然后再开始测量。

要点：自大腿根下3厘米处水平地（呈椭圆形）进行测量，从右腿开始测量。

话术52：

姐，您通过镜子仔细确认臀部与后大腿的交界处，使臀部和大腿清楚地区分开……

二、正确配码

量体的目的是要为了接下来推荐我们的产品，让顾客能够最快速地认同我们的推荐，因此在给顾客配码过程中，我们也要掌握一定的技巧。

会做销售的人，必须懂得的一条规律就是：看库存配码。

很多导购总觉得通过对顾客身材各项数据的测量，再挑选完全一致的产品给她试穿，成交的可能性才会更大。

其实不然，要知道，一方面任何门店的库存都是有一定限度的，不可能百分之百地满足所有体型的顾客。

另一方面顾客的数据都是可变的，如果在测量过程中把软尺拉得紧一点和松一点，可能对结果就有一定影响，而且所有人的尺码都是有个范围的，比如说下胸围是75cm的，范围是73cm-78cm。因此，我们要学会变通。

要特别熟悉店铺的库存情况，而不是凭感觉去找某个尺码的产品，结果往往是要找的刚好没有。

这里再来告诉大家几个关于码数的概念，那就是：**标准码、压力码、舒适码。**

所谓**标准码**，就是按实际量体和计算的结果，挑选最接近的尺码和杯型给顾客，这样穿起来应该是最舒适的。

所谓**压力码**，就是按实际量体和计算的结果，挑选小一个码的产品给顾客试穿，这样顾客穿起来会感觉比较紧有压力的感觉；比较适合身上赘肉比较少，比较瘦小的女性。

所谓**舒适码**，就是按实际量体和计算的结果，挑选大一个码的产品给顾客试穿，这样顾客穿起来会感觉很松弛，不压抑；比较适合身上赘肉比较多，比较胖的女性。

案例44 准确计算尺码

黄金身段秀品牌专卖店来了一位顾客，她的下胸围量得为78cm，最接近80，她的上胸围量得为91cm，两数相减得13cm，那就是B杯。

如果按标准码就直接拿80B的给该顾客试;

如果看该顾客比较瘦小的话,可考虑给她拿75B的产品来试穿。而75B穿起来的感觉应该更集中更突显美丽的身材的。

点评

做内衣销售的第一步,必须会算尺码!

三、杯型尺码对照表

(1) 标准的杯型尺码分析

我们经常看到文胸吊牌上的标识为 **B75**,**A80** 等等,这些代表的是什么意思呢?

B75,A80 等常用的是中国大陆、中国台湾、日本等国家和地区的算法,前面的字母为罩杯大小（分为 A、B、C、D、E、F 等），后面的数字为公分（表示下胸围的尺寸）。

通俗的说法是:前面的字母表示的是"罩杯的深度",也就是胸部的隆起程度,字母越靠后表示胸部隆起越大;后面的数字表示的是下胸围的尺寸,也就是粗细程度,数字越大代表越粗壮。

那么 A、B、C、D 是怎么来的呢?

罩杯的大小等于上胸围减去下胸围的差。根据上面测量的结果,用上胸围尺寸减去下胸围尺寸的差,即可确定罩杯的大小。

文胸罩杯的划分（上下胸围差值）

AA 杯——7.5cm 左右。

A 杯——10.0cm 左右。

B 杯——12.5cm 左右。

C 杯——15.0cm 左右。

D 杯——17.5cm 左右。

E 杯——20.0cm 左右。

以此类推,上下胸围差每增加 **2.5cm**,就增加一个罩杯。

下胸围尺码的确定,也就是上面所测量出来的数字,取其中最接近的就可以了。

70cm——68cm~73cm。
75cm——73cm~78cm。
80cm——78cm~83cm。
85cm——83cm~88cm。
90cm——88cm~93cm。

以此类推，下胸围的尺寸选取最接近的就可以了。

案例45 一定要会计算

曼妮芬门店测量某顾客的下胸围得为79cm，最接近80，她的上胸围量得为92cm，两数相减得13cm，那就是B杯，把二者放在一起，那该顾客最适合的文胸为80B的。

另一顾客上围是88cm，下围是73.5cm，最接近75，上下胸围之差距为14.5cm，那么她的罩杯为C，该顾客最适合的文胸为75C的。

（2）关于BB点和BP点

BB点的距离为两个乳头之间的距离；
而BP点则为锁骨到乳头的距离，因此BP点又分为左BP（即左侧锁骨到左边乳头的距离）和右BP（右侧锁骨到右边乳头的距离）。
正常标准女性的这三个数字是一致的，中国女性的数字在18cm左右。

（3）中国女性完美胸围大小与身高的关系：
完美胸围大小=身高×**0.53**
按此公式计算：

上胸围（cm）÷身高（cm）≤ 0.49——胸部太小
上胸围（cm）÷身高（cm）＝（0.5-0.53）——标准
上胸围（cm）÷身高（cm）≥ 0.53——美观
上胸围（cm）÷身高（cm）＞ 0.6——胸部过大

（4）束裤尺码对照

尺码	身高（cm）	围度（cm）
M	150-160	85-93
L	150-165	90-98
XL	160-170	95-103

（5）女式内裤尺码对照

号码	型号	腰围（cm）	臀围（cm）
S	150-155	55-61	80-86
M	155-160	61-67	85-93
L	160-165	67-73	90-98
XL	165-170	73-79	95-103

诚信名言

万丈高楼平地起，做好销售先基础！！

心得体会

_____

_____

_____

第四节 分析顾客身材

很多品牌门店的销售流程里是没有"分析顾客身材"这部分内容的，绝大多数的做法是：给顾客量完体后，导购立即出去挑选适合的内衣给顾客试穿……

试想想，如果你就是顾客，正赤身裸体地站在试衣间里、孤独地等着，可能是一分钟、也可能是两分钟……你知道那时的那么一两分钟的时间是多么漫长吗？

正确的做法是：为顾客量体完后，叫外面协助的助理去挑选最合适的内衣，这时要做的事很重要，也是专业程度最重要的体现，那就是：**分析顾客的身材，简明扼要地指出顾客现在的胸型是什么样子，整个身材需要做哪些改变。**

一、体型分析三步骤

下面就如何进行体型分析，介绍一种方法，叫做：**体型分析三步骤**。也就是在分析过程中分三个步骤的意思：**首先分析要点、接着下危机、最后给转机。**

首先分析要点，重点分析3处：胸部、腰部、臀部及大腿！

接着下危机，主要是根据上面的3处而引发的一些潜在的危机，要让顾客也害怕！一般都是在分析的时候同时下危机的；

最后给转机，当危机到一定程度的时候，必须让顾客知道她还是有得救的，让她看到我们给她带来希望和憧憬！

这三步骤一定要会灵活运用；同时这三个步骤是紧密联系在一起的，要会随时随地的合理运用！

1. 分析第一处：胸部

胸部的主要问题来自于之前的内衣对她胸部的伤害。主要分析的部位是：

（1）**罩杯**——太大了，空杯；太小了，压胸。

（2）**钢圈**——切割乳房。

（3）**下比位**——运动时会严重走位；承托力不够。

（4）**侧边**——包容性不好，副乳增多。

（5）**肩带**——太窄压力太多，肩部穴位难受；容易变松，拉力不够。

（6）**后比**——背部脂肪。

下危机：

（1）罩杯

① 太大了，空杯，穿外衣很难看，而且胸部容易变形。

② 太小了，压胸，把原本很漂亮的乳房切割成四块了，长期这样会变得很严重，将会压迫乳腺，形成乳房疾病。

（2）钢圈

① 和自己的乳房不贴合，会从最下面处切割乳房，将原本漂亮的乳房切割成四个。

② 国内大多数文胸用的是欧码的钢圈，由于欧美女性的乳房是底盘小、隆起高的，因此欧码文胸所用的钢圈适合欧美女性使用，相对比较偏小和聚拢；而亚洲女性的乳房属于底盘大隆起不高的，因此如果文胸使用的是欧码的钢圈，那一定会压在乳房上。

（3）下比位

① 在运动时，比如说把双手向上举起、或双臂向后伸展的时候，文胸会跟着走位。

② 承托力不够，不能有效收起腰部的赘肉。

（4）侧边

① 包容性不好，不能有效收拢腋下脂肪，导致副乳增多。

② 拱起不服贴，产品设计本身有问题。

（5）肩带

① 肩带太窄，导致肩部肩井穴（肩井穴位于肩上，前直乳中，当大椎与肩峰端连线的中点，即乳头正上方与肩线交接处）压力太多，长期压迫肩井穴，可能会导致：肩酸痛、头酸痛、头重脚轻、眼睛疲劳、耳鸣、高血压、落枕等症状。

② 肩带质量不好，容易变松，导致拉力不够，影响整个文胸向下移动。

（6）后比

① 不能有效管理背部脂肪，将背部切割成N块。

② 肩带太紧，致使后比往上爬，形成一梯形，从而拉动乳房跟着一起变形。

话术53：

姐，通过刚才的测量发现，您左边乳房略微下垂，而右边的就比较严重了，有快3cm了，您知道吗？如果再严重一点的话会严重影响到您的身体健康哦……

话术54：

姐，通过刚才的测量发现，您的胸部已外扩3cm了，最好现在就把她们纠正一下，现在还不是很严重，您知道吗？如果再严重一点的话会严重影响到您美好的身材，甚至是您的身体健康哦……

话术55：

姐，您看镜子，您原来很丰满的胸部，由于长期穿着并不适合的内衣，把她们无情地切割了（<u>记得，为加强切割的效果，增加对方的痛苦，把五指伸直，做刀在胸部切割状，让顾客感觉有一丝丝凉意，心里感觉确实痛，那效果就有了</u>），您知道吗？如果再这样下去不仅会严重影响到您美好的身材，还会影响您的身体健康哦……

话术56：

姐，<u>您看您腋下及背部凹槽，摸摸看，是不是很明显啊？</u>说明您平时的那些文胸是严重不合格的，您原本蛮好的身材被这样无端地给破坏了。姐，我真的看不过去了，今天我一定要好好教教您怎么改正过来，并且保持以前那曼妙的身姿……

话术57：

姐，您看您的胸部脂肪和腋下脂肪连成一片了，说明副乳已经比较严重了哦，有副乳的女性，轻则脸上长干斑，脸色发黄，重则影响淋巴系统正常运作，易得乳腺增生甚至乳腺癌变。您知道吗？有乳腺增生的不一定会得乳腺癌，但得乳腺癌的人一定有乳腺增生……

话术58：

姐，您的胸部以前也像馒头一样浑圆坚挺，由于后期内衣穿着不合适等多方面的原因，您胸部的脂肪一部分顺着腋下往您的手臂流动了（<u>此时，把手指微微并拢，离顾客身体10cm左右的距离，边说边缓缓滑动，顾客看着并感受着，感觉就是她的脂肪正顺着你的手在流动</u>），而另一部分往下流到您的腰部去了（<u>同样的手部动作，让她感同身受</u>），因此，姐，今天我一定要好好教教您该怎么保护自己完美曲线了……

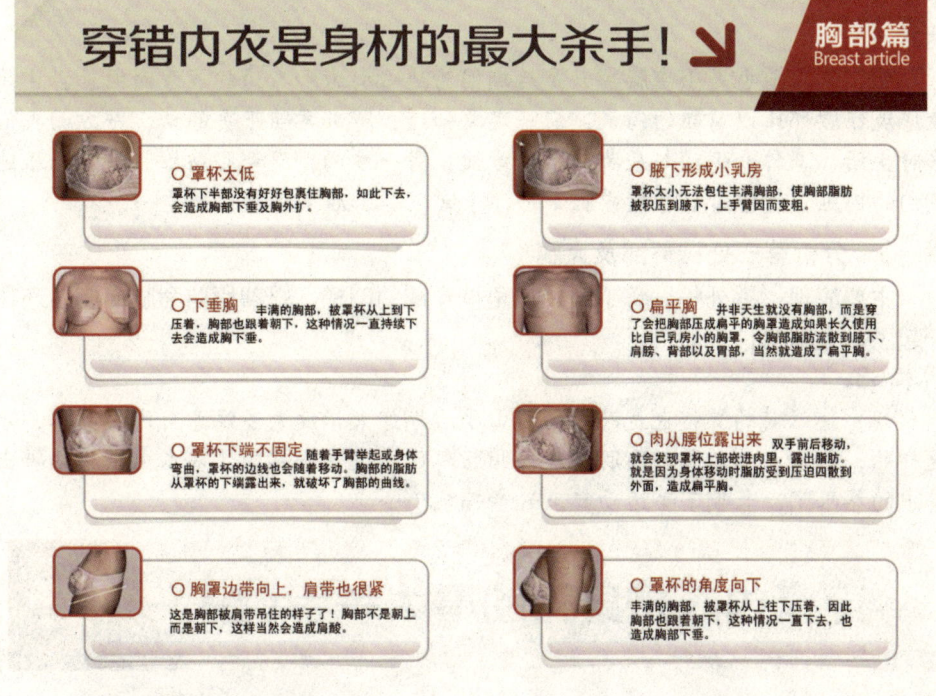

穿错内衣是身材的最大杀手！ 胸部篇 Breast article

○ **罩杯太低** 罩杯下半部没有好好包裹住胸部，如此下去，会造成胸部下垂及胸外扩。

○ **腋下形成小乳房** 罩杯大小无法包住丰满胸部，使胸部脂肪被积压到腋下，上手臂因而变粗。

○ **下垂胸** 丰满的胸部，被罩杯从上到下压着，胸部也跟着朝下，这种情况一直持续下去会造成胸下垂。

○ **扁平胸** 并非天生就没有胸部，而是穿了会把胸部压成扁平胸造成如果长久使用比自己乳房小的胸罩，令胸部脂肪流散到腋下、肩膀、背部以及胃部，当然就造成了扁平胸。

○ **罩杯下端不固定** 随着手臂举起或身体弯曲，罩杯的边线也会随着移动，胸部的脂肪从罩杯的下端露出来，就破坏了胸部的曲线。

○ **肉从腰位露出来** 双手前后移动，就会发现罩杯上部被挤进肉里，露出脂肪。就是因为身体移动时脂肪受到压迫四散到外面，造成扁平胸。

○ **胸罩边带向上，肩带也很紧** 这是胸罩被肩带吊住的样子了！胸罩不是朝上而是朝下，这样当然会造成肩酸。

○ **罩杯的角度向下** 丰满的胸部，被罩杯从上往下压着，因此胸部也跟着朝下，这种情况一直下去，也造成胸下垂。

2. 分析第二处：腰部

主要说明的是之前的内裤给她腰部造成的伤害。主要表现：顾客出现圆筒腰、直筒腰、三段腰、蝴蝶肉、小肚腩、胃腩大、腹部脂肪堆积过多等现状。

话术 59：

姐，您喜欢吃甜品和冷饮吧？因为我们现在身体的新陈代谢率降低，加上平时缺乏运动，肥肉就很容易积聚在我们上腹部位，因此容易形成圆筒腰、直筒腰，如果加上内裤穿的又不合身，活生生地将腰分割成三段，形成三段腰，有的形成蝴蝶肉。所以要尽量以天然糖替代蔗糖，早晨空腹喝一杯蜂蜜水，下午茶吃点苹果、猕猴桃，不但可以满足对于甜食的欲望，还可以起到清肠的作用，同时穿最适合自己的内裤，找回自己的小蛮腰……

话术 60：

姐，您经常坐办公室吧？这样容易形成小肚腩。您想呀，吃饱了就坐，有时工作忙起来连水都来不及喝，所以好多人都有便秘难题，这种情况在节后特别严重！多喝酸奶，记得每天 8 杯水，味浓的东西就少吃点……

话术 61：

姐，我们有时不会注意饮食规律，我也是，因此比较容易形成水桶腰，我三个月前腰比现在粗 5cm 呢，自从穿了×××品牌塑裤，我也开始了节制食量，躲开高热量食品，回避暴饮暴食，细嚼慢咽增加饱胀感，您看我，现在苗条多了，其实您也可以哦……

话术62：

姐，您以前也是小蛮腰，只是后期因为地心引力和人为的多方面因素，才导致您现在腰部比以前粗的结果，您一定要知道，腰部再粗下去的话，一方面我们平时生活、工作和运动起来都非常不方便，另一方面，腹部脂肪堆积过多会压迫我们的内脏，严重者会导致内脏下垂，子宫下垂，后果将非常严重……

3. 分析第三处：臀部及大腿

主要表现：臀外扩、臀下垂、三角裤穿成的凹槽、臀部脂肪和腿部脂肪连在一起了、大腿粗。

话术63：

姐，您以前的臀部也是翘翘的，由于后期您太忙没太多注意自己的身体，才这样的，您看，您的臀部脂肪和腿部脂肪都已经连在一起了，基本上很难分辨出其中的界限了，长期下去运动起来好辛苦哦……

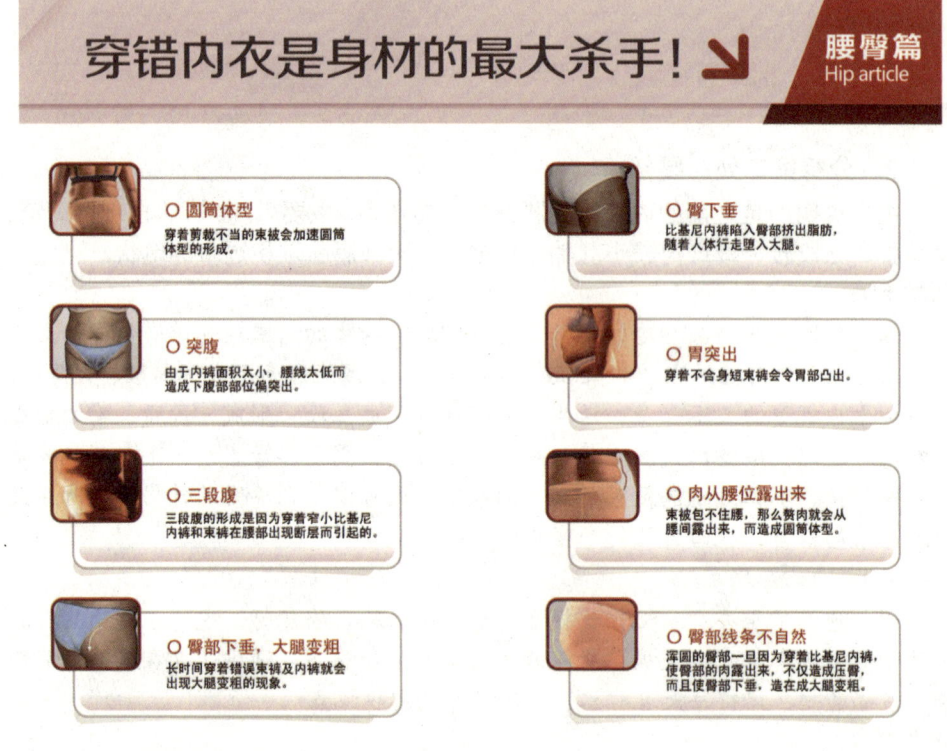

穿错内衣是身材的最大杀手！ 腰臀篇 Hip article

○ 圆筒体型
穿着剪裁不当的束裤会加速圆筒体型的形成。

○ 臀下垂
比基尼内裤陷入臀部挤出脂肪，随着人体行走堕入大腿。

○ 突腹
由于内裤面积太小，腰线太低而造成下腹部部位偏突出。

○ 胃突出
穿着不合身短束裤会令胃部凸出。

○ 三段腹
三段腹的形成是因为穿着窄小比基尼内裤和束裤在腰部出现断层而引起的。

○ 肉从腰位露出来
束被包不住腰，那么赘肉就会从腰间露出来，而造成圆筒体型。

○ 臀部下垂，大腿变粗
长时间穿着错误束裤及内裤就会出现大腿变粗的现象。

○ 臀部线条不自然
浑圆的臀部一旦因为穿着比基尼内裤，使臀部的肉露出来，不仅造成压臀，而且使臀部下垂，造在成大腿变粗。

4. 给转机

针对上面的分析和所下的危机，结合实际情况在给顾客转机，此转机不是随便想想随便说出来的，而是有根有据的。而且由于助理去挑选内衣的时间就那么一两分钟,因此,此阶段要抓住重点,不要看到啥都分析都下危机,必须看到最主要最严重的问题重点分析,恰巧顾客也注意到了那时最为严重的问题了,只有对方产生共鸣,效果才会事半功倍!

注意以下几点:

(1)如果上面的分析让顾客很信服,下的危机已经让顾客产生了严重的不安,那现在首先要安慰顾客不要着急,告诉她所有问题都不是问题,而且都可以合理的解决。

(2)结合下面"国际身材类型分析"的相关内容,给顾客做一个貌似与自己品牌无关的全面的分析与打造,建议她应该发扬哪些优点、回避哪些缺点、改正哪些错误,从而达到良好身材的目的;同时不要急于直接推荐自己的品牌,让顾客从心里认同你,从而产生信任和感激。

(3)一旦得到了顾客的信任,后面的产品介绍和试穿乃至成交都是顺理成章的事了。

二、国际身材类型分类

按整体外形,女性身材可分为:A、V、I、H、X、D、S等七种类型。

1. A型:

A型身材的特点:上窄下宽,胸部扁平,臀部及腿部粗大,往往被称为"太平公主":胸部很小,相形之下则是臀部较大,大腿较粗。

改善建议:①建议把心思更多地放在下半身,在准确测量自己的身体得出准确的尺寸后,购买尺码适合的塑裤,合理、科学地收塑臀部及大腿部分的脂肪;②要尽量选择全包型和有垫胸罩,以增加上半身的尺寸;③最好不要使用连体塑身衣,由于上下身丰满程度不同,还是分别进行、局部对待为好。

总结:丰胸、瘦腰、收腹、提臀、瘦腿。

2. V型:

V型身材的特点:上半身偏胖,臀部曲线不明显,腿偏细。上宽下窄,这种身型的女性大多乳房面积大,双乳不够聚拢。

改善建议:①建议把心思更多地放在上半身,在准确测量自己的身体得出准确的尺寸后,购买尺码适合的重压型单层文胸,合理、科学地收拢胸部的脂肪。②建议穿上腰封,合理收拢腰部脂肪。③对臀部和腿部进行合理运动。

总结:塑胸、瘦腰、丰臀。

3. I型:

I型身材的特点:胸部、臀部比较扁平,身体曲线不明显。

改善建议:①全身都比较瘦,加强营养。②挑选杯型较厚的文胸。

总结:丰胸、丰臀。

4. H 型：

H 型身材的特点：身材曲线不明显、上下身均偏胖。也就是常说的水桶身材，没有腰、胯和臀形成的曲线。

改善建议：①着重勾勒出腰部的曲线，腰封的选购则成为改变身型趋向完美的重中之重了。但一定要注意腰封的剪裁是否合理，否则它将会给您的腹、胯、骨盆带来损害。②调整型文胸塑造胸部。③塑裤的选择也很重要——**记得推荐黄金搭档（也就是文胸、腰封、塑裤三件套）！**

总结：塑胸、瘦腰、收腹、塑臀、瘦腿。

5. X 型：

X 型身材的特点：肩宽背厚，腰细，下半身偏胖，不用说，是女性比较理想的完美身材。

改善建议：①选择微调型文胸，使胸部受到好的保养。②选择提臀内裤是比较好的选择。

总结：塑胸、平背、收腹、提臀、瘦腿。

6. D 型：

D 型身材的特点：从胃部至臀部，甚至大腿均偏胖

改善建议：①选择下比位比较宽的文胸，将胃部脂肪引流到胸部。②选择合适的压力比较大的腰封，使脂肪向上移动。③选择收腹裤，能起到提臀瘦腿的功效。

总结：丰胸、瘦腰、收腹、提臀、瘦腿。

7. S 型：

S 型身材的特点：曲线明显，身材比例匀称，是所有女性梦想中的完美身材。

总结：保养

但要强调的是，无论身型属于哪一种，在购买内衣时都要选择尺码适合的内衣。如果内衣的尺码过小，身上就会被勒出印痕，这些印痕会把身体分成一截一截的，使人无法看到流畅的"S"曲线。如内衣过于肥大不但无法修饰体型，反而令胸部及臀部在长期得不到内衣托力的情况下，因岁月和地心吸力将使"她们"变得松懈下垂。

给顾客身材类型分析的目的是为接下来合理推荐产品所用的，因此给对方的"改善建议"才显得非常重要，只有说到最要害，顾客才会信服！

案例 46　胸小的烦恼

那天我穿着漂亮的套裙，看起来身材挺不错的。

一个顾客进来后，我就上前去和她打招呼，她打量了我一下，叫我帮她一起挑选了几件内衣，然后去试衣间里试穿。

一开始看到的现象是：她身材十分消瘦，胸部扁平，而且还外扩。这是标准的 I 型身材，也是非常难以挑选内衣的一种身型。

通过交谈了解到：她姓孙，广东人，大学毕业后工作了2年，已经25岁了，交了男朋友，准备结婚了。可是她现在最大的痛苦是——对自己的胸部很不自信。要知道如果是我，我也觉得很不自信。

通过更深一步的交谈，孙小姐一脸无奈的告诉我：

小时候她妈妈一直不在身边，同爸爸生活在一起，所以当开始发育的时候也没有人指导她怎么去做；小时候她很喜欢趴着睡觉，这也是影响胸部发育的一大因素；当现在自己交男朋友了，才发现自己的胸部真的很让她不自信，已经开始后悔不已……

接下来我一方面是安慰她，要她做个自信的女人，因为自信的女人最美丽；同时教了她一些我平时积累的丰胸知识，还教了她一套胸部按摩操呢，另一方面内衣还是要挑的……

——此案例由俏丹娜专卖店提供

点评

胸部的保护和保养要从小做起，一旦成型了就比较难再造了。同时也给我们自己敲了一个警钟：还有多少人不知道怎么穿内衣？还有多少人不知道去呵护自己的胸部，爱惜自己的身体，珍惜自己的健康啊？梅艳芳的离去给我们带来的不仅是悲伤，更多的是悲伤后的反思。

如果把这个故事讲给那些刚穿内衣的女孩们，还有帮女儿买内衣的妈妈们听，估计作用之大会出乎大家的意料。

诚信名言

专业才能说服别人，专业才能让别人信任，专业才能成为专家，也才可能成为赢家！

心得体会

_____

_____

_____

第五节 介绍产品

一、合理介绍产品

分析完顾客身材，外面的助理已经挑选好了内衣，里面主负责人到门口将内衣拿进来，开始向顾客介绍产品了。

下面介绍几种常用的介绍产品的方法：

1. 介绍产品常用方法

方法一：FAB 介绍法

（1）何谓 FAB 介绍法呢？

FAB 法则，即属性、作用、益处的法则，FAB 对应的是三个英文单词：Feature、Advantage 和 Benefit，按照这样的顺序来介绍，就是说服性演讲的结构，它达到的效果就是让顾客相信我们的是最好的。

Feature——属性

这个单词需要注意，很多门店导购把它理解成特征或特点。特征，顾名思义就是区别于竞争对手的地方。当我们介绍产品且与竞争对手的产品进行比较时，就会让顾客产生一定的抵触情绪。

原因是什么？因为在销售的 FAB 中不应把 Feature 翻译成特征或特点，而应翻译成属性，即我们的产品所包含的客观现实，所具有的属性。

比如说，我们的这件内衣是侧比加宽的，侧比加宽就是产品所包含的某项客观现实，即属性（Feature）。

产品的属性其实就是产品事实状况，比如产品的原材料、产地、设计、颜色、规格等，用眼睛能观察到的外部信息。

Advantage——作用

很多导购顾名思义地把它翻译成了优点，优点就是比竞争对手好的方面，这自然会让顾客产生更大的抵触情绪，因为我们所面临的竞争对手非常多，相似的产品也很多，我们的产品不可能比所有的产品都好。现实中的每一个产品都有各自的特征，当我们说产品的某个功能比竞争对手好的时候，顾客就会产生非常大的抵触情绪。

实际上，在销售中把 Advantage 翻译成作用会更好一些，作用就是产品能够给顾客带来的用处。或者说描述产品从属性引发出来的"人无我有，人有我优"的作用。

比如，我们的这件内衣是侧比加宽的，可以有效收拢副乳就是产品的作用。

Benefit——利益

就是给顾客带来的利益。

比如，我们的这件内衣是侧比加宽的，可以有效收拢副乳，那给顾客带来的益处就是：如果顾客穿上后就不担心有副乳的问题，从而使身材更漂亮，身体更健康，甚至可以说到家庭更幸福。

Feature（属性）——产品本身所具有的属性；
Advantage（作用）——描述产品从特性引发出来的作用；
Benefit（利益）——描述产品能给顾客带来的利益、带给顾客的好处。

（2）FAB法则使用注意事项

FAB法是门店销售中最常用也是最实用的技巧，但也是最容易出现问题的技巧。常见问题有：

第一、过分强调产品属性（Feature）

初级导购在沟通过程中将销售重心放在产品的属性上，比如桌子的木头是什么材质，这个材质的木头来自哪里，木头到底有多好等。但是很多专业内容对于购买者而言无异于天书，顾客往往会觉得产品过于复杂，而放弃购买。

第二、将作用（Advantage）和利益（Benefit）混淆

产品的作用是产品本身所固有的，无论谁购买这个产品，产品的作用都是固定不变的；但是益处却是特定的，不同的人购买所获得的益处是不一样的。比如购买桌子，同一个轻便、价格便宜的桌子，对于小餐厅而言，他们看重的是价格，所以介绍产品不能说明所有的作用，而是强调价格便宜，能够给小餐厅节约更多成本，同时更换成本低，因为对于他们来说一个轻便的桌子和一个笨重的桌子并无差别；而对于一个高级餐厅来说，轻便才是顾客最关注的，因为他们每天都要搬动桌子，价格稍微贵点，但是能够让自己后续的工作量减轻。

第三、益处（Benefit）的使用前提

益处（Benefit）是给顾客带来的好处，所以在使用FAB法则之前，必须要知道顾客为什么需要购买产品？也就是顾客需要产品解决什么问题，只有如此才能真正说到顾客心里面，给顾客带来益处。

第四、学会合理转化

将产品属性引申出来的利益最后转化为顾客利益，这才是 FAB 介绍法的精髓！

（3）FAB法则实际使用技巧

F——属性，说明的是——它是什么。
A——作用，说明的是——它能作什么。
B——利益，说明的是——它能带来什么好处。
FAB介绍法的标准使用句式为：

因为……（属性），所以……（作用），对您而言……（顾客得到的利益与好处）

比如：

一位文具柜台的营业员，可以运用 FAB 法这样向顾客介绍：

产品： 钢笔。

属性： 与一般钢笔结构不同，存墨器与笔杆分离。

作用： 易于加入墨水。

好处： 保持手和笔干净。

造句： 因为与一般钢笔结构不同，存墨器与笔杆分离，所以易于加入墨水，对您而言能保持手和笔干净。

比如：

一款耳仔位加高的文胸产品，可以运用 FAB 法这样向顾客介绍：

产品： 文胸。

特性： 耳仔位加高。

优点： 有效包容副乳。

好处： 能有效防止脂肪流往手臂，使胸部更挺拔，身体更健康。

造句： 因为此款文胸耳仔位加高，所以能够有效包容副乳，对您而言能有效防止脂肪流往手臂，使胸部更挺拔，身体更健康。

导购常犯的错误是特征推销——向顾客介绍产品的材料、质量、特性等等，而恰恰没有告诉顾客，这些特征能带来什么利益和好处。导购一定要记住：<u>**我们卖的不是产品，而是产品带给顾客的利益——产品能够满足顾客什么样的需要，为顾客带来什么好处。**</u>

<u>**导购可分为三个层次：低级的讲产品特点，中级的讲产品优点，高级的讲产品利益点。**</u>

方法二：FABE 介绍法

F:Feature（属性）——产品本身所具有的属性。

A:Advantage（作用）——描述产品从特性引发出来的作用。

B:Benefit（利益）——描述产品能给顾客带来的利益、带给顾客的好处。

E:Evidence（证据）——包括技术报告、顾客来信、报刊文章、照片、示范等，通过现场演示，相关证明文件，品牌效应来印证刚才的一系列介绍。所有作为"证据"的材料都应该具有足够的客观性、权威性、可靠性和可见证性。

FABE 法简单地说，就是在找出顾客最感兴趣的各种特征后，分析这一特征所产生的优点，找出这一优点能够带给顾客的利益，最后提出证据，通过这四个关键环节的销售模式，解答消费诉求，证实该产品确能给顾客带来这些利益，极为巧妙的处理好顾客关心的问题，从而顺利实现产品的销售诉求。

FABE 介绍法的标准使用句式为：
因为……（属性），所以……（作用），对您而言……（好处），您看……（证据）

方法三：FABI 介绍法

F:Feature（属性）——产品本身所具有的属性。
A:Advantage（作用）——描述产品从特性引发出来的作用。
B:Benefit（利益）——描述产品能给顾客带来的利益、带给顾客的好处。
I:（Imagination）——想象力，指产品穿在顾客身上的某种意境。

FABI 介绍法又称具体构图法，I 是一种想象，是产品穿在身上的感觉，我们在 FABI 介绍法则中的意境是给大家一个指引，在使用时需要大家根据顾客的心理需求发挥自己的想象力去描绘、去引发顾客对产品美的向往，对产品附加值的渴望。如：生活方式、生活态度（顾客对生活品质的要求，对产品质地的感觉，对产品价值感的体现）、价值感、尊崇、高贵、气质、品位等等；这些都需要我们去灵活发挥，而不是生搬硬套。

FABI 介绍法的标准使用句式为：
因为……（属性），所以……（作用），对您而言……（好处），您将会……（想象）

话术 64：

第一种说法：我们这个产品很不错，很多顾客都很喜欢，他们也会主动帮我们介绍产品……

另一种说法：这款专利束裤，采用特殊面料，后面有双层弹力网，能起到收腹和包臀的作用，在下脚这个地方采用无缝设计，所以不紧勒，不用担心会有分割线，从侧面看过去，臀部又翘又圆，迷人的气质一下子就出来了。

案例 47　最会卖花的小姑娘

一位卖花小姑娘向一位路过的小伙子兜售鲜花。小伙子说："你的鲜花太贵了"。

卖花下姑娘说："送给女孩子最好的礼物就是鲜花，假如您的女朋友看到您捧着一束花去见她，她会有什么表现呢？"她故意停顿了一下，约莫两三秒钟，"我想她一定会含情脉脉的看着您，脸上洋溢出幸福的笑容，在众人美慕的眼光中给您一个最热烈的拥抱的。"

听到这里小伙子立即掏出钱包了。

点评

运用语言去激发顾客想象力，就是运用一些生动形象的语言给顾客描绘一幅使用产品后带来好处的图像。试想一下，听到这样一段有诱惑力的话哪个顾客能不动心呢？

运用生动形象的语言是一步步想象的过程，只要思维一步一步走下去，是不难做到的。

它所起到的效果却是无可比拟的。任何有形的产品和无形的产品，您都可以按照这样的步骤去想象这样的画面，再把这幅画面传达到客户的情感里去。

记住，顾客的购买欲望往往取决于情感而并非理智。

方法四：下降式介绍法

所谓下降式介绍法，就是逐步地介绍产品的好处和利益，但应该把最容易吸引顾客兴趣的利益点或产品特色放在最前面来解说，而逐步地将比较不重要的或逐步吸引力的利益放在后面来解说。

下降式介绍法的具体做法：

在介绍过程中，仔细地观察顾客对哪些事项最感兴趣，这可能就是他们购买的利益点，然后将80%以上的精力放在这一点上，之后就可以直接与顾客成交，不需要再啰嗦地介绍他们所不关心的其他优点。

要点： 把利益点一个一个地介绍给顾客，重要的放在前面，后面的越来越次要。

方法五：互动式介绍法

互动式介绍法是询问客户封闭式的问题，让客户有所参与、有所回答，以调动客户的视觉、听觉和感观系统，提高其积极性的方法。

如同参与一场球赛，你和顾客都是球员，别让顾客当观众，让顾客参与你的产品介绍过程中，适时地调动他的视觉、听觉、触觉等感官系统，随时问顾客一些问题，让他们回答。

互动式介绍法的具体做法：

在运用互动式介绍法时，要让顾客一起参与产品的介绍过程，适时地让顾客触摸一下产品，让她们自己动手感受一下，把东西交到她们的手上，让她们自己摸一摸，看一看，问她们问题，让她们主动回答。

最佳的说服方式不是你去告诉顾客什么，而是想办法让顾客自己说服自己。最好的办法就是把你想要介绍给顾客的产品和好处，转换成一种问句，让顾客自己说出答案来。

要点： 调动顾客的各种感官体验，不要只是口头介绍。如可让顾客触摸产品，可询问顾客问题（封闭式的问题）。

话术65：

我们的产品功能非常强大，结合您的问题我来逐一给您做介绍……（按照前边确认的顾客需求顺序，拿着产品介绍卖点，每介绍一个产品和客户确认一次，一直介绍完，确认完毕后，再介绍促销内容）。

"现在正好在促销期间,买一套送一件价值198元的腰封哦(促销品实物展出,让她感觉到物超所值)。"

二、激发顾客购买欲望的技巧

研究表明,顾客购买习惯遵循80/20公式,即在人们的头脑中,感情的分量与理智的分量分别占80%和20%。很多时候,顾客的购买行为往往会由于一时的感情冲动而影响到原来的购买计划。因此,眼镜店的营业人员在销售过程中要打动顾客的心而不是脑袋,因为心比脑袋离顾客的口袋更近。心即感情,脑袋即理智。

激发顾客的购买欲望有以下几种方法。

1. **价格拆分法**

(1)生命周期法

生命周期法是指门店销售人员将比较高的价格分解为数额较小的价格,以免顾客无法接受,产生恐惧感。

将高价位分解为每年、每月,甚至每天顾客必须的花销的方式叫做价格的拆解。

例如:一台质量非常好的空调,假设价格为8000元,门店导购可以将其均分到8年中去,即每年为1000元,最终金额就从8000元降低为1000元。

一件质量、功能、款式都不错的调整型内衣价格为600元,分解到一年的每天还不到2元钱,多划算啊!

(2)"如同"的购买欲望方式

将产品的价格拆解之后,门店导购可以将小数额的金钱以类似的形式,转化为顾客具体生活中所必需花销的数目,将其与顾客必须购买的其他产品等价,从而在心理上促使顾客接受,这种激发购买欲望的方式就是"如同"。

例如:一部手机价格为3000元,如果按照3年计算,每年的花费为1000元,每个月的花费为90元左右。这样,相比较3000元而言,90元使得说服难度降低,顾客容易接受。运用如同规则,导购可以将90元等同于顾客吃一餐饭或者购买一件衣服。

一件质量、功能、款式都不错的调整型内衣价格为600元,分解到一年的每天还不到2元钱,多划算啊!顾客容易接受,运用如同规则,如同您每天吃一个苹果那么简单。

(3)用"少买"替代"如同"的影响

将产品的价格拆解,并将小数额的金钱与顾客必须购买的其他的产品等价后,门店导购若运用"少买"替代"如同",尽管"如同"和"少买"在内容上没有大的区别,但是会引起顾客很大的心理落差。

一件质量、功能、款式都不错的调整型内衣价格为 600 元，分解到一年的每天还不到 2 元钱，若运用少买规则，导购可以说"等于您老公每天少抽一支烟"。

结合上面的例子，看看"如同"和"少买"的区别：

如同方式：就如同每天吃一个苹果那样——引发心理反应：小数目金钱引发购买欲望。

少买方式：老公少抽一支烟——引发心理反应：少抽烟，少一些痛苦的感觉。

在销售行为的法则中，**当导购将顾客接下来的购买行为与痛苦相结合，就会在不知不觉中降低了顾客 80% 的购买欲望，而与快乐连接在一起则成功地刺激了顾客 80% 的购买欲望。**

话术 66：

这样算下来，每天只要花一块钱，就如同我们吃个苹果一样容易。

这样算下来，每天只要花一块钱，相当于每天少吃一个冰淇淋那样便宜。

这样算下来，每天只要花两块钱，等于您老公每天少抽一支烟那么简单。

2. 数字比较法

将产品的价格与顾客可能发生的危机事件相结合，再通过人们最敏感的数字来进行比较，从而得到最想得到的结果。

话术 67：

王姐，您知道吗？上次有个张姐去做丰胸手术花了三万多呢，最后还落下了一些后遗症哦。那天她过来我推荐她穿我们的健康内衣，她好后悔啊，说自己怎么不早来我们这里呢！

王姐，您想啊，如果把乳腺癌变影响到健康，那可不是几万元的事呢。如果您从现在开始就按我们说的来穿着健康调整型内衣，那多好啊！而且价格也不贵，一件才×××元呢！

3. 运用第三者的影响力

这是一种"借力使力"的方法，也就是当我们在推销产品时，可以提到某位顾客认识的人也已经购买了我们的产品，来增加说服力以及顾客购买的信心与意愿。或者说某位专业人士也选购了我们的产品。基本上，对象越明确清楚、效果会越好。当无法有效使用"第三者影响力"的时候，可以改用"社会压力"。这是指，有"很多人"或是有"一群跟顾客背景类似的人"都买了这项产品。

在销售过程中，运用第三方作为例证，可以使顾客获得间接的使用经验，从而引起相应的心理效应，快速认可产品及其性能，刺激购买欲望。

运用第三者的力量可以很好地激发顾客的购买欲望，第三者的力量可以使顾客获得替代的经验，容易相信产品。如果能够运用情景、名人和专家等充当第三方的角色，则说服力更强。

(1) 情景

在销售过程中，情景作为第三者，可以使顾客获得间接的使用经验，从而引起相应的心理效应，刺激购买欲望。

(2) 名人

名人可以作为销售过程中的第三者，以名人的购买行为作为证据，使得顾客容易信赖产品的质量和品位。要做到这一点，平时需要注意搜集名人购买和使用商品的信息，在激发顾客的购买欲望时，导购可以提供相应的资料和众所周知的事实，从而说服消费者进行消费。

(3) 专家

专家作为第三者具有较强的专业领域权威性，顾客会非常信赖产品的质量。因此以专家作为第三方可以使顾客增加对商品质量的信任度。若要采用专家作为第三方影响力，就必须出具有关的专家言论证据、证书、有关实验数据、专业领域的学者、权威专业杂志、权威专业报纸。

4. 运用人性的弱点

顾客在购买时都会体现出人性的弱点，主要反映在占便宜、少花钱、喜欢尊贵、追求与众不同和互相攀比这几点上。

(1) 多赚

多赚的心态在购买中表现为希望花费相同数目的钱赚取更多的利益。

赠品可以很好地满足顾客多赚的心态。但在派送赠品之前，导购需要调查顾客最喜欢何种赠品。

从实际的分析来看，实际的赠品附带有一定的购买条件，尽管赠品的价格不高，但是顾客并不愿意直接花钱购买相应的赠品，而是要达到获得赠品的购买条件。这就是赠品的魅力，人性的弱点会认为获得赠品的购买条件是必须的，获得赠品就是多赚。

(2) 少花

与多赚的心态相对应，少花钱也是众多消费者的购买心理。促销、打折、会员卡、免费维修等等，都可以使顾客少花钱，在这方面关键是要让顾客对原价和现价的差异进行比较，甚至明确告知其将少花多少钱，从而极大地刺激其购买的欲望。

(3) 尊贵

优先权、金卡、会员卡、享受特殊的服务等都是荣誉和尊贵的象征。由于内衣并不是一种快速消费品，有时让尊贵顾客的亲戚朋友们也跟着沾点光，会起到意想不到的连带销售效果。

(4) 与众不同

人们都喜欢追求与众不同的东西，以突出个性。流行、时尚、名牌都会刺激顾客强烈的购买欲望，因此，导购需要告知顾客购买的商品与众不同之处。

（5）攀比

攀比心理非常正常，可以从同龄攀比、同单位攀比、同级别攀比等等去寻找顾客的攀比切入点，然后从商品的功能和特性、使用者的情况等方面进行介绍和推荐，激发顾客心中的购买欲望。

5. 个人参与法

透过与顾客的交谈，并设身处地地参与到顾客的一些经历（尤其是不愉快的）中，并从中得出一些结论和建议。

比如要强调售后服务方面的保证，可以这么问顾客"您是不是曾遇到过售后服务很差的经历？"问完让顾客自己去说。如有，说完她自己会认识到重要性，我们接下去介绍我们的售后服务知识。如果顾客的回答是"没有"，那我们可以接着说自己准备好的故事。"没有，那您真是太幸运了。昨天有位顾客跟我们讲的，在一家店买的……遭遇。"

讲别人的故事，目的给她一个警示，告诉她售后服务的重要性。

案例48　女人应该对自己好一点

有很多女性朋友认为结了婚就是买了保险，全身心的投入家庭，而忘记了打扮自己和在自己身上进行投资。每次逛街都是给小孩和老公买一大堆东西，唯独忘记给自己买。大部分女人为了家庭而放弃了自己事业和梦想的追求，做一个贤内助，将家庭照顾妥当，辅助老公事业。随着时间的推移，与外界社交和朋友圈越来越窄，思想封闭，家庭成了她的全部。

直到有一天我身边一个好朋友李，她让我醒悟了，女人要想让别人爱你，首先你一定要关爱你自己。如上所述的一样，李早期大学毕业后有了自己的事业，赚到了人生第一桶金，她凭自己慧眼在广州买了属于自己的房子，与自己喜欢的人组建了家庭。

她是一个非常聪明能干的女人，成家后，为了家庭她放弃了事业在家里相夫教子。十年后，她已到三十多了，老公的事业是越做越大，朋友圈也越来越广，两人的思想随着时间推移产生好大的差距，李的身材变得看起来有些臃肿，平时省吃俭用舍不得花，经常穿内衣十多元钱的，很少见她买新衣服，结婚以后也很少打扮。经常俩夫妻走出去人家都说她像她老公的姐姐，俩夫妻慢慢有了代沟，男人变得对她没以前那么在乎和体贴了，李的性格变得越来越暴躁和猜疑，夫妻俩的矛盾也加深了，后来男人经常借出差为理由越来越少回家了，李也变得越来越忧郁。

前段时间我再见到她觉得她气色很差，人也憔悴了很多，我问她你现在怎么变成这样了。她告诉我说："她被查出患了乳腺癌。"她才三十多一点，我真的不敢相信这是事实。她说："医生说她心情忧郁成疾，自己平时穿戴内衣也不讲究，从来也没做过乳房检测，好后悔自己没有花时间、心血爱惜自己才会有今天。今后的日子我要好好享受一下人生。"

我问她："那您老公现在对你还好吧。"她平淡的说："不好也不坏，经常出差很少回来。"她说："我已被切除了半个乳房，还要长期治疗，面临着一大笔医疗费。"

也因为这场病让她整个人的心态改变了很多，她学会了更加坚强和看淡人生了。

她告诉我："你呀，千万要对自己好一点，每年进行一次体检，包括乳房的例行检查；还有要穿对内衣，如果只是内衣对乳房造成的切割和破坏那还有抢救余地，如果像我这样，当医院给我：'切，还是不切'的时候，那就晚了。你们还年轻，一定要关爱自己的身体健康，我现在才体会到健康是人生最大的资本"。

所以我呼吁全天下的女人，只有自己关爱自己，别人才会关爱你，女人应该对自己好一点。不要舍不得花钱，等有一天后悔了再去花或许已经来不及了。特别是内衣，内衣是女人第二层肌肤，穿内衣比外衣更重要。我看到一份关于女性时尚杂志报道，西方女性更注重穿内衣对于身形和健康保养，而东方女性更注重外衣带给人的视觉感，东方人喜欢把最美的一面留给别人看，而把最丑的留给自己的亲密爱人。女性朋友们，我们更应该要注重内衣穿着，它不仅能保护我们身形，更重要的是她让我们拥有健康自信和美丽人生。

——此案例由多彩多姿品牌专卖店提供

点评

如果把这样的故事说的一把鼻涕一把泪的，相信对方也会进入到故事中，似乎自己就成了故事中的主角。如果真是这样，那我们的目标也就达到了。

6. 人类占有欲的语言
（1）由语言激发
话术68：

这款内衣，我推荐好多人穿过，您穿上后是最服贴最美观的，简直是专为您设计的。要不直接穿着国家吧！

（2）由触摸产生拥有的欲望

由触摸、试穿让顾客产生拥有的欲望，增加参与感，让顾客亲身体验产品独特的特性，从而激发顾客占有欲。

话术69：

品质非常重要，买一件内衣不能光看价格，你说是吗？

设计非常重要，否则穿在身上很不服贴很不舒服，你说是吗？

——让顾客点头多了，进入潜意识。让她依据你的询问，做出相对应的反映，同性间适合。赞美够多会进入潜意识，点头够多有利于成交。

王姐，这款面料是法国进口的，质感非常特别，接触到皮肤感觉非常的细致，您感受一下吧，柔柔的、滑滑的，对吧？

——诱发占有欲的肢体语言，让顾客抚摸产品让她有想要拥有的欲望。

7. 故事诱惑法

通过故事来介绍产品或品牌，是说服顾客的最好方法之一，一个精彩的故事能给顾客留下深刻的印象。故事可以是产品研发的细节、生产过程、产品质量关注、别人通过产品的感受，也可以是产品带给顾客的满意度等。

案例49 女儿和妈妈的故事

我女儿上幼儿园半个月后，突然有一天女儿告诉我"妈妈，你从明天开始不用去学校接我了，我自己回家就好了。"我很纳闷，问女儿怎么啦？女儿就说"不用接就是啦。"

虽然女儿不想让我接她，应该是有什么问题但女儿不想说而已，于是在接下来几天我去幼儿园附近偷看到底是咋回事。几天后我发现了个问题，难道是我的穿着打扮出问题了？因为去幼儿园接小朋友的妈妈们都打扮的很漂亮，因此小朋友们都有"面子"。

于是我学着改变自己，首先，把头发做的比较时尚了，外衣穿着也精神了，由于给儿子和女儿喂奶乳房已明显有下垂了，于是我到万康内衣专卖店给自己挑了两套最贵最适合我的内衣，第一天回家，女儿居然多看了我一眼，没太多表情；第二天回家女儿眼睛似乎有点光了。

结果是没过多久，女儿有一天对我说："妈妈，你的身材真好，人也好漂亮，今天你去幼儿园接我吧"……

因为这件事情，我最后还

加盟了万康品牌，为的是让更多女性朋友得到更多的关爱！

——此案例由万康品牌专卖店提供

点 评

俗话说：童言无忌，连一个幼儿园的小女孩都知道妈妈要打扮的漂亮才让妈妈去接她，那样在小朋友前面有"面子"，但大人们怎么经常不注意呢？

通过妈妈的故事以及自己女儿的反应，从而讲述了身材的重要性，引起女性同胞的共鸣！

案例50　睡觉时老公手的反应

自从我生了儿子之后，由于没太多注意饮食、保养等，当儿子渐渐地长大，我渐渐地发现老公不像以前那样对我了。以前老公喜欢抱着我睡觉，后来慢慢不抱了，再后来甚至背对着我了。我是个比较内向与害羞的人，又不好意思说。不过我心里在琢磨到底是怎么回事？

直到有一天，我在水中花品牌内衣店里遇到了阿丽，她那天给我讲了很多，但我就记住了一句话"女人如变形，男人就变心"，我那天就买了两套不同颜色的调整型内衣和塑裤，我连睡觉都穿着。

不出所料，大概一星期左右，有天晚上醒来，竟然发现老公的手搭在我的胸部哦！

——此案例由旺华品牌专卖店提供

点 评

讲别人的故事给别人听，通过老公的表现，讲述了内衣对自己和和睦家庭的关系，值得借鉴，同样可以引起很多女性朋友的共鸣！

案例51　可怜的少年阶段

王姐，您知道吗？我老家是农村的，当我十二三岁发育的时候，我妈妈就拿旧衣服给我剪了一件胸衣，估计您猜都猜不到，前几年我的胸部真叫惨不忍睹啊！还没结婚就严重外扩（借助自己的肢体动作，外加很痛苦的表情）。

还好自从来到广州，我就在锁春品牌专卖店上班，从那时候开始我才明白原来内衣那么重要，我也开始慢慢调节自己的胸部，还好现在终于恢复了，您摸一下吧（可以顺势拉起顾客的手，让她用食指或中指去触碰一下，增强体验！），王姐，要知道，胸部对女人有多么的重要啊！

……

——此案例由锁春品牌优秀店主周俊秀提供

点评

通过自己的故事来讲述自己以前悲惨的经历，并合理使用肢体动作，让对方沉浸在自己的故事中，产生同感，从而激发购买欲望。

案例52　不想离婚就要保持好身材

曾经有一次，有一个顾客到我们店里来，一边哭一边挑内衣。

慢慢沟通后才知道李姐的老公有了外遇，最近在闹离婚。李姐的老公嫌弃她生完宝宝后身材都变形了，原先的丰满挺拔现在下垂到胃部了，原先的小蛮腰现在都成了水桶腰了……。这时我才真正了解：身材的改变是离婚的主因。

为了让李姐焕然一新，通过试衣间的全力打造，最后李姐现场穿上了一件4排扣的调整型文胸、一件塑身腰背夹、还有一条高弹的塑裤，并带走了同样的一整套。

经过半年多的调整，李姐的胸围又恢复了原来的丰满提拔、李姐的小蛮腰又重新属于她的了，她又找回了自信，生活也更加美满幸福了，完全看不出是个4岁孩子的妈妈。

后来李姐成了我们的钻石金卡VIP客户，每年平均帮我们介绍几十位客户哦。

——此案例由霞黛芳专卖店提供

点评

幸福的家庭都不一样（因为可以说是五彩斑斓，千姿百态），不幸的人生一个样（就是不幸，自己不方便说，别人也不想问），尤其是女人。

有句话叫：女人变形男人变心，由此可以看出保持完美身材不仅对女人自己的自信有好处，而对于用眼睛思考的男性们来说也是有巨大作用的！

8. 运用辅助道具

辅助道具包括：品牌荣誉证书、代言人、广告片、照片、招商手册、老顾客回量数据、成交单据等，这些在激发顾客购买欲望的时候可以增加很多可信的砝码。

三、顾客心中的六个疑问

想让顾客听你的，并成功交易，首先要解决顾客心目中的 6 个疑问，分别是：

1. 我为什么要听你讲？

一开始就要吸引住顾客，开场很重要！

2. 这是什么？

要熟练使用 FAB 法，善于发掘产品的属性和优点，还要会适时讲解。

3. 那又怎么样？

比如说×××品牌从事内衣事业已经 20 年了——那又怎么样？

×××是内衣行业的著名品牌——那又怎么样？

上述问题的回答其实并不难，只要使用顾客熟悉的话语，解释清楚这些能给顾客带来的利益即可。

4. 对我有什么好处？

顾客购物是为了满足自己的需求，不是导购自己的需求。

5 和 6：谁这样说的？还有谁买过？

除了导购自己，还应该有某位有声望的人（专家、明星等）说我们的产品或服务确实如我们自己说的一样好，以此打消顾客心中的疑虑；对购买风险的评估，应该从权威性的购买者、证明方面介绍。简单说，就是强调好处而非属性。

回答好以上 6 个问题，赢得顾客的心就理所当然了。

诚信名言

能说会道不是销售，把产品属性背的滚瓜烂熟也不是销售，了解顾客需求再合理推荐才是高级销售！

心得体会

_____

_____

第六节　试穿产品及异议处理

一、正确试穿

1. 文胸正确穿戴 8 步骤

第一步：让顾客放松直立于镜前，将文胸肩带穿过双臂，套在两肩上；

话术 70：

王姐，请伸出右手，我帮您把肩带套到右肩，左边您按我刚才说的做一次就可以了。

（下面所有动作，如果顾客做的算合格了，那就告诉她以后就这么做，如果不合格，可以要求她再来一次！）

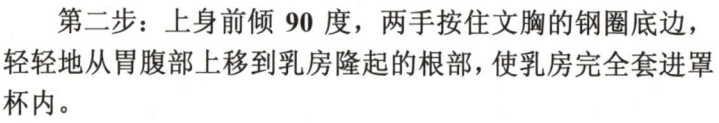

第二步：上身前倾 90 度，两手按住文胸的钢圈底边，轻轻地从胃腹部上移到乳房隆起的根部，使乳房完全套进罩杯内。

话术 71：

来，王姐，请弯腰 90 度，以后我们穿文胸的时候都要弯腰 90 度，您可以从镜子里面看一下，由于地心的引力，弯腰 90 度，腋下、背部的脂肪都聚集到胸部了；请用两手按住文胸的钢圈底边，轻轻地从胃腹部上移到乳房隆起的根部，使乳房完全套进罩杯内。

第三步：然后两手沿着文胸的底边向两侧滑向背后，扣好背扣。此时可以采用身体微微前倾的姿势，一只手托在钢圈的下方，另一只手伸进罩杯内，从背部开始向腋下，将罩杯上方以及四周的脂肪和胸肌一起，完全拨弄进罩杯内。

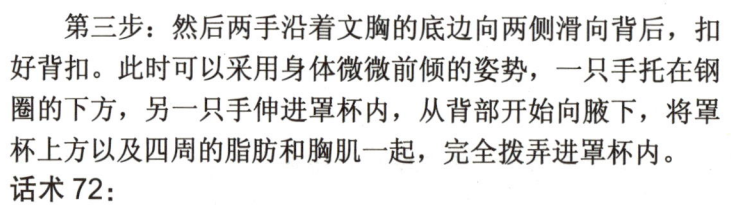

话术 72：

来，王姐，两手沿着文胸的底边向两侧滑向背后，扣好背扣——可以接触顾客的手教她扣背扣的动作；

（等扣好背扣后）王姐，请直起身，采用微微前倾的姿势，一只手托在钢圈的下方（比如叫她用左手托在左边钢圈下方），另一只手伸进罩杯内从背部开始向腋下将罩杯上方以及四周的脂肪和胸肌一起完全拨弄进罩杯内——我们可以用右手伸进她的罩杯内，五指微微弯曲为碗状，从背部开始向腋下，将罩杯上方以及四周的脂肪和胸肌一起，完全拨弄进罩杯内，稍微用点力气，让顾客感受到脂肪在移动；

（当左边帮顾客调拨好了之后）王姐，刚才我帮您调拨了一次，右边您自己来调拨吧，我看着。

话术 73：

王姐，您看到现在穿上之后好像没有效果，罩杯还没有装满，没关系，我来把它调一下，来，姐，手臂自然下垂，放松，因为放松的话，脂肪很容易调过来，姐的背上没有多少脂肪，但是呢，再瘦的人呢，皮下多少还是有些脂肪的，所以说要充分利用好这些脂肪，本来您就很瘦了，回去以后呢，还有配合一些饮食，比如说，多吃一些高热量的食物，特别在下午1:30到3:30的这段时间，是我们的大肠经开放的时候。

姐，您可以自己比较一下，这边是我们调过的，这边是没有调过的，现在这边已经满了（假以时日，您也可以波涛汹涌的），手臂上的脂肪，都是因为胸部脂肪的流失，流失到手臂上了（调拨的时候不能从客人前面转身，要从客人的后面转身过来）。

姐，您看，这就是调出来的，您的真实的胸，这个文胸里面没有海绵，只有一个很薄的半杯垫，您可以用手摸一下，感受一下，这都是您真实的胸部，它和您原来那款文胸穿着的效果完全不同，您可以从镜子里面看到，您胸部和腰部的曲线完全出来了。

第四步： 接着调节肩带至舒服的位置及适中的长度，避免肩带紧压肩部穴位和胸罩紧紧压着胸部肌肤。

话术 74：

来，王姐，我帮您调节您左边的肩带至舒服的位置和适中的长度，以免肩带紧压肩部穴位，也不能让胸罩紧紧压着胸部肌肤，您看我用食指穿过您左边的肩带，这样是比较好的（边说并用食指在肩带前面由上而下滑行）；王姐，您也照我刚才说的把您右边的肩带进行调节吧。

第五步： 身体立直，再次调整，确保乳头处于罩杯的中央。

话术 75：

来，王姐，请您直立身体，双手握着罩杯外面移动一下，确保乳头位置正确与舒服并处于罩杯的中央。

第六步： 将两边的肩带向上和向后拉以挺实乳房，调整比位以达到舒适的位置。

话术 76：

来，王姐，请再次将两边的肩带向上和向后拉以挺实乳房，调整比位以最舒适的位置。

第七步： 重新调整，确保文胸比位下边与包围的身体躯干在平行的位置上；

话术 77：

来，王姐，您需要再次进行调整，确保文胸比位下边与包围的身体躯干在平行的位置上。

第八步： 身体立直，如果需要就做最后一次调整，以来确保乳房舒适地紧贴罩杯。

话术 78：

来，王姐（可能顾客就觉得很烦会比较着急，记得安慰对方）不要着急，最后一个步骤啦。请身体立直，您感觉乳房舒适地紧贴罩杯吗？如果是的那恭喜您，您做的非常好。

如果顾客不是太舒服，那就再次调整。

话术 79：

姐，我现在给您穿的是我们丰胸款，您看一下，它是三片式立体裁剪，不管是包容性还是服贴度，都是非常好的。跟您刚才穿的那这一款比较一下你也看得出来，这个是一片式裁剪的，穿上去以后，不知道您有没有这样的一种感觉，您稍微动一动，就很容易出现走位和空杯的现象，这就是三片式裁剪和一片式裁剪不一样的地方。

案例 53　服务别人服务过的老顾客

晚餐时间，走进来一个顾客，开口便问："阳阳在哪？"一听就知道肯定是店长的忠实粉丝，我便告知那顾客说店长已下班，但我不想顾客就这么眼睁睁地走了，便想试探下其购买意向。

虽然感觉有压力，但还是硬着头皮询问了一下顾客需要的码数。一问顾客马上回答道："阳阳知道我穿什么码数，

第四章 试衣流程

我自己不会选，如果她在，她就会选一些适合我的。"边说边往外挪动脚步。

汗！我目测了下她的胸型和体型，拿起一款做最后的挣扎。她望了一眼说："这款已经买过了。"心中窃喜，因为第一款就推荐对了。我不知道哪来的勇气，走到顾客的身旁，满怀诚恳的告诉她："小姐，请您稍等，我现在就去仓库给您拿合适的杯型和码数，店长已经下班了，请让我为您服务吧。"真诚地微笑着望着她，她犹豫了一下，可能是不忍心伤我自尊吧，勉为其难的说"那你快点吧。"

我以豹子的速度，挑了几个款。进到试衣间，我刻意地告诉顾客"小姐不好意思，因为刚刚帮李姐试穿完洗了下手，所以我的手有点凉。"她是一个看上去很干净的女人，从她的衣着和配饰，看得出她是个很注意细节的人。此举果然博得了她的好感，她连说两声"没关系"。

当穿上第一件内衣后，她流露出满意的表情，发表了一番言论后，并询问我的看法。简短的交流之后，她让我拿配套内裤进去搭配，竟然就这么敲定了一套。

接着我又给她试了一件她自己并不看好的颜色，但上身效果比意料中的还好，她说："这颜色看起来不咋的，穿起来倒还行！"

"王姐，这是一款非常华贵而浪漫的内衣，像您这种追求精致生活的女性，本身的气质底蕴能与它所赋予的绚烂之美交相辉映，看起来大方又不失性感"，于是再敲定一件。

接着又试第三件。进行了一系列的调拨后，她有点犹豫了，说："这个好像不够集中，看起来觉得我的胸很平，你觉得呢？""嗯，是的王姐，这款内衣或许不太合适您。""我也觉得，那就不要这件了"。

脱下来后，我拿了一件丝绒面料的给她试穿，她马上表示这个热不想试，我马上说："王姐，其实这件仅面料是丝绒的，但里头填充的是透气棉，像这种这么感性而又华美的款式跟您非常相衬，所以我特别推荐给您，要不先试下看看上身效果再说吧，而且绝对不会热的，放心好了。"我十分肯定地和她说。其实我们主要是想消化有库存而这季节走得少的款式。

试完居然也要了，最后要了三件文胸，一条内裤，总共500多元。送出门口的时候，她微笑的望了我一眼，说"谢谢你。"

第二天告诉店长王姐过来了，店长亲自电话回访。

打完电话，店长说，王姐赞你哦，她跟我说："原本昨天不想买了，想等你回来再买，但你的同事很好，所以就买了"，听了这些真是开心。

——此案例由六月玫瑰专卖店提供

点 评

开发一个新顾客并不太难，然而对于一个认定导购的老顾客，要让她接受你、信任你并购买，那可是一种挑战。要想赢得顾客的信任，首先是要用心做事、用心观察，在最短的时间内做出最佳判断；其次要诚实，好看就是好看，好看了还要加上合适的赞美，把好看说得好像天下只有她一人才穿得这么好看一样；如果不好看，也要委婉地告知对方，不适合而硬塞给别人的东西，或许凭借三寸不烂之舌能说服得了一时，但断送的却是回头购买的千千万。

案例54　与哺乳期的顾客沟通

张女士同她母亲手挽手到访，瑶瑶接待张女士，我从她身边走过，闻到有很浓的奶腥味，观察到她虽然穿着较厚的衣服，但还是能够很清晰地看出她的胸部BP点偏低、腹部明显突出、整个身材不成比例，我判定张女士应该还在哺乳期间。

接着我走过去问："姐，旁边是您母亲吧？您真贴心，跟母亲一起出来逛街买东西。"再转头和她妈妈说了句："阿姨，你可真幸福。"

张女士说："呵，我才生完小孩，妈妈过来看我，带她出来逛逛，顺便买点小孩的衣服。"

确定张女士是在哺乳期间，接着我就从生完小孩身材保养方面开始跟她聊天，她现在穿的是无钢圈的哺乳文胸，其实哺乳期的女性文胸穿着更为重要，胸部下垂往往都是生完小孩以后。我就讲解六月玫瑰健康内衣的调塑养护等功能，由于胸部胀奶胸部大小有变化，建议穿着大钢圈开口有加美兜的夹棉杯。为了喂奶方便，建议穿着可拆卸肩带的文胸。六月玫瑰健康内衣大钢圈开口设计不会压迫乳房，宽比位承托力好，宽肩带缓解压力。穿着舒适的同时，本身的保健元素又更好地呵护乳房。

张姐听完我的介绍，走进试衣间，瑶瑶协助试穿，我拿了一套塑身衣递到试衣间。过了5分钟，张姐的母亲显得有些不耐烦，我坐到她身边，又端了一杯红枣茶送上，陪她聊她的外孙女，聊了一些她女儿身材恢复需要注意的事项，慢慢地她的情绪有所转好。

这时她女儿穿上我们的文胸和塑身衣，叫她母亲帮忙参考，她母亲说："嗯，蛮好的，以前我们没有那么好的条件穿这些，也根本不懂保养身材，怎么穿着才健康；现在你们有条件了，就要买好点的，刚才美女也说了，塑身衣有助于你恢复身材，你就买下吧。"我接着说："是啊，现在的女人就要对自己好点，我帮您拿两套，换着穿。"

最后，张女士买了两件文胸，两套塑身衣，送她两对防乳溢棉垫。我们互相留下电话号码,有什么问题都可以随时联系。

第二天,她打电话说,穿着有些紧。我告诉她已经有一段时间没有穿文胸了,得需要时间适应,也可以再到我们实体店内让我们专业导购协助检查下,是不是因为穿着不当。

后期我们再去电话回访,她说穿着很舒适了,还要介绍朋友过来。

——此案例由河南商丘六月玫瑰专卖店卢霞提供

点 评

一定要知道对方的需求,再对症下药,这是门店销售成功的关键。

如果有同伴一起来的,记得千万不要冷落了不是购物的人,因为她的意见或建议会极大地影响到购物的人,她的一句好话顶我们做半小时的推荐。

2. 塑裤的正确穿法

第一步:将塑裤的裤头由内向外翻卷至臀围最宽的部位。

第二步:两脚套上塑裤后,手挽裤边,拉上至膝盖,然后交叉双脚,再用手挽着塑裤的前后部分,慢慢拉上。

第三步:将塑裤拉至腰围部位,避免指甲刮破面料。

第四步:把手放进裤后,将臀部肌肉拨入裤内,达到最佳承托效果。

第五步:拉平裤脚与裤管位置,令塑裤紧贴身体。

第六步:合身的塑裤,穿起来必须贴身、舒适,活动自如,没有拘谨的感觉。

话术 80:

来,姐,把双手搭我肩上,我们这个塑形裤是 42 片裁剪,64 片缝制……,我们为什么要这样反着穿呢,是因为我们在这样反着拉上来的时候,就帮助您把脂肪往上提了。

来,姐,您拉前面,我拉后面,像我这样,左扭右扭,好,您看,很轻松就穿上了。

来,姐,跟我做这个动作,双脚分开,与肩同宽,做这个动作,下蹲,一、二,这时您会感觉我们腿上的脂肪往臀上跑,来,三,您看一下,我们这个塑形裤的高腰设计,它保护肾,能够改善肾虚的状况。

话术 81:

姐,您看后面,臀部这个位置的提臀线的设计,这个设计是我们特有的。来,我反手放进裤子,双手握成拳头,姐,您看镜子里面,提一下,再提一下,您看,您的臀部明显提高了,现在是真正的浑圆上翘了,如果您感觉提得太高了,我们可以这样拉一下下面。

来,看一下整体的效果。

话术 82:

来,姐,这个已经拿过来了,我给您试穿一下我们这款多功能腰背夹,这一款是我们所有产品当中卖的最好的，效果也是最好的。

来，姐，我现在帮您调一下腰部，我们女性最好的身材，应该是从腋下到胯骨是只有骨头不见肉的，这个位置如果有脂肪是很影响我们的美观的。

好，姐，您可以自己两边摸一下腰，这边是调过的，这边是没有调过的，您自己感受一下，是不是这边有脂肪，这边的脂肪已经没有了。您的脂肪非常的软，非常好调。您回去自己穿呢，也要这样调一把，您自己还更好调一些，我给您调还没有那么好调呢。

3. 试穿文胸的检查要点

（1）耸动肩部，活动肩部时不会使文胸随之移动。

（2）文胸下围要紧贴身体，正中固定于心窝处。

（3）罩杯上边不可压迫身体，罩杯位置合适。

（4）腋下肌肉不可感觉太挤压或突于杯外。

（5）肩带松紧要适中，不能太紧或太松，适合一指穿过。

（6）举起双手运动，确保文胸底边仍在乳房下边，紧紧包着乳房，而没有向上滑动。

二、异议再处理

异议处理在前面的章节中已经介绍的很多，这里之所以再次提出来，表明异议处理的重要性。在顾客付款成交前的一刹那，顾客都有可能收手不买了，因为她的异议我们没有回答好。

在这里主要面对的异议是与价格、折扣、效果、售后服务等。主要集中在以下几个：

1. 太贵了！
2. 可不可以打折？
3. 我考虑一下。
4. 我下次再来。
5. 没必要买那么好的。
6. 担心效果不好！

至于这些异议该如何合理处理，这里也就不多加叙述了，只要记住了"异议处理的五大经典步骤"，回答起来难度就不会太大。

案例55　闲聊中做生意

一个不到四十岁的女士进了店，导购一脸微笑："来了"。一句话像老朋友似的。我问旁边的老板娘，是熟客吗，老板娘说，"呵呵，进我店的就都是熟客。"

第四章 试衣流程

　　我们在旁边的休息区有一搭没一搭的聊着，耳朵却关注着那边的交易，导购小姐在征询顾客的意见，并且在征得女士的同意后，用双手拢了一下女士的胸部，然后说：

　　"你可能不太适合于挑的这款，这款属于舒适型的，集中效果一般，您应该挑选侧边厚一点的文胸，这样对您的胸部有较好的保护与纠正，穿上的效果也好。"

　　说着将几款适合的文胸挑了出来，领进了试衣室，一会儿出来，女士连说不错，说到过很多内衣店，今天看到的这个试衣室是最舒服的，边说边指了指那几件文胸，说："这几件我都要了，帮我挑一下颜色就好了。"

　　在导购去找货的时候，老板娘热情邀请女士坐下喝杯茶，话题在导购拿出结算单时又转了几转，最后又回到了内衣上。

　　女士说出了自己的烦恼：随着年纪的增大，体型也开始有些走样了，还略带点调侃的口气。

　　老板娘一边说现在看上去也很好哇，一边拿了一本画册，翻到调整型内衣的页面说："你的身材其实很好了，只是有一点青年女性常见的小腹突出，你试试这款，可能对你的体型有较好的帮助，这款最大的好处就是……"。

　　当女士出门时，手提袋里又多了一套塑身衣，还有一张贵宾卡。

　　回头还说了一句，以后多教教我。

　　　　　　　　——此案例由知名培训老师曾春花老师提供

点　评

　　现在的内衣店终端表现差强人意，内衣终端的表现不是简单的表现为有漂亮的形象柜、明亮的灯光、服务人员优雅的着装等等，更为重要的表现在如何去营造一种客户群的价值感和认同感。所以服务人员的专业程度、察言观色能力就相当重要了。

诚信名言

道生一，一生二，二生三，三生万物。
所有事物都是有规律和先后顺序的。

心得体会

_____

_____

_____

第七节 成　交

所谓成交，指顾客接受导购的建议及其推销劝导，并且立即购买推销品的行动过程。它是前面所有工作的继续，也是整个推销工作的最终目标之一。简而言之，也就是导购用来"诱使"顾客实现购买或承诺的一项建议。

一、成交的基本条件

1. 必须让顾客对我们所推销的产品及价格有全面了解的要求和机会

在实际推销过程中，可以假设，如果顾客比较熟悉导购推销的产品，她们就会表现出购买的热情，或表现出想与导购沟通的意向，甚至接受导购的推销建议，反之她们就会毫不客气地拒绝导购包括导购手中的产品。因此，作为导购，应该主动地向顾客展示自己的产品，主动地介绍产品的各种优势、性能、用途等问题，尽可能消除顾客的疑虑。一句话，根据顾客的不同心理，多给顾客一个了解的时间和机会。

2. 必须让顾客对导购及所代表的公司有良好的信任度

从前面影响成交的几个因素中可以得出，如果顾客对导购以及她们代表的公司没有足够的信心和信赖，那么即使导购手中的产品质量再好，价格再优惠，顾客购买产品的要求也会产生动摇、变化。因此，导购推销产品时，必须取得顾客的信任，这是成交的必要条件。

3. 必须让顾客对导购所推销的产品有强烈的购买欲望

根据市场营销学的原理，人类的需要有限，但其欲望却很多，当具有购买能力时，欲望便转化成需求，这就说明市场营销者连同社会上的其他因素，只是影响了人们的欲望，并试图向人们指出何种特定产品可以满足其指定需要，进而使产品更有吸引力，适应顾客的支付能力且使之容易得到，影响需求。因此，作为市场营销者的一员——导购，工作重心应放在做好推销说明中的工作，这样才能影响和带动顾客的购买欲望和购买能力的产生。

4. 在适当的时机促使顾客做出购买决策

"事在人为"，只要通过努力都有可能改变或影响某一事物的发展和变化。因此，作为导购，要等待合适的时机，必要时要想办法制造合适的时机，促使顾客做出购买决策。

5. 必须将最后阶段的洽谈准备好

作为导购应对推销工作有一个全面的安排方案，根据方案明确自己的工作目标和方向，同时也明确自己下一步的工作规划和要求。尤其是在洽谈的最后阶段，对顾客提出来的意见要处理好，使顾客自始自终对导购的推销工作及所推销的产品保持浓厚的兴趣，要引导顾客积极参与导购的推销工作。

6. 导购必须对顾客的情况有充分全面的了解和掌握

上述第 2 点中要求导购使顾客尽可能全面了解和掌握导购、导购所代表的公司以及推销的产品，反过来，在实际推销工作中，也同样要求导购对顾客的情况有充分全面的了解和掌握。"知己知彼，百战不殆"。

案例56 童言无忌促成交

有个终端商，她有个五岁多的女儿，可能是她爸妈离婚的关系，所以小孩要比一般的小朋友懂事，而且非常的调皮。每次给顾客试穿，小女孩都会很好奇，而且总想进去看个究竟，不过我们每次都不让她进去。

她有一个姑姑，是标准的H型身材，很壮的那种，腰上一大圈肥肉，见过了就真的理解什么叫游泳圈了，没有一点线条。她姑姑告诉我们因为自己太胖所以大部分衣服都是定做的，外面的衣服很难买到合适的，所以很想减肥。她也买了减肥卡，不过效果都不是特别的明显。

有一天她的姑姑来到店里，我们按平时的做法给她进行测量、拿适合的产品、试穿……，刚把文胸穿上小女孩就冲了进来，一看到她姑姑，小女孩就在那里咯咯的笑，她姑姑就问她怎么那么开心啊？小女孩说："姑姑你好多肉啊，我同学娜娜的妈妈就老是被我们叫肥猪，经常被我们取笑……你看我妈妈她怎么就不胖呢？"

她妈妈骂了小女孩一顿，把她赶出去了……

后面她姑姑买了两套蔓婷雅时尚功能型内衣呢。

之后有一次再见到了小女孩的姑姑，看上去已经没有第一次那么大个，人也精神了不少苗条了很多。她还跟我说：现在她喜欢去逛街了，以前从来不敢也不想出去，根本买不到合适的衣服。

——此案例由优秀代理商安徽程氏内衣程淑琳提供

点 评

销售有时是件很复杂的事情，说破嘴皮子别人还不成交；销售有时也是件很简单的事情，小孩笑无意下说了几句实话，就成就了一桩生意。其实这并不重要，重要的是顾客得到了真正的好处！

二、影响成交的主要因素

1. 顾客的因素

（1）顾客对产品的认识

顾客对导购所推销的产品还没有完全认识，导购所推销的产品或许是非名牌产品，或许是刚刚上市的新产品，因此顾客对产品本身不了解，不敢随便去购买。

（2）顾客有购买意图，但其购买能力尚有一定限制

顾客对导购所推销的产品有一定的购买欲望和购买需要，但由于受其经济收入的限制，购买能力受到影响，故暂时放弃购买。

（3）顾客受到自身的情绪和情感的影响

在实际中，我们经常会遇到这些情形：有些顾客由于情绪特别好或情绪特别低落时，就会去商场购物，以此来平衡自己的心理；有些顾客购物纯粹是凭着自己的某种好恶感去选择购物地点和内容的，所谓"跟着广告的感觉走"，就是其中的一个典型的例子；有些顾客则较容易受周围群体的左右，从众心理突出，尤其是支配型性格的人，较为明显。

2．**产品的因素**

（1）受产品的功能效用的影响

现代顾客，多数都比较看重产品自身的质量，如果产品质量低劣，即便是其价格特别优惠，也不愿意购买。花钱买"垃圾"，谁都不会做。这是影响成交的一个主要因素。

（2）受产品价格的影响

按经济学的原理，价格是价值的内在表现。"一分价格一分货"、"好货不便宜"。许多时候产品的价格实际反映了产品的质量问题，然而，即使产品质量可靠、耐用，但其价格过高，顾客也会感到可望而不可及，这也是影响成交的一个主要因素。

（3）受产品品牌效应的影响

一般来讲，对于有一定经济能力和大多数男性的顾客，产品品牌好，知名度高，成交的可能性就相对大些，对于追求经济实惠的家庭型顾客和一些女性顾客，都偏好产品的实际效用，而不一定是知名度较高的名牌产品。

"中间产品策略"利用的就是顾客的这种心理。因此产品品牌也是影响成交的一个主要因素。

3．**导购自身的因素**

（1）受导购的性格、工作态度等影响

一般来讲，导购本身性格是内向还是外向，工作态度是热情友善、谦和还是呆板、无表情甚至冷若冰霜，是影响实际成交的一个重要因素。对导购性格能力测试的一些表格，设计者们费尽心机在这些方面提出了许多敏感尖锐的问题。

（2）受导购业务能力的影响

在推销实践中，我们也经常可以看到这样一些情形，如果导购业务能力较强，则对产品的介绍、分析非常合理、科学，让人深信不疑，反之则会给人一个"听不明白"，或"越听越糊涂"，或"听了以后反增加疑虑"的感受，这必然会影响产品的成交机会。如果导购善于创造一种氛围，有效地诱导顾客，则肯定会给产品多一些成交机会；反之，即使有了成交机会，可能也会丧失。

三、达成成交的基本策略

1. 保持自然良好的成交态度

推销成交的障碍除了顾客、产品本身以及外界其他条件外，同时来自于导购自己的一种情绪和心态。如果导购在这个阶段中表现出自信心不足，害怕遭到顾客的拒绝，不敢主动提出成交要求，被动地去等待顾客，那么毫无疑问推销是不可能取得成功的。因此，作为导购来讲，一定要克服自身的心理障碍，坚定自信心，即坚信自己一定能够说服顾客采取购买行动。二是要保持自然沉稳的态度。如果顾客决定购买，导购不要过分喜形于色，过分热情；顾客拒绝购买，也不要表现得急躁鲁莽，失望沮丧。导购应以自己的自然良好的态度去赢得顾客的信任、尊重与支持合作的机会。

2. 防止意外介入

在成交阶段，最忌讳意外发生和第三者介入阻挠。一般来说，推销成交过程中，顾客随时会出现修正、推迟、改变交易的心理和行为。任何意外的发生都可能影响顾客做出购买决定，强化顾客做出修正、推迟、改变成交行为的心理倾向。因此，在这个阶段中，导购应排除阻挠，这也是成交阶段的一个重要策略。主要做法为，一是要灵活机动，即不能死抱着一种信念、一种计划，"一棵树上吊死"；二是要随时成交。即根据具体情况随时修正、改变自己的做法，与对方达成交易。

3. 注意成交信号，把握成交时机

许多情况下，顾客都不会主动请求购买，因此导购要随时留心成交信号，及时把握成交时机。当然，一方面不可太过于教条主义，过分重视介绍的完整性，自认为产品介绍还未完，就一直滔滔不绝地讲下去，使顾客听得兴致索然，从而失去购买热情。另一方面，要认识到顾客购买激情或交易时机不止会出现一次，失去一次还可能有第二次、第三次……，导购应尝试着反复去实践，不断地试探成交的可能性。

4. 保留一定的成交余地

任何交易的达成都必须经历一番讨价还价。导购在成交之前如果把所有的优惠条件都毫无保留地给顾客，当顾客要求再作让步同意成交时，就会变主动为被动，毫无退让的余地，不利于最后的成交。因此，导购应讲究一定的策略，知道哪些应毫无保留地讲出来，哪些暂不能讲，到最后的关键时刻再作为一种突破的手段，即一种"杀手锏"，才能取得意想不到的奇效。

案例57 教你降价的策略

如果某产品标价100元，成交底线价是70元，下面两个销售人员用了两种方案。

第一个业务员让步方案是：先降到90元，再到80元，最后70元；

第二个业务员让步方案是：先降到88元，再到80元，最后75元。

以上哪种降价方式更好呢？

——此案例由普利诗品牌提供

点 评

第一个业务员运用的是等量降价法，降价的幅度全部是10，注意下去估计最后很难成交，因为对方觉得还有空间，至少3-5元的空间是必须的；

第二个业务员运用的是阶梯降价法，估计最后在底线价格之上成交，看看他降价的幅度依次是：12—8—5；如果对方还想让他降价，再给他2元的空间对方就已经满足了。

门店销售中，时时刻刻都要学会方法，要懂心理学！

四、顾客欲成交信号

1. 语言信号

如顾客热心询问产品的产地、产品面料、产品销售情形、提出价格及购买条件的问题、询问售后服务等问题。**顾客欲成交时的语言信号实例：**

（1）反复关心某一优点或缺点时。（2）询问产地、面料等时。（3）询问有无赠品时。（4）征询同伴的意见时。（5）讨价还价，要求打折时。（6）关心售后服务时。

2. 行为与表情信号

如顾客高兴的神态及对产品表示好感、盯着产品思考、与同伴商量等。**顾客欲成交时的行为、表情信号实例：**

（1）面露兴奋神情时。（2）不再发问，若有所思时。（3）同时索取几个相同产品来比较、挑选时。（4）不停地把玩、爱不释手时。（5）关注导购代表的动作与谈话时。（6）不断点头时。（7）翻阅产品说明和有关资料时。（8）离开后又转回来时。（9）查看产品有无瑕疵时。（10）不断地观察和盘算时。

五、如何诱导顾客成交

1. 诱导顾客成交三原则

主动：发现顾客购买欲望后，主动向顾客提出成交要求。

自信：在向顾客提出成交要求时一定要充满自信，因为自信具有感染力。

坚持：成交要求遭到顾客拒绝后不要放弃，要有技巧地再次引导顾客成交。

2. 克服成交不成功的心理障碍

很多时候，门店导购很担心成交不成功，一方面是对她们信心的打击，另一方面产生一些埋怨或者其他的一些心理状态。请看以下几种状况：

（1）害怕交易被拒绝，导购自己有受挫的感觉。

原因：可能对顾客的了解还不够，探寻需求还不够透彻，或者达成成交的时机还不成熟，有点着急了。

对策：销售中的成败很正常，有成功就有失败，有失败也就有成功，不管如何必须坚持，坚持就是胜利！

（2）担心是为了自己的利益而欺骗顾客。

原因：心理错位，错误地把自己与顾客混为一谈了，要知道自己表面上卖的是产品，其实卖的是顾客她们想要的，同时自己从中获得提成而已。

对策：应把着眼点放在公司、品牌等的利益上，不以自己的眼光和价值观评判产品，应从顾客的角度上衡量产品，并合理推荐。

（3）主动地提出交易，就像在向顾客乞讨似的。

原因：心理错位，要正确地看待自己和顾客之间的关系，导购不是乞讨，表面上是拿提成，往深处说是在帮顾客。

对策：导购销售产品，获得金钱；顾客获得产品、售后服务和产品带给她的好处，是互相的。

（4）如果被拒绝，会失去店长的重视，不如拖延。

原因：害怕主动提出交易会遭到顾客的拒绝，从而失去店长、老板的重视。

对策：拖延不提出成交不会遭到拒绝，但是也永远做不了销售，得不到忠实的顾客，因此要主动提出成交，顾客永远是等不来的。

（5）竞争对手的产品更适合于顾客。

原因：借口——没有做成销售，是产品或品牌的错，不是导购自己的工作失误；或者对自己经营的产品、品牌、甚至是对自己，都缺乏应有的信心。

对策：反映导购的心态有问题，不够主动与积极，工作不够负责，要进行心态的合理调节，并好好找找自己品牌与产品的特性和优点。

（6）产品并不完美，顾客日后发现了怎么办？

原因：一方面是导购对自己的产品与品牌缺乏信心；同时面对交易时害怕被

拒绝的心理。

对策：顾客之所以购买，是因为对产品有了了解，认为产品符合她们的需求，顾客也许本来就没有期望产品会十全十美。

六、达成成交的基本方法

1. 请求成交法

请求成交法又称之为直接成交法，这是导购向顾客主动地提出成交的要求，直接要求顾客购买产品成交的一种方法。

（1）使用请求成交法的时机

① 导购与老顾客，导购了解顾户客的需要，而老顾客也曾接受过推销的产品，因此老顾客一般不会反感导购的直接请求。

② 若顾客对推销的产品有好感，也流露出购买的意向，发出购买信号，可又一时拿不定主意，或不愿主动提出成交的要求，导购就可以用请求成交法来促成顾客购买。

③ 有时候顾客对推销的产品表示兴趣，但思想上还没有意识到成交的问题，这时导购在回答了顾客的提问，或详细地介绍产品之后，就可以提出请求，让顾客意识到该考虑购买的问题了。

（2）使用请求成交法的优点

① 快速地促成交易。

② 充分地利用了各种的成交机会。

③ 可以节省销售的时间，提高工作效率。

④ 可以体现一个导购灵活、机动、主动进取的销售精神。

⑤ 请求成交法的局限性

请求成交法如果应用的时机不当，可能给顾客造成压力，破坏成交的气氛，反而使顾客产生一种抵触成交的情绪，还有可能使导购失去了成交的主动权。

话术83：

您穿的这么好，我帮您包起来吧。

这件内衣好像就是为您量身定做的，王姐，就穿着回家吧。

2. 假定成交法

假定成交法也可以称之为假设成交法，是指销售人员在假定客户已经接受销售建议，同意购买的基础上，通过提出一些具体的成交问题，直接要求客户购买销售品的一种方法。

假定成交法的主要优点是节省时间、提高销售效率、得到很多好处，从而适当地减轻客户的成交压力。

话术 84：

王姐您看，假设您穿了我们的×××品牌调整型内衣一个星期后，您再到们店里回量的时候，保证您的 S 形身材已经凸显出来了，那该多迷人啊？

3. 选择成交法

选择成交法，就是直接向客户提出若干购买的方案，并要求客户选择一种购买方法。就像前面讲到，"加两个蛋呢，还是加一个蛋？"这都是选择成交法。

导购在门店销售过程中应该看准顾客的购买信号，先假定成交，后选择成交，并把选择的范围局限在成交的范围，选择成交法的要点就是使顾客回避要还是不要的问题。

（1）运用选择成交法的注意事项

销售人员所提供的选择事项应让顾客从中做出一种肯定的回答，而不要给顾客有拒绝的机会。向顾客提出选择时，尽量避免向顾客提出太多的方案，最好的方案就是两项，最多不要超过三项，否则不能够达到尽快成交的目的。

（2）选择成交法的优点

可以减轻客户的心理压力，制造良好的成交气氛。

从表面上看来，选择成交法似乎把成交的主动权交给了顾客，而事实上就是让顾客在一定的范围内进行选择，可以有效地促成交易。

话术 85：

您是要一套还是两套？

您是刷卡还是付现呢？

4. 保证成交法

保证成交法是指导购直接向客户提出成交保证，使顾客立即成交的一种方法。所谓成交保证就是指导购对顾客所允诺担负交易后的某种行为。

（1）使用保证成交法的时机

产品的单价过高、对产品特性质量效果等还没有把握，产生心理障碍，成交犹豫不决时，导购应该向顾客提出保证，以增强信心。

（2）保证成交法的优点

可以消除顾客成交的心理障碍，增强成交信心，同时可以增强说服力以及感染力，有利于导购可以妥善处理有关的成交的异议。

（3）使用保证成交法的注意事项

应该看准顾客的成交心理障碍，针对顾客所担心的几个主要问题直接提示有效的成交保证的条件，以解除顾客的后顾之忧，增强成交的信心，促使进一步成交。

根据事实、需要和可能，向顾客提供可以实现的成交保证，切实地体恤对方，要维护企业的信誉，同时还要不断地去观察顾客有没有心理障碍。

话术 86：

您放心，您这个服务完全是由我负责，我在公司已经有 5 年的时间了。我们有很多顾客都是我服务的。

您放心，一个月肯定让您罩杯升级，如果没有您来找我，我全额给您退款可以吗？

5. 个人参与法

尤其对于内衣，如果导购自己刚好穿着想推荐给顾客的那一件，成交的可能性会大很多（至少顾客会以为导购自己穿的肯定是质量好效果好的）。

话术 87：

王姐，您看，刚好今天我也穿了这一件呢，很舒适哦……

6. 从众成交法

导购利用大多数人的购买心理和行为促成交易的实现。从众成交法也正是利用了人们的这种心理，创造一定的众人争相购买的氛围，促成顾客迅速做出购买决策。

话术 88：

王姐，我和您说，前天那个星星娱乐城的老板娘也来试穿了这一件，您知道她最后买了几件吗？我和您说，三件哦……

7. 竞品对比法

顾客经常会说到其他品牌，或经常拿其他品牌来进行对比，对于此类情况不要总是回避，但也不能直接说其他品牌不好之类的话，可以用比较中肯的比较来说服顾客。

话术 89：

××品牌的颜色很漂亮（注意：顾客对颜色不是很关心的情况下），是个不错的品牌，我们品牌的质量、上身效果和服务有独到的地方……

8. 小点成交法

导购通过次要问题的解决，逐步地过渡到成交的实现。小点成交法又叫做次要问题成交法，或者叫做避重就轻成交法。是导购在利用成交的小点来间接地促成交易的方法。

从心理学的角度看，顾客一般都比较重视一些重大的成交问题，轻易不作明确的表态，而相反，对于一些细微问题，顾客往往容易忽略，决策时比较果断、明确。小点成交法正是利用了顾客的这种心理，避免了直接提示重大的和顾客比较敏感的成交问题。先小点成交，再大点成交。

小点成交法的优点是：可以减轻顾客成交的心理压力，还有利于导购主动地尝试成交。保留一定的成交余地，有利于导购合理地利用各种成交信号有效地促成交易。

9. 退后一步成交法

在销售过程中，有时遇到了成交障碍，导购采用了各种促成订单的技巧还是无法成交时，那就只有采用降价这一招儿了。但是，在销售过程中，降价也有技巧。这个技巧就是退一步成交法。

退一步成交法是指在与顾客谈判时，遇到成交障碍而不得不降价时，自己先做出一小步的退让，同时将合作的其他条件作相应的调整，并立即进行促成。这样，导购首先以让步表现出了成交的诚意，对方只要有诚意也可能会答应的。因为，此时交易不成，顾客将会背上"理亏"的心理负担。大部分情况下，此时成交基本确定了。

在销售过程中，退一步成交法是有效解决成交障碍，使交易起死回生的常用技巧之一。在使用这种技巧促成订单时，还是需要注意以下几个方面的问题，以便更好地促成订单。

（1）别轻易让步。

（2）要求顾客让步的部分应该略比导购让步的那部分小。如果要求顾客"让步的那一部分"过大或者触及了她们的核心利益，那么往往容易遭到顾客的拒绝，从而把交易逼进死胡同。

（3）让步是痛苦的。在顾客面前还是要表现出"让步是非常痛苦的"、"让步是迫不得已的"。只有这样，导购要求顾客"也让一步"的要求才有可能实现，才有可能达到促成订单的目的。否则，盲目的让步不仅无法促成订单，而且还会导致自身的利益受损。

（4）让步时态度要诚恳。总而言之，退一步成交法是销售面临死亡时，导购要积极争取主动，向顾客表达成交的诚意，而又基本不损害自身利益的促成交易的技巧；导购应该认真学习和揣摩这种技巧，让一切看来即将泡汤的订单"转危为安"、"起死回生"。

话术90：

请问您能接受多少价位呢？我去向店长申请一下吧！

您身上有多少现金呢？我帮您把这件定下来吧！

案例58 教你骂单

顾客王姐准备成交，最后焦点在价格方面。她把折扣压的很低，其实我是可以接受的，但为了显示我的"痛苦"，我故意一直不同意，最后我和顾客说："王姐，这样吧，我去跟我们店长申请一下，看能否可以通融一下，您稍等！"说完我就拿着手机出了店门。

中间控制在1分多钟的时间，真的打电话吗？傻啦！那我去干吗了呢？我去上个厕所就回来。但回来的时候我没有了刚刚的满脸笑容，并且略作痛苦状，见到顾客我就说:"王姐,我刚刚给我们店长打了电话,她是答应了,不过……"

略微停顿一下,"怎么啦?"王姐很关心地问。

我继续保持痛苦状,说:"也没什么啦。只是被店长骂了一顿而已,说下不为例,这是最后一次,谁让王姐您是我们的忠实顾客……"

因为我的"挨骂",王姐那天还买了另外几件产品,后来她成了我的最忠实的 VIP 呢!

——此案例由黄金身段秀专卖店提供

点评

门店销售中经常要用到的一个很管用的小技巧,那就是骂单!偶尔用一下是非常管用的,因为顾客会因为导购的"被挨骂"而感到内疚,其报答方式就是成交以及后续的继续购买。

10. 把门式成交法

此方法又称反败为胜法。有的顾客我们用了所有的方式就是不成交,也不告知不成交的真实原因,这时只有无奈而准备放弃。

别忘了在顾客出店面的一刹那,我们还有机会挽回生意的。这时候需要做的就说一句话,询问是不是我们的品牌不好,还是产品不行,亦或是服务做的不到位?等问题,只要顾客开口了我们就有机会重新来做。

诚信名言

成交不是销售的结束,而是下一次销售的开始!

心得体会

第八节 连带销售

连带销售，从字面来理解至少包含两层含义：一是当顾客不一定购买时，尝试推荐其他产品，令顾客感兴趣，并留下良好的专业服务印象，从而产生购买的可能；二是顾客完成购买后，尝试推荐相关的产品，引导顾客多消费。

连带销售不是完全无目的地推销某种产品，而是深度挖掘顾客的潜在需求后有目的性地推荐适合顾客的产品，这样的连带销售能够提升导购的综合素质及销售业绩，更能为顾客进行更满意的搭配。

案例59　爱心礼物诱惑

前不久一个顾客给自己买了一套家居服，因为那段时间做活动，在收银员开单的时候，貌似很随便的问了一句："周小姐，天气冷了，如果购物满588元的话，您将可以免费得到一个名牌电暖手器，作为送给您母亲的爱心礼物，您带上一个吧，……"

周小姐居然真为了那个爱心礼物，还购买了其他东西呢。

——此案例由绮瑞家居服专卖店提供

点评

能用心，会说话，在顾客不在意的情况下，用情感来触动对方是最容易做好连带销售的。

很多时候，我们都在为增加门店的销售额而绞尽脑汁，但其效果甚微，最后我们自己都不知道该怎么办？

其实，在我们身边就有很多这样可以借鉴的例子。当您在麦当劳点完可乐，点完汉堡之后，那个营业员一定会问："小姐，要不要试一下我们最新的苹果派呢？"或者说："小姐，加多2元钱，小杯可乐可以换大杯哦！"而您在肯德基点完餐时，营业员一定不会忘记询问上一句："小姐，来份刚出炉的蛋挞，如何？"……

其实还有很多很多这样的例子，就是因为多问了这么一句话，10个人当中，至少会有 4~5 个人会接受，这样，销售额很轻松的就增加。这也就是现在讲的在销售中追加销售的问题。事情看得多了，分析一下，做好连带销售也有一定技巧。

虽然，作为一名导购，每次在做连带销售的时候，顾客都会不由自主的很容易接受销售，但是，如果在一开始就直接销售给她的话，她一定会有所抗拒！大家一定要明白，当顾客在自主购买一些产品后，再做连带销售，顾客就会认为我们是在帮助她获得更完美的服务，而不是为了推销她认为可有可无的产品！顾客会购买推荐的销售，也是对她自己之前要做出购买决定的一种认可。

从以上各种"花招"不难看出，促进大顾客的消费，是唯一目的；也难怪，在商业竞争愈益激烈的今天，各种零售业态，包括品牌厂家、终端商以及连锁系统，不论大小，都在挖空心思提高顾客消费额，提高销售率。没有客流的，先把顾客引进来，有客流了，还嫌不够，希望有更多的客流量、客单价和消费次数；如果客流足够了，大家就会比拼销售水平、比拼营业业绩了。在各种零售繁华、高雅的背后，均是实实在在但又看不见的"温柔陷阱"，温柔美丽之下，全是促进消费的绝招。

一、连带销售，是门店常用招数之一

连带销售的意思是设计一个产品消费链，这些产品有时同属一系列，也可以不是，在消费者购买其中一款后，让消费者付出比单独购买另一款产品更低成本的价钱，且造成划算、实惠心理的一种销售技巧。

连带销售表面看起来是一种促销优惠，其实是一种策略，与联合销售有着本质上的区别。

联合销售是以某种产品的标签、包装等产品外观（包括其标签、袋、盒、瓶、箱、桶、杯、瓶盖，甚至造型本身），为其他类别的商品或服务做广告宣传的广告形式，通过该商品本身的市场流通渠道，使其附带的广告信息精确的到达目标受众。

而连带销售的附加产品基本上是新品、滞销品或库存过时产品，有些也是高质量产品，但是，此高质量产品附带销售时的价钱并不比实际零售价低；采用连带销售是门店零售时影响客单价和业绩的主要指标，据不完全统计，门店业绩的 30% 以上来自连带销售，况且，进行单品实际利润贡献测算时，连带销售单品的利润率可能要高过主推单品的利润；而来自消费者的购买心理调查统计，几乎 80% 的消费者，尤其是女性消费者，光顾带有或优惠或打折的门店概率，要几倍于那些没有进行优惠或连带销售政策的门店，因此，惯用连带销售，是零售门店的法宝之一。

二、连带销售对业绩的影响

连带销售对门店的业绩究竟有多大？先来看看下面的案例。

案例60　学会算连带销售

2011年11月12日新一系品牌浙江区域某三个门店销售业绩比较如下：

店　名	销售数量（件）	销售金额（元）	销售单数（单）	备　注
A店	11	2080	10	
B店	3	580	2	
C店	7	1260	6	

如果单纯看业绩，其业绩排序是：B不如C，C不如A，但是这种方法是太冤枉B店的导购了，为什么呢？因为每个店铺所在的位置、租金、客流量等不一样。

所以，店铺管理者应该先计算出每个店铺的连带销售概率，然后，再计算单笔业绩和店铺总业绩，进行综合比较才可以对一些店铺进行综合评估。

连带销售率的计算公式是：<u>连带销售率 = 产品销售数量 ÷ 开单数量</u>。

根据此公式，上述三个店铺的连带销售率分别为：

店　名	销售数量（件）	销售金额（元）	销售单数（单）	连带销售率
A店	11	2080	10	1.1
B店	3	580	2	1.5
C店	7	1260	6	1.2

所以，B店是销售最成功的，三个店的重新排序为：B好过C，C好过A。

假如A店导购经过培训后，连带销售率也达到1.5，那么，在客流量和销售单价不变的情况下，其销售业绩可以计算出为：10×1.5×（2080÷11）＝2836元，这个业绩较之前业绩提高了36%，明白了这点，我们就不难理解为什么所有零售门店有时"烦人"的原因了。

三、做好连带销售的准备工作

连带销售的重要性在于它可以让我们在店铺位置不变，面积不变，甚至同样的店铺成本下创造出更好的销售佳绩，即使面对顾客寥寥的坏天气，仍能够挖掘出更多的购买潜力，达成业绩指标。

1. 货品结构要合理，货品组合成系列

良好的货品结构和货品组合是连带销售的第一步，如果店铺货品结构不合理，不能达到良好的互配互搭，那么即便是优秀的导购也无能为力。

因此抓连带销售要从订货开始考虑以下几点：产品线是否完整；货品结构是否合理；货品类别比例是否恰当；货品之间的组合能力强不强；是否能系列化满足有效生动的陈列出样。

因此要创造一流的连带销售，要从货源开始抓，从完善产品结构、颜色搭配、品类组合等等，如果总是缺胳膊少腿的，那巧妇也会难为无米之炊，不合理的货品配置是难以创造高的连带销售。

2. 货品陈列有重点有系列

陈列是店铺无言的促销师。"好的陈列和差的陈列，对销售额的影响至少在100%以上"，高明的产品陈列，不仅提升了产品的附加值，更能吸引消费者的眼球，激发购物欲望。一件内衣挂在店铺的不同地点，会产生不同的效果，从而产生不同的销售额；一件内衣单独陈列和与其他产品组成漂亮的组合搭配，产生的也是两种不同的效果。顾客总是喜欢光顾那些漂亮而富有吸引力的店铺，总是被模特身上或重点陈列区域的一组组产品所吸引。有时候只是个小小和细微的变化，但对于终端销售起到的作用却很大。那么该如何去做呢？

（1）主推货品重点陈列

主推产品要在店铺的橱窗和阳面做重点陈列。所谓店铺的阳面，就是根据人流的主要方向，能观察到的卖场区域是卖场的阳面。店铺的橱窗和店铺的阳面是一个店铺能否吸引顾客入店的关键。

重点陈列的要点：门店的橱窗和阳面不仅要重点做主推款陈列，并且要借助其他产品或装饰品的搭配组合，使顾客能很直观地看到因搭配而产生的美感。

（2）风格组合合理，陈列系列化

店铺要围绕主推款形成层次分明的风格化主题陈列、重点销售陈列。不同风格的产品分区域陈列给店铺带来更多的变化和层次；系列产品陈列不仅能突出店铺整体形象，突出当季的主题和风格，更能加大货品的关联性，帮助顾客在购买单件产品时进行搭配联想，促进连带性的销售。

（3）店铺阳面应季陈列，色系清晰

不断的新品上市是吸引顾客进店的因素之一，因此要保持店铺的新鲜度，应在店铺的重点区域——阳面陈列当季主推，并且色系清晰，达到引客入店的效果。过季品、促销品、搭配品等相应的放在临近主推的区域，以方便迅速找出相应的配搭和佩饰。

3. 导购知识要配套

对于导购而言，要成为一流的连带销售高手，首先要做的是熟悉店铺产品，吃透产品，还要熟练掌握服装的搭配知识，为连带销售打好坚实基础。熟悉产品不能仅仅停留在熟悉产品的货号、颜色等，还要会熟练使用FAB法等介绍法。作为时尚行业的销售人员，更需要关注时尚流行趋势，熟悉店铺产品之间的搭配组合。这些基本的能力具备了，面对顾客的时候就能自信的为顾客搭配出符合顾客气质和需求的产品。

熟悉产品知识虽然是店铺销售人员的一项基本工作，但是能够具备时尚的眼光，做到顾问式服务的人却是凤毛麟角。以下两个方法可以有效地提高导购对产品的熟悉程度和时尚的认知。

(1) 空场时间相互考核、试穿评点

店铺中常常遇到客流稀少的空场时间，比如说阴雨绵绵的天气或者工作日的大清早，往往在这种时候，可以看到有的导购闲着聊天，有的依靠在一角，有的站得东倒西歪，这些现象都会严重影响店铺的形象和员工的工作激情。那么此时此刻，店长应该立马行动起来，让员工开始研究产品特别是新品，并且相互模拟购买情景。通过这样的训练，不仅能提高员工连带销售的话语技巧，还让员工不经意间就熟悉了全场产品和产品的FAB、卖点，更重要的是训练了员工对全场产品的配搭能力，她们会非常熟悉某一件衣服将适合哪一类气质的顾客，从而提高员工对顾客的判断力。并且，当店铺正在这样忙碌的时候，试想路边的顾客是否会被这里的人气吸引而入店呢？

(2) 每日分享时尚咨询，有效利用店铺资源——时尚杂志

在我们诊断的诸多店铺中，我们发现店铺中放置的时尚杂志经常是堆砌在一角，被大家所忽视。我们的员工都想拿高提成，都想做好连带销售，但却忽视了这些有用的工具。

时尚杂志能够给我们最新的流行趋势、磨练我们的时尚眼力，更重要的是当我们将这些时尚流行的元素和我们店铺中的产品相结合的时候，我们会发现衣服背后的设计理念，学会用优美的语言去形容每一件衣服。试想当我们的导购熟悉了这些流行趋势和专业的描述，当她们重新面对店铺货品的时候，是不是更能找到衣服的卖点？是不是能够很快的用专业的语言来推荐给顾客，而不是仅仅停留在"这件衣服很漂亮，您穿上很好看"这类简单的销售语上？是不是对售卖的货品更有信心，对自己的推荐更有底气？

4. 例会技术要强化

门店想要提高连带销售，那么店长在每天的例会中需要明确地体现这一内容。

(1) 体现连单目标：例会要制订连带销售的目标，比如连单要达到2还是3，并把目标落实到个人。

（2）货品知识定目标：店长需要员工对店铺产品或新品有更深的了解，那么告知她们，今天需要熟记哪些重点产品，并在特定时间进行抽查。

（3）分享时尚资讯：让员工每天轮流分享一则时尚信息，相信一年后，店铺中所有人都成了时尚顾问。

（4）例会搭配不能少：演练，当导购介绍某主推款时，要求她找出多个搭配款，分享不同搭配的特点和售卖技巧。

5. 奖励考核机制要配套

要提高导购对门店产品的熟悉度，一个简单有效的方法就是：**适时地抽查和考核**。当换季上新品时，希望大家能够迅速熟悉全盘产品，那就可以通过考核，要求员工在3天内熟悉所有的新品并进行考核。比如可以采取相应的奖惩措施：随便抽查几件产品，一件答错罚款1元，同时在店内评选**最佳知识明星**。只要有合理的奖惩措施，所有的导购都会利用空场时间熟记所有产品，而且在最后的考核阶段人人都会顺利通过的。

奖金是薪酬体系当中最灵活的，最有激励性的，可以作为非常有效的调节手段。销售的重心向哪里偏移的时候，奖励政策就一定要跟着它一起调整。要提升连带销售，就需要相应的推出附加推销奖来激发导购们的工作激情。在产品系列化良好时，为了提高客单价，即提高平均每个客人的消费的金额，也可推出附加推销奖。

常规的连带销售奖有以下两种：

（1）单笔奖：某张单子创造最高记录，即给此导购一定的奖励，奖励的同时还要告知所有店员，要引起所有人对连带销售的重视。当所有的员工都可以熟练运用连带销售技巧的时候，其效果是显著的。

（2）业绩奖：有的导购虽然连带销售做得很不错，但是没有创造单笔的最高记录，而是基本每张单都是有连带销售的，基本都是卖两件以上，如果当月销售的总业绩创造了第一，这时就应该设立业绩奖来鼓励店员们（注意：这一奖项在促销时往往无需设置）。

四、连带销售的时机

卖内衣，卖的就是续销，卖一件不叫卖，卖一套才正常；卖一套不算卖，卖一套再加一件才叫卖；卖一套加上一件不算卖，给一个客人卖上十件二十件才算卖，有人说这是批发这不可能，某品牌在温州某店就创造了一张单开了1万多元的零售记录呢。

在最大限度地激发完顾客的购买欲望之后，快速地取得顾客的同意进入"打包"、"开单"之类的成交是聪明的举动，拖的时间越长，等到她内心的热度冷下来的时候，任何事情都可能发生。

以下 6 种连带销售的时机，千万不要放过：

1. 顾客主动提出连带需求。

这是所有导购最希望看到和遇到的事情，有时顾客突然提出一些需求，那我们要做的就是立即满足。

2. 顾客已经买了一套，但并没有马上离开。

这时候记得再次推荐或许刚才已推荐过的产品，记得一定要坚持。

3. 顾客在几套产品中徘徊挣扎，最后终于选择了其中某套后，导购可以试探顾客意愿。

很多时候我们要学会套卖的观念，碰到合适的想方设法让顾客全买的观念。

4. 顾客想要折扣，但所买金额未达到会员折扣要求。

面对顾客不够折扣要求时，可以做连带销售，同时也可以用先存钱再消费的办法来处理。

5. 有同伴一起来购物的。

在产品推荐和介绍的过程中，无视顾客同伴的感受是不明智的销售。聪明的导购不但懂得讨好同伴的喜欢，同时在时机合适的时候怂恿她也试一试，闲着也是闲着，这也是常见的连带销售。

6. 当顾客在等候时。

无论顾客在等候什么，只要她是站在我们店内或店门口，我们就有影响顾客的机会，这个时候的连带销售，我们可以试探一下，没有结果的话也就当是我们和顾客聊聊天，增进一下感情。

五、连带销售三部曲

为什么导购同样是花一天时间在店铺，却是不同的销售业绩？为什么导购有着同样的愿望来提高连带销售，产生的结果却大不相同？先来看一个简单的案例：

案例 61　两件羽绒服这样卖给同一个人

某店新到了两件高价格的羽绒服，一件长款，一件短款。为了推动新款的销售，店长在早会中提出如果谁能够把这两件衣服一起卖掉，将获得 50 元的连单奖金。虽然有了刺激，但是两周来都没有一个导购能够同时卖掉两件羽绒服。

有一天，来了一个年轻女孩，看中了其中的一件短款的衣服，导购 Amy 及时上前与之沟通："小姐，这款衣服是今年的新款，简约的款式和细节的设计都体现出了国际上的流行趋势，面料也非常的特别，非常耐污，用它搭配裙子和裤子都会凸显您时尚高挑的气质，您试一下吧。"

在王小姐试衣过程的交谈中，Amy 了解到王小姐不久将去北方，于是及时地推荐了那件长款的羽绒服,并告诉王小姐:"王小姐,您试一下这件,北方那边寒冷,您穿上这件休闲的长款羽绒服,能够帮您抵御寒冷,遇上大风您可以随时带上衣后的帽子。"

王小姐犹豫了,她很喜欢那件短款,却觉得长款更加符合她的要求。这时,Amy 说:"王小姐,您不妨买那件长的在平时穿,无论是逛街或者去滑雪等都很合适。当您要去参加 PARTY 聚会时,穿上那件短款的,会显得您时尚而精致。"

犹豫片刻,"好!两件我都要了!"王小姐就爽快的决定了。

Amy 抱着试试看的心态说了这样一段话,让她难以置信的是两件衣服居然同时成交了!让店长惊喜的是,从这一单开始,店铺之后又连续两次有导购拿到了这份连单奖金。

点 评

作为一名合格的导购,首先要有丰富的产品知识,充分了解自己销售的产品,才能更加自信,更有说服力,比如说导购 Amy 在销售中详细介绍了产品,并合理使用了 FAB 介绍法。

其次导购必须通过跟顾客深入交流,得知顾客的穿着目的才能展开连带销售,大胆的给顾客试穿,并站在顾客的角度,了解顾客的需求。Amy 正是通过试穿并和顾客进行了深入沟通,得知她将去往北方,于是不失时机地为她准备了备选衣服的试穿,进行了连带销售。

此外,我们还需要看到店长在开会时强调工作目标也很重要,正因为店长早会中强调这个连单的激励政策,导购在销售的过程中才会不停地去实施连带销售。同时不难发现,连带销售的激励政策提高了员工的工作积极性和主动性,强化了她们连带销售的意识。

1. 门店在做连带销售时,可以参考以下三点,也就是连带销售的三部曲:

在开展连带销售前我们需要通过观察和提问,挖掘顾客的潜在需求,通过交谈拉近与顾客的距离,不断发现顾客的需求。在销售过程中观察是很重要的,要细心地观察顾客,判断出她们真正的需求。当我们已经完全熟悉全场产品,具备了一流的产品知识,而又基本掌握了顾客的需求,只要把这两者有机地结合起来,那么我们的销售将**站在顾客的角度,为顾客提供顾问式服务的销售**。

在了解顾客需求的基础上,如何有效的进行连带销售?下面以案例的方式来阐述连带销售的三部曲:

案例 62　连带销售三部曲的使用 1

赵小姐正在试衣间试穿一款侧收效果特别好的文胸,导购根据对赵小姐的观察以及前面的沟通交流,特别挑选了几款与她需求和兴趣相关的产品。

1. 确定顾客的需求和兴趣。

"赵小姐,您好!我挑了一款收腹效果特好的腰封和一款提臀效果很好的塑裤给您。"

2. 建议能够满足那些需求或者兴趣的额外产品,并销售其利益。

"我们不仅要有效调节胸部的副乳,还要同时调节腰部多余的赘肉,并合理提高臀部的线条美,只有这样我们的S型身材才会完美地打造出来。"

3. 对顾客反映进行测试。

"等会我们一起来穿上试试吧!"

案例63 连带销售三部曲的使用2

李姐将在几个星期后去旅游,现在正在逛街买衣服。她刚刚决定购买一件上衣。她闲逛进了一家服装店,导购和她进行了一番攀谈。

1. 确定顾客的需求和兴趣。

"从您先前告诉我的,您喜欢穿着舒服而又有品味的衣服。"

2. 建议能够满足那些需求或者兴趣的额外产品,并销售其利益。

"为什么我想让您试试裤子呢?首先,它和这件上衣一样都是羊毛做的,所以它们在您旅游时有难以置信的舒服。同时这个收缩边布块是您在普通的羊毛裤子上看不到的细节之处,在裤边上的补丁也是一个不同寻常的风格细节。这让两件东西放在一起看上去实在是太棒了!"

3. 对顾客反映进行测试。

"您觉得怎么样?"

案例64 连带销售三部曲的使用3

寒冷的冬季,店铺新上了很多款漂亮的大衣,某顾客入店,径直走去看店铺中的几款衬衣。导购迎上前去。

1. 错误的做法:

"小姐,您好!我们新到了几款大衣,您请这边看看。"

"小姐,您好!您的气质真好,我们新到的一款大衣特别符合您的气质"。

2. 正确的做法:

我们应该从顾客最关注的产品——衬衣入手,虽然天气很冷,大衣的价格很高,但是顾客可能只需要衬衣,当顾客试穿完,我们可以为顾客顺手送上一件大衣,并且微笑着告诉顾客:"小姐,您可以感受一下这款大衣,您要不要都没关系,我们的衣服都是成系列的、有相互呼应的效果,您可以只要其中一件。"

以上的三部曲非常简单却十分有效。但在操作中需注意的是要推动连带销售,得先从顾客关注的产品开始。

2. 连带销售过程中的注意要点

（1）在面对销售过程中，开展连带销售是为了给顾客更大的增值和好处，满足顾客的多样需求是我们的目的。

（2）多给顾客正面、客观、支持性的建议，学做顾客的顾问，为顾客提供更多的选择、配搭建议和更多的实惠。

（3）当向顾客推荐产品时，永远用最快的速度把具体的产品展示给顾客，多借助产品的搭配效果，而不是停留在嘴上说，说到哪件就去拿哪件，展示将给顾客最生动的感受，有助于销售每一件产品。

（4）永远把握销售的度，不要给顾客一种你只感兴趣做一单大生意的印象。当你在介绍每一件产品来满足顾客的其他需要之前，请给她一个说法，要让顾客感觉你是从她的切身利益出发的。

（5）不要只向顾客展示一件产品，"展示三件，卖出两件"的原则是许多年以来验证过很多次的一个事实。当你能够做到平均向一位顾客展示三件产品，你平均能够卖出两件——你的生意将翻一倍。向顾客展示三件产品以使生意翻番，但不要就此停留在那里，继续介绍连带销售直到顾客的每一种需要都被满足，到你实现了每一个存在的销售机会。连带销售不仅满足了顾客的多种需要，更重要的是它增加了销售机会。

六、连带销售常用的 8 种方法

连带销售不是完全无目的地推销某种产品，而是深度挖掘顾客的潜在需求后，有目的性地推荐适合顾客的产品，这样的连带销售能够提升销售人员的综合素质及销售业绩，更能为顾客进行更满意的搭配。

1. 补零填充式

补零填充式填充是指在销售中补零为整的一种做法。比如说顾客买了 88 元的产品，再建议她补 12 元的产品，共计 100 元整。很多情况下，在收银的时候收银员经常会巧妙利用收银台边的小物件进行连带销售，看似简单的一句话，一个月下来也能为店铺增加一笔可观的销售收入。

话术 91：

李小姐您好，文胸 198 元，折扣后是 168 元，我建议您补一条配套的内裤吧，那样穿起来会更漂亮和统一，您要的话，一共就 200 元整。

案例 65 拿条内裤凑个整数

那天有个顾客决定购买一套诚爱无缝美体内衣，折扣后价格为 268 元。

在收银台付款的时候，顾客拿出 300 元，但收银员并没有急着找她 32 元的零钱，而是随口说了句："我们诚爱的内裤健康、舒适、贴身，您可以试一下，刚好有与这同色的内裤，折扣后一起刚好300元，带一条吧。"

顾客看看了内裤，精美的包装盒，还有明星代言，就也没什么太大的反对意见，于是收银员立即一起开单了。

——此案例由湖北武汉诚爱品牌提供

点评

别小看这种补零填充式的连带销售方式，日积月累下来，也能为门店增加一笔可观的销售收入，提升小店的销售业绩。

2. 新品推广式

新品推广式是指在新品上市的时候，对新品着重进行推广，包括开展相应的新品推广活动，这对于品牌新品的宣传和业绩的提升都有很大的帮助。

当新品上货，最能吸引那些紧追时尚的人；主推款，放在店铺的抢眼位置，最能吸引顾客视线。当顾客尚未挑中时，我们都有必要根据顾客的需求把新品或主推介绍给顾客，当顾客选中试穿时，我们同样需要把符合顾客要求的备选给顾客。

在新品上市以后，我们要有强烈地对新品着重进行推荐（连带销售）的意识，这对于品牌新品的宣传和业绩的提升都有很大帮助。

3. 促销推广式

营销大师科特勒说："没有降低2分钱抵消不了的品牌忠诚"，这句话就是说再忠诚的消费者对价格也是比较敏感的，所以说价格战或是降价肯定会在各个企业的长期发展中发生，但是我们必须为我们的降价寻找一个很好的理由，来保证我们产品的价值。所以促销推广是内衣或很多其他行业品牌提升业绩、抢占市场份额的不二法门。

当面对有促销活动时，诸如满200送50、买2送1等等。这些是促进顾客连带销售的重要措施，导购应不失时机地利用店铺促销机会，用兴奋的语气提醒顾客，激发她们的购买需求。

4. 组合配套式

当顾客买某件产品时，不失时机地建议顾客要买最好进行组合，再购置其他可以搭配的产品，颜色、风格、款式都相同或类似的，这样效果会更好。

比如当顾客选中单件文胸时，需要立马想到可以搭配的内裤、塑裤、腰封等产品；有经验的导购掌握了丰富的产品搭配知识，她们能够在顾客试穿时充分考虑到这一点，给顾客一个完整的搭配试穿，给顾客一种锦上添花的效果，也让顾客乐于接受。

这样一来，销售的就不仅仅是一件文胸或内裤，如果店铺产品齐全的话，可以有家居服、围巾等一整套的产品组合，让顾客花更多的钱，而且要花得开心。

案例66　学会劝解、沟通与套卖

刚接待完一个试穿好长时间二话不说就跑了的顾客。正在郁闷找原因的时候，走进来一个中年妇女，衣着时尚华丽，脚踏将近十厘米的高跟鞋。但是一脸的惆怅，无精打采的，一进来就在埋头挑选内裤。

这时候，我面带笑容说："姐，累了吧？来，这边坐着休息会。"

我拉着她坐下之后就倒了杯温水给她，知道她姓李，我说："李姐您一个人逛街啊？"

"嗯，今天休息，无聊出来逛逛。"

"看样子您今天似乎有点不太开心哦？"我说。

"是啊，跟老公吵架了。"她一脸无辜的说着。

"哎呀，男人都一个样，别生气了……"我附和她，接着就听她一个劲的诉苦了，我也站在她的立场安慰她。

半小时过后，李姐慢慢地露出了点笑容。

我说："姐，别生气了。试穿体验下我们的万康内衣吧？反正您今天也是闲着，现在店里也没人，我正好给您讲下关于女性乳房健康方面的知识。这方面是我的强项，我把知道的都告诉您，现在乳腺疾病太多了，多了解下乳房方面的知识总会有好处的。来，这边请。"李姐被我拉着就进了试衣间。

"姐，您身上这件文胸花色真好看，款式也很漂亮哦。"李姐开心的笑了。

"来，先脱下我给您检查下您的乳房。"她果然乖乖地听我说的去做。

"哎呀，真糟糕，您看到您乳房边上的红色印痕了吗？"我很担心地说。李姐反倒不慌不忙："怎么了，你别着急呀。""您的乳房长期这样被压迫着，很容易得乳腺疾病的，严重的可能会得乳腺癌的。平时会有疼痛的感觉吗？"

"啊？不会吧。有时会有点痛，"李姐开始也有点担心。

"李姐不用担心，乳房有点疼痛的感觉是很正常的。但是平时您就得注意了，首先要选择一件正确的文胸。"

"来，我们的内衣穿着起来都很舒适健康。这款内衣还使用了远红外线的面料，能促进血液循环，对您这样的有很大的帮助……"李姐一脸怀疑的样子，"真的有效果吗？""姐，我是为您的健康着想啊……"

"对了，您腰间的脂肪很松软，试穿下我们的塑身衣吧。像您这种情况，脂肪还是可以收起来的。"我又开始推进我们的塑身衣了。"不试了，夏天太热了，买了也不穿。"

"李姐，您这么说就见外了哦。我让您试一下，又不是让您一定要买，只是想让您体验下，看看最美的自己。买不买没关系的，反正我现在也没客人，您就让我为您服务呗。"

穿上后李姐也非常满意，都不愿意脱下来了。问了下价格，就犹豫了。

"李姐，身体的健康比什么都重要。女人一定要对自己好点，心情跟我们的皮肤也有很大关系的哦。以后少生点气，如遇到什么不开心的事打电话给我，我做您的出气筒，呵呵。我帮您把吊牌拆了，别脱了，穿上您自己的衣服。"几乎没有犹豫，李姐就真穿上自己衣服了。

从试衣间出来，我用吃惊的眼神看着李姐说："李姐，太出乎我意料了，您这样穿衣服真的太漂亮了，估计别人都看不出来你生过孩子呢。"我继续赞美。

"是吗？是不是哟？"李姐笑了。我诚恳的说："李姐，相信我啦，我是不会骗人的啦！这样吧，我再给您打包一套一模一样的，您以后就这样穿，您的身材一定会改善的更好……"

"太贵了，我先买一套吧。"

"李姐，如果您今天只要一套的话，等于没穿，您必须换着穿，每天坚持穿，才有效果的。"

李姐犹豫了下，把卡递给了我……

——此案例由万康品牌专卖店提供

点评

善于察言观色，知道顾客心情不好，要学会安慰，和对方快速产生共鸣，取得对方的信任，这样为下一步推销做好准备。

在门店销售中，我们必须要有一个理念不能少，那就是：一件不卖，必须套卖；一套不卖，必须两套卖！

5. 家人（朋友、同伴）推广式

家人推广式是指在销售中告诉顾客，给家人或朋友也顺便捎带两件，基本上家人推广式这种连带方式都是和促销活动结合在一起的，既有人情，又能够得到实惠。

当顾客对几件产品都爱不释手时，我们可以告诉顾客：给家人朋友也顺便捎带两件,现在是特价优惠,机会很难得。

案例67 买香烟的故事

快过年了,我朋友去某商场香烟专柜买香烟,准备春节回家的时候给老爸捎上一条香烟,以敬一份孝心。在柜台前,导购小姐为他推荐了"好日子"香烟,一来这个名字好,现在大家都过上了好日子,二来这是深圳当地的特产,第三价格也很实在,逢年过节人们经常捎上一条"好日子"香烟回家过年。我朋友接受了导购小姐的推荐,购买了两条"好日子"香烟。但是,这个销售过程并没有就此结束。

导购小姐与我朋友闲聊,说道:"过年回家就热闹了,您应该还有几个叔叔和姑姑吧?""嗯,人多确实蛮热闹,我还有两个叔叔,一个姑姑",我朋友随口答道。

于是,导购小姐又向他推荐给他的两位叔叔也各捎上两条"好日子"香烟,而且还有精美的促销礼品相送呢!我朋友想想也是,叔叔的礼物也是要买的,何不多买几条"好日子"香烟,况且还有精美的促销礼品,何乐而不为呢!

最后,在导购小姐的大力推荐下,我朋友一下子在那买了八条"好日子"香烟。

点评

会推荐,会询问,掌握更多顾客的信息,对连带销售有很大的好处。

6. VIP卡、贵宾卡

当顾客想要打折、优惠时,但所买金额未达到会员折扣要求;可以使用VIP卡、贵宾卡的方式来诱惑对方。一方面可以通过连带销售让对方多购买点产品,享受更低的折扣或优惠;另一方面可以让对方用先存钱,后期继续消费的方法处理。

话术92:

王姐,我们店里凡一次性满500元或者累积正价品满800元就可以立即成为我们的VIP,享受8.8折优惠哦。您看您现在都已经300多元了,只要再增加100多元就可以了哦……

7. 周期原理推广式

顾客难得遇到自己特别喜欢的产品,既然遇到了,那就该多买一套(或几套),这样的话每套的使用寿命才会更长,一方面免除了花很多时间在选购产品上,人也就不那么累了,节省了时间和精力;另一方面几套轮换穿着,效果会更好。

当然还要告诉顾客,现在买多一套(或几套)不算多买,只算是提前买,因为一起买更划算了。

8. 直接一起买单式

有些时候，顾客只想买文胸而不要内裤，当来到收银台的时候，顾客一般都会看着收银员扫描、开单、装袋等，收银员非常镇定地把内裤一起扫描，这时候顾客一定会告诉收银员说她没有要内裤，收银员不必紧张，只需说一句很简单的话就好了（话见下面的话术），正常来说，一半以上的顾客都会接受的。

话术 93：

哦（显得很镇定且自然），王姐您不要啊（惊讶状）？现在最流行的就是套穿哦。今天前面 8 个顾客有 7 个都要了，要不我就拿出来吧。

——说完"吧"字的时候不要立即真的拿出来，如果顾客没有坚持要求拿出来，那连带的内裤她也就要了。

七、连带销售要注意以下要点

1. 力求为顾客增值

连带销售的目的不是为了单单提升我们的客单价和业绩，导购在销售服务过程中，开展连带销售是为了给客人更大的增值和好处，满心欢喜的是满载而归的顾客，而不是幸灾乐祸的导购。试想想，如果我们在购物过程中，当我们听导购的话多买的时候，经常看到对方脸上立刻乐开了花，那我们的心里肯定会是不是很不是滋味。

2. 正面及支持性建议

更漂亮、配搭协调、方便换洗、更多实惠等，综合来说，连带销售就是鼓励。

3. 轻描淡写的建议观察客人的反应

在我们对于某种境况下的顾客进行连带销售没有把握的时候，可以轻描淡写地试探一下。前文说过，没有需求就当聊天，或者说是磨磨"连带销售"这把刀。

4. 不要让顾客觉得你在硬销

"导购"两个字，分开来看，"导"是引导，"购"是购买，合起来就是引导顾客购买，连带销售就是通过以上的建议、鼓励来引导顾客享受的更多服务，顾客一旦感受到有强迫的意味，怕是适得其反。

5. 切记一口吃不成胖子

俗话说：得寸进尺。连带销售是建立在得寸的基础上，然后采取的行动。在销售初期，顾客还没有明确购买单件的情况下，进行连带销售和多买的鼓励反而容易引起她的警觉与反感，可能连本来想买的那件也不买了，得不偿失，所以我们切记不要引起顾客购买的逆反心理。

案例68　温水青蛙与连带销售

美国康奈尔大学作过一次有名的实验。经过精心策划安排,把一只青蛙冷不防丢进煮沸的油锅里,这只反应灵敏的青蛙在千钧一发的生死关头,用尽全力跃出了那势必使它葬身的滚滚油锅,跳到地面安然逃生。

隔半小时,他们使用一个同样大小的铁锅,这一回在锅里放满冷水,然后把那只死里逃生的青蛙放在锅里。这只青蛙在水里不时地来回游动。接着,实验人员偷偷在锅底下用炭火慢慢加热。

青蛙不知究竟,仍然在微温的水中享受"温暖",等它开始意识到锅中的水温已经使它熬受不住,必须奋力跳出才能活命时,一切为时太晚。它欲试乏力,全身瘫痪,呆呆地躺在水里,终致葬身在铁锅里面。

点评

这个实验,揭示我们一个残酷无情的事实——回顾我们自己跋涉过来的途程,何尝不也是如此?当生活的重担压得我们喘不过气,挫折、阻难堵住了四面八方的通口,人往往能发挥自己意想不到的潜能,杀出重围,找出一条活路来;等到功成名就,志得意满,甚至顾盼自雄的当儿,结果反而阴沟里翻船,弄得一败涂地,不可收拾!

而对于门店销售的导购来说,是否懂得在不经意间给顾客连带销售的意义呢?是否理解连带销售就像温水煮青蛙,看似无意,实际有心!

诚信名言

销售无处不在,连带时刻勿忘!

心得体会

第五章

收银送客

　　消费者在掏钱包付钱的瞬间是最脆弱和痛苦的,所以要特别注意。
　　店铺在收银环节还会有跑单的可能,所以在这个消费者最脆弱的环节一定要做足功课,千万不要在最后的环节丢了订单……

第一节　收银流程
第二节　货品交付
第三节　送客

第一节 收银流程

很多门店人员以为收银是件很容易的事,认为到了顾客准备买单的时候就轻松了,殊不知,很多单就是在收银环节跑掉的(见表5-1所示)。

一、正确收银六步骤

表 5-1 正确收银六步骤

步骤	收银标准用语	动作要求
1. 欢迎顾客	王姐,您好,欢迎您	面带微笑,与顾客的目光接触
2. 商品登陆	您的产品是……(逐项念出每项产品的品名、规格、颜色和金额等)	1. 确定该商品的售价及类别代号是否无误,另一只手持扫描枪或按键,将商品的售价及类别代号正确地登录在收银机上,登录完的商品必须与未登录的商品分开放置,避免混淆 2. 这时收银台最好一个人负责收银,另一个人负责包装货品
3. 结算商品总金额,并告知顾客	1. 总共是××元,请问您是刷卡还是付现? 2. 收您××元 3. 收您的卡	1. 在说出总金额时应面带微笑两眼看着顾客,不能边看收款机边说 2. 在顾客付账时,应立即停止手边的工作,双手接过顾客所交付信用卡或是现金 3. 不要让顾客等待的时间过长
4. 收取顾客支付的金额	1.(收下钱)谢谢您 2.(点完钞)收您××元 3.(刷完卡)请您输入一下密码	1. 确认顾客支付的金额,并检查是否为伪钞,若顾客未付账,应礼貌性的重复一次,不可表现出不耐烦的态度 2. 双手奉上刷卡的密码机,客户点击密码时应将脸应向两旁转开,不要目视顾客输入密码
5. 找钱给顾客	1. 收您××元,麻烦您清点一下,谢谢 2. 这是您的信用卡请收好,这边请确认,谢谢 3.(签完后)谢谢您 4.(交付刷卡单的副联)请您收好	1. 找出正确零钱,将大钞放下面,零钱放上面,双手将现金连同发票一起给顾客,切不可将钱扔在桌面或者单手拿给顾客 2. 若为刷卡的顾客,最后签名时请用手明确指出签名处,然后将笔双手奉上,最后签完名之后再将笔双手接回,并对顾客说:"谢谢" 3. 将刷卡单的副联撕下双手奉上交给顾客
6. 诚心的谢谢	1. 这是您的产品,请您检查一下是否正确,谢谢 2. 谢谢,欢迎下次光临	1. 包装产品以及确定顾客没有遗忘物品 2. 面带微笑,目送顾客离开

二、正确收银三字诀

在收银环节,一定要记住三个字:快、准、狠!

第一：快

"快"指的是速度。古龙手下的侠客很多都是出手快，都无法看到我们的招式。用在门店销售方面，主要是思想敏锐、反应要快，比对手先出招，就可以攻其不备。

在收银环节，开单的速度一定要快，顾客说要了立即就开单，但是一定要快而不乱。

第二：准

"准"指的是准确。在适当的时机做最适当的事情，就是准了。

但这个适当却很难把握，很多时候我们无法左右事态的进程，我们唯一能左右的就是自己的思想。要想准，必须作到面面俱到，所以各种准备工作是必不可少的。商场的江湖，不准可能导致生意的失败，而对武侠小说中的侠客来说不准失去的就可能是自己的生命了。

"准"，另一方面就是我们要准确猜对对方的心思，做对对方想做的事情，在收银阶段就是开对货号、颜色、尺码、数量，并提对货物。

第三：狠

"狠"，不是单纯的狠毒，狠其实是个形容词，是形容一个做事的程度。

有些时候是不能对别人过于仁慈的，因为别人也会这样去想。保持冷静的头脑，抓住时机，攻其必"救"，成功的天平才会向你倾斜。

"狠"，当还可以连带销售的时候，不要担心不要害怕，不狠一点就被隔壁"狠去了"！

三、同事间的配合

当顾客被导购从试衣间里带出来的时候，直接走到收银台前面，和收银员讲述清楚是谁，要买些什么产品等。当收银员看到顾客的时候，一定要注意抬头、微笑，还要同时报出产品编号、尺码、颜色、价格、数量等。在这个时候还要记得做连带销售工作，哪怕是用补零式的连带销售法，搭配条底裤或其他产品，那也是业绩啊！

千万不要和顾客随便谈天说地，要快速收完银。而其他工作，比如售后服务及洗涤、保养、退换货的条件，可以等她买好单后在沙发上坐着慢慢告知。

四、关键用词

在收银接待，顾客是最脆弱的，这也是人的本性。从自己口袋里掏钱出去的时候是最痛苦的事情，因此这时候的语言、动作等都显得要格外小心。

签单、签名——确认

花钱、刷卡——投资

购买、买单——拥有

很多顾客是刷卡的,如果仅仅叫她"签名"或"签单",难免叫人会觉得是走一下过场;但如果说"确认"一下,一方面兼具了前面"签名"或"签单"的含义,同时会感觉特别尊重他了。

把"花钱"或"刷卡"说成投资,意义感觉完全不同。正常的理解,花钱或刷卡是痛苦的,而投资对所有人来说是开心的,因为投资是有回报的。

单纯地说"购买"或"买单",商业气氛很浓,而说"拥有"表示的是产品的归属,言下之意就是属于她个人了。

五、注意收银语言

收银员在收银的时候,经常会收到类似假钞或真的是假钞的现象,那该如何应对呢?

情景1:收银员验钞时,顾客抱怨:

你们检查也太离谱了!

真的啦,刚从银行取出来的啦!

快点啦,不要耽误时间!

错误应对:

收银员将纸币左右甩动,左右端详。

验钞时面部表情充满疑惑,并时不时地观察顾客。

犹豫不决,当断不断……

以上几种情形会让顾客很反感,本来别人拿的是真钞,被收银员的动作和表情这么一弄,还以为真的变成假的了。

正确应对:

真是不好意思,让您久等了!

真的,我理解,不好意思!

不好意思,马上就好,谢谢您!

情景2:收银员收到一张自己无法断定真假的钞票时:

错误应对:

这一张是假的,我们要没收!

这一张不能用,是假的!

这一张不对,是假的,我们要报警!

特别提醒:在中国,有权没收假币的单位只有中国人民银行、公安机关和经中国人民银行授权的工、农、中、建4家国有独资商业银行的业务机构,其他任何部门、单位或个人都无权随意没收假币。如果真遇到假钞，最好的做法是，叫她换一张真的！

正确应对：

小姐，真是抱歉，您这张确实是假钞，所以麻烦您换一张。

真是不好意思，您下次再收到大钞时一定要检查一下，避免这种不必要的损失。

不好意思，麻烦您换一张，谢谢您了。

六、顾客买单后该说些什么

1. 介绍产品使用注意事项和保养要点。
2. 细心关心，为顾客提供相关信息和帮助，如天气、地图等。
3. 给顾客留下联系方式或者适当透露个人信息，强化客情关系。
4. 表达对顾客的赞美和感谢，强化关系。

诚信名言

消费者在掏钱包付钱的瞬间是最痛苦的，要好好慰藉！

心得体会

_____

_____

_____

第二节 货品交付

一、货品交付5个动作

顾客买单完成，不一定代表顾客马上就要离开了，只要有机会一定要继续做好二次销售工作，也就是连带销售。当然既然买单了，那就该把货品交给顾客了。

1. 凭小票与顾客一起清点货品

结合收银员开的小票，对应产品，必须一一对照不得有误，在顾客当面点清数量，并装入手提袋。

2. 宣传、赠送品的配送

如果有宣传品、赠送品，也要一起放入袋中，并告知顾客。

3. 洗涤保养知识的介绍

这个时候还要记得告知顾客对刚"投资"、"拥有"的产品，该如何洗涤、晾晒、保养与保存等。

4. 其他的嘱咐或祝福

顾客离开时,别忘了嘱咐她要记得一直穿着我们的内衣,一天要调拨6次以上等,或者祝福她身材很快恢复到以前的S型等。

话术94:

王姐,回去一直穿着,每天记得调拨几次,有时间的话,过几天回来我们帮您调拨并回量,保证会让您大吃一惊的。

王姐,只要坚持半个月,您以前的曼妙身材一定会回来的,让我们一起努力吧!

二、洗涤保养知识

1. 正确的洗涤建议

(1)洗涤剂不可直接沾于衣服,应先溶解于水中后再将内衣放入,同时不能用太热的水,热水会让文胸弹性减弱,强碱性的洗衣粉碱性太强,会让文胸泛黄,很难看。

(2)尽量用手洗,不用使用洗衣机、甩干机,否则文胸的肩带或其他部分易受拉扯变松无弹性,内衣上精致的蕾丝也容易被破坏。钢圈向内侧怎样拧都没问题,但如用洗衣机搅来搅去,就会像拧麻花一样,易造成钢圈变形。

(3)勿将深色及印花衣物混洗,以免沾染。

(4)勿使用漂白剂,以免材质变坏、脆化(有色内衣绝不能漂白)。

2. 正确的洗涤剂的选择

(1)请依照正确的洗涤标识,使用内衣专用冷洗精、弱碱性或中性洗衣粉;

(2)请勿使用氯系漂白水,以防变色。

3. 正确的洗涤方式

(1)洗涤要点:①要常洗且时间短;②冲洗得十分干净;③轻轻揉洗速晾干。

(2)洗涤方式:用温水手洗,滴一点洗涤剂在里面(洗涤剂未完全溶解之前,请勿将内衣放入,以防出现斑点),把内衣放进去浸泡一会(大约5~10分钟,若时间过久,则污垢又会附着在衣物上面)。洗时必须把扣子扣好,以免和其他衣服钩住。特别脏的地方用手揉一揉,罩杯部分只需用水轻轻洗即可。如果钢圈的天鹅绒部分还有些脏,可以用背带摩擦或用小牙刷刷一刷。残留的洗涤剂容易造成变色,对皮肤也有害,请用清水充分清洗(请勿长时间浸泡在自来水中,因水中的氯会使内衣变色)。

4. 正确的晾晒方式

(1)洗后用手轻轻挤或用毛巾把内衣包在中间吸取水分,甩几下,拉平,尽量把皱纹弄平,用夹子夹住没有弹性的地方,倒挂起来(文胸的花边浸水后变沉向下堆着，晾干后很难看，所以要倒挂在通风处晾干）。

（2）洗完后应马上晾干，以免长久处在湿润的状况下，产生皱折及褪色。

（3）太阳光的直射是文胸变黄、褪色、布料弱化的原因，室内暖气亦会造成变黄，请避免。

5. 正确的收藏

有人觉得内衣是怕见人的，所以晾在背人的地方，收也收在角落里。

其实，内裤应该晒干才能灭菌，而文胸是应阴干的，以免晒黄或使弹性减弱。事实上女性的衣柜一般不会有外人去看的，可以把文胸折起，背带、肩带放进杯内，放在所有衣物的最上端，或是两三件叠起来，这样都不易变形，如果往衣服下面随便一塞，衣服太重会压坏钢圈。

三、对待未成交顾客

顾客未成交，很多门店人员的待客之道是：

（1）面部表情僵硬。

（2）送客表情怪声怪气，发泄，白忙一场。

（3）背对顾客说送别的话。

（4）没有任何反应，不送客。

（5）见顾客去意已决，转身，不再理会。

（6）没有送客就开始整理货品。

（7）有送客语言，但毫无热情，甚至带有不满。

（7）对顾客评头论足。

以上种种状况是错误的，在门店中一定要避免。

对于未成交的顾客，应该用以下的方式来正确应对：

（1）真的很抱歉，碰巧没有您看中的产品，您慢走，欢迎您有空再过来看看。

（2）过几天会有新的产品、新的款式，有空记得过来看看。

（3）谢谢您给我们提了这么多宝贵意见，我们一定改进，还希望您能再过来指导我们哦。

（4）不好意思这次没有帮到您，可以留个电话给我们。有新的产品上市我一定第一时间打电话通知您。

对于那些由于各种原因没有成交的顾客，我们想尽一切办法留下对方的资料，便于后续跟踪管理。而绝大多数顾客都不愿意这样做，那该怎么办呢？

首先拿出美体设计本和笔，用肯定亲切的眼神和最动听的话语和她沟通。脸上挂着微笑，适当的时候保持沉默，或者直接问。

很多时候，在顾客将要离开我们门店的时候，很多导购会主动和顾客说："请把您的联系方式留下好吧，如果我们有什么优惠活动我会提前通知您。"当然，有些顾客会顺其自然地留下自己的联系方式,可有很多顾客还是不愿意留下自己的联系方式。

仔细分析一下,这种留顾客资料的方式存在一定的弊端,主要是如果没有其他优惠活动,那我们又如何有更好的理由主动和顾客联系呢?

让我们分析一下顾客为什么不愿意留下自己的联系方式。

(1)顾客存在戒备心理,害怕上当受骗。 由于我们在和顾客的沟通交流中,还没有取得顾客更多的信任,顾客害怕我们骗她,不愿意留资料。

(2)顾客害怕我们天天给她打电话推销,干扰她的正常生活。 在现在的社会中,电话推销无处不在,尤其是一些保险公司、培训公司、直销公司的业务人员会很频繁地给顾客打电话推销,干扰她们的正常生活,混淆视听,很让人心烦。

(3)没有喜欢上推荐的产品,想去选择别的品牌。 没有抓住顾客真正的需求点,没有让顾客完全了解推荐的品牌和产品。顾客或许在几个品牌中已经做出了即将购买的决定。

(4)没有给顾客留下联系方式的正当理由。 其实顾客是否愿意留下自己的联系方式,是需要一定理由的,她们不想平白无故地留下自己的资料,除非有能够吸引或说服她的地方。

因此,最有效的需要顾客留下资料的方法应该从"给顾客正当理由"的角度去思考。请看以下案例。

案例69 抽奖与留个人资料

中秋前后,一天下午笔者去某超市购物,在结账离开的时候发现很多顾客围在一个长条桌上写什么东西,旁边还有一个抽奖箱。出于好奇我就挤了进去,看见旁边的海报上这样写的:

"购物满88元即可以参加免费抽奖,奖品有……方法:在您的电脑小票上写清楚您的身份证号码、手机号码、姓名,然后投入抽奖箱。我们将在9月20日进行抽奖,如果中奖将会及时通知您。"

长条桌上放着几支圆珠笔,旁边没有一个工作人员,可很多消费者主动在那里排队,填资料。

看到这种情况我不禁想:"为什么这么多顾客主动留下自己的资料?难道仅仅是人们相信这个超市吗?还有没有其他原因呢?"

正当我百思不得其解之时,突然听见有个消费者和他朋友说:"咱们也去排队吧,说不定还能中个大奖呢!"

点评

大家也都遇到过同样的情况吧,给个合适的理由,顾客资料就这么容易得到!

案例中那消费者的一句话提醒了我，对——是为了中奖——这是一个很好的理由，为了能得奖顾客不由自主的留下了联系方式，这种方法能不能用在内衣销售中呢？如果能留下更多的顾客资料，了解顾客更多的信息，我们后续的跟踪行为不就变得更加简单了吗？提高成交率不就很容易实现了吗？……

通过思考和验证，总结出以下几种可行的方法：

第一：留资料，抽大奖

直接照搬上面超市的作法，让顾客自己积极主动的留下自己的联系方式，因为这时人们考虑更多的是抽中奖品的问题，从而避开了我们打电话回访的猜想，所以顾客更愿意留下资料。

然后我们定期抽奖，当然主要从有意向的潜在顾客中抽取获奖者，可以多设置一些幸运奖，这样就有更好的理由和顾客取得联系了，要知道顾客在中奖的喜悦氛围中是最容易被说服的。

其实我们在出租车上、或者在一些自动柜员机给信用卡还款的时候也有类似的留电话号码抽奖的经历。

第二：调查问卷法

可以再设计一些简单的调查问卷，在顾客即将离开时请求顾客填写一份问卷，问卷内容主要以顾客选择内衣和健康等有关的内容和自身的信息为主，一方面可以获得这些资料便于我们增加对顾客的了解，有利于后续的跟进，还可以分析客户类型，掌握更多的信息；另一方面可以悄无声息的获得顾客的联系方式。

但要注意的是，问卷的内容一定要简单明了，以选择题为主，因为这样不会耽误顾客太多的时间，顾客有时间也愿意认真填写，我们得到的资料也才会更加真实可靠。

当然这种方式如果与第一种方式相结合效果可能会更好。

第三：留下悬念法

故意略施小计，让顾客束手就擒。

诚信名言

给顾客个理由，她一定会留下联系方式的，前提是给她什么好处！

心得体会

第三节 送　　客

一、合理送客

顾客购买结束，要学会送客，送客做的越细，越能体现自身的素养，更能给门店和品牌加分。同时，会送客也是销售的组成部分，为下次销售埋下伏笔。

1. 错误的送客

错误语言1：谢谢！

很多门店导购在成交结束的时候，习惯性地说"谢谢！"

谢谢不可乱说，尤其是在这个时候是不要说的，因为门店为顾客提供了合适的产品和完美的服务，顾客是受益者，因此没必要说谢谢。

错误语言2：有问题来找我！

有很多的导购，在成交完毕送客时很负责任的样子对顾客说"小姐，有问题一定来找我。"

导购老是对顾客说"有问题来找我！"这样怎么行呢？这样的话语会给顾客一个错误的暗示：这家的东西很有可能会出现质量问题，产生不信任的感觉。

错误语言3：请慢走！

很多导购送客时最喜欢说的一句话是："请慢走！"殊不知这是错误的！

2. 正确的送客

不管是顾客有没有买单，我们在顾客临走时永远不要忘了问顾客要点什么，并传递更多的信息，所以我们正确的送客话术如下：

（1）传递品牌

加强顾客对我们品牌的印象，"请慢走！××（说出品牌名称）欢迎您下次光临！"

（2）称呼顾客

"欢迎您再次光临！"这是一般的顾客；

"王小姐，欢迎您再来！"这是老熟客。

（3）推销自我

"王姐，下次来了找我，我叫小红，您可别忘了！"

（4）销售铺垫

"王姐，最近有促销活动我就立即电话通知您……"

"王姐，一旦新款到了，我立马告诉您……"

（5）要求转介绍

"使用满意的话，下次记得带上朋友一起来哦！"

"如果觉得不错的,记得介绍您的朋友来找我哦!"
3. 送客需要注意
(1) 送客时要说顾客的姓氏
这里重点强调一个概念,送客时称呼顾客和自我介绍,是门店经营过程中,面对茫茫人海的客流,建立忠诚顾客的细节之一。

案例70 就餐的际遇

一次,某顾客去一餐厅用餐,刚落座,就上来一小伙子,开口就问:"小姐,敢问您贵姓?""吃个饭要说姓啊?"
"哦,小姐,我叫TOM,今天很高兴为您服务,敢问您贵姓?""哦,姓王。"
"王小姐,欢迎光临。王小姐,这是菜单,请点餐"。
"王小姐,您的菜上齐了,请慢用,有什么事情随时叫我。"
"王小姐,收您200元,找您20元。"
"王小姐,再见,欢迎再来!"

点 评

中国,顾客大声呼喊,"服务员!服务员!"叫了半天,跑来一个。而当顾客走出我们门店的时候,我们要反思两件事:第一,我认识这个顾客吗?第二,这个顾客认识我吗?如果两者都没有做到的话,说明我们和顾客是无比陌生的两个人,想使顾客变成我们忠实的顾客那真可谓太难太难了!

(2) 送客时适时赞美顾客
前面在很多环节,已经讲了很多如何适时赞美顾客的方式方法,很多导购认为顾客都已经买单了就无须再赞美了吧?如果想让顾客在本次购物之后真的再次光临,别忘了继续赞美!

赞美是非常关键的一步。赞美中还有一个很重要的技巧:**背后赞美**。大家都知道背后说人坏话是很可耻的行为,殊不知背后说人好话比当面赞美别人效果更好。而且,我们在背后说他人的好话,是很容易就会传到对方耳朵里去的。

为了让顾客下次再来,在顾客离开门店时可以发挥赞美的"功力"。

顾客离开店门不远时,可以对着同事大声对这位顾客进行事后赞美,如:"小张,我刚才服务的那位顾客性格很好,很细心,一定是个好妻子!"这样的赞美让顾客听到,一定会给顾客留下好印象,下次她再来购物的几率就更大了。

二、常规送客的动作要求

1. 帮顾客拿好产品,帮顾客开门。
帮顾客包装好产品,并装好袋,叮嘱顾客检查一下数量、款式、颜色等,如果顾客决定马上要离开，送到门口，并打开店门。

2. 把产品送到顾客手上。

递交时，记得要双手奉上，使用"左下右上"的原则，也就是右手在上扶住手提袋或包包的手挽，左手在下托着底部，等顾客拿起。

3. 鞠躬30度，随后目送顾客离开。

鞠躬代表对顾客的尊重，并目送顾客离开。

4. 保持笑容，送至门口或车旁。

全过程保持微笑，有开车过来的应送至车旁。

三、送客后的快速跟踪

不管顾客是否成交，我们都应该在半小时内给留下手机号码的顾客进行安抚与情感上的沟通，为后期的经常情感的联络乃至终生感动计划做铺垫。

不过很多门店的人员不知道该怎么给这些顾客发信息，即使发信息也不知道发些怎样的内容。下面就短信的发送给出一些标准的话术：

1. 针对未成交的顾客

话术95：参考短信1

尊敬的×小姐，感谢您试穿×××品牌内衣，您的美丽与健康是我们共同的使命，希望今天的服务能帮到您，并在今后能选择到正确的内衣。我们的地址是……期待您再次光临。

您的美丽天使：×××

话术96：参考短信2

尊敬的×小姐，感谢您来到×××品牌内衣店，今天您没能亲自体验我们品牌的效果，甚为惋惜，希望下次您有时间再来体验。我们的地址是……期待您再次光临。

您的美丽天使：×××

话术97：参考短信3

尊敬的×小姐，感谢您来到×××品牌内衣店，真的很抱歉，碰巧没有您看中的产品，过几天会有新的产品、新的款式到，欢迎您有空再过来看看，我们的地址是……期待您再次光临。

您的美丽天使：×××

2. 针对成交的顾客

话术98：参考短信4

尊贵的×小姐，恭喜您成为×××品牌最尊贵的会员，同时恭喜挑选到真正适合自己的内衣。您的健康与美丽是我们共同的使命，我将24小时为您开机服务，有任何需要都可以找到我。我们的地址是……记得有时间一定要多到店来，我们会帮您调拨。

您的美丽天使：×××

话术99：参考短信5

尊贵的×小姐，×××品牌恭喜您挑选到真正适合自己的内衣，您的健康与美丽是我们共同的使命，我将24小时为您开机服务，有任何需要都可以找到我。我们的地址是……记得有时间一定要多到店来，我们会帮您调拨。

您的美丽天使：×××

话术100：参考短信6

尊贵的×小姐，感谢你首次拥有中国驰名商标×××品牌内衣，我叫×××，我的电话×××，今天为您服务我深感荣幸。美体内衣初次穿着可能会有些不习惯，希望您尽快适应，您的美丽天使：×××如真有不适欢迎来电，我将真诚为您服务。

诚信名言

销售的最高境界是攻心！

心得体会

_____
_____
_____

第六章

售后跟踪

　　商品卖出去了，钱收回来了，销售活动就此结束了吗？如果你觉得销售活动结束了，那你就大错特错了。

　　我们应该明白，商品销售出去，只是此次销售的一个逗号，接下来还会有很多的文字需要我们去书写，比如：商品会出问题吗？顾客真的了解了产品的属性吗？顾客还会来我们店里吗？……

　　所以应该说卖出商品是销售的开始，但售后跟踪工作必须到位。

第一节　做好售后跟踪工作的重要性
第二节　电话回访
第三节　顾客感动计划

这里之所以不用"售后服务",因为在全部的门店销售和门店管理的课程里,将"售后服务"放到门店管理的专著里了,这里用"售后跟踪"的意思是将以下的内容作为门店销售内容的延伸。

第一节　做好售后跟踪工作的重要性

做好售后跟踪工作非常重要,主要体现在:

1. 顾客购买了产品,并不是销售的结束。真正的销售,从产品销售之后才正式开始。销售实践告诉我们必须不断提高服务在营业额中的比重,加强售后跟踪工作,改进与顾客的联系,持久地满足不同顾客的需求。实质上,销售一旦开始,就永远都不会结束,除非经营的品牌倒闭。

2. 成功的销售来自于周到的服务,周到的服务造就成功的销售。良好的服务不仅能提升产品价值,更能提升顾客的忠诚度,因为我们宣导的是我们卖的不是产品,而是在贩卖一种观念、一种文化、一种层次、一种服务。

3. 除了门店现场高水平的销售技巧,售后跟踪工作同样是很好的销售方式,要知道,一流的产品加上一流的服务,顾客就会像疯了一样进行转介绍的。

4. 如果让顾客接受不满意的服务,她会给 10 个人说对产品、品牌的坏话,这 10 个人会继续传递这种信息给更多的人。

案例 70　世界上最伟大的推销员——乔·吉拉德

乔·吉拉德是世界上最伟大的销售员,他连续 12 年荣登世界吉斯尼记录大全世界销售第一的宝座,他所保持的世界汽车销售纪录:连续 12 年平均每天销售 6 辆车,至今无人能破。

来自世界各地数以百万的人们被乔·吉拉德的演讲所感动,被他的事迹所激励。他被吉尼斯世界纪录称为"世界上最伟大的推销员"。

1. 乔·吉拉德 250 定律:不得罪一个顾客

在每位顾客的背后,都大约站着 250 个人,这是与他关系比较亲近的人:同事、邻居、亲戚、朋友。乔得出结论:在任何情况下,都不要得罪哪怕是一个顾客。乔说得好:"你只要赶走一个顾客,就等于赶走了潜在的 250 个顾客。"

2. 建立顾客档案:更多地了解顾客

乔说:"不论你推销的是任何东西,最有效的办法就是让顾客相信——真心相信——你喜欢他,关心他。"如果顾客对你抱有好感,你成交的希望就增加了。要使顾客相信你喜欢他、关心他,那你就必须了解顾客,搜集顾客的各种有关资料。

乔说:"在建立自己的卡片档案时,你要记下有关顾客和潜在顾客的所有资料,他们的孩子、嗜好、学历、职务、成就、旅行过的地方、年龄、文化背景及其他任何与他们有关的事情，这些都是有用的推销情报……"

3. 猎犬计划：让顾客帮助你寻找顾客

乔的很多生意都是由"猎犬"（那些会让别人到乔那里买东西的顾客）帮助的结果。乔的一句名言就是"买过我汽车的顾客都会帮我推销。"在生意成交之后，乔总是把一叠名片和猎犬计划的说明书交给顾客。说明书告诉顾客，如果他介绍别人来买车，成交之后，每辆车他会得到25美元的酬劳。实施猎犬计划的关键是守信用——一定要付给顾客25美元。乔的原则是：宁可错付50个人，也不要漏掉一个该付的人。猎犬计划使乔的收益很大。

1976年，猎犬计划为乔带来了150笔生意，约占总交易额的三分之一。乔付出了1400美元的猎犬费用，收获了75000美元的佣金。

4. 推销产品的味道：让产品吸引顾客

每一种产品都有自己的味道，乔·吉拉德特别善于推销产品的味道。

乔认为，人们都喜欢自己来尝试、接触、操作，人们都有好奇心。不论你推销的是什么，都要想方设法展示你的商品，而且要记住，让顾客亲身参与。如果你能吸引住他们的感官，那么你就能掌握住他们的感情了。

5. 诚实：推销的最佳策略

诚实，是推销的最佳策略，而且是唯一的策略。但绝对的诚实却是愚蠢的。推销容许谎言，这就是推销中的"善意谎言"原则，乔对此认识深刻。

诚为上策，这是你所能遵循的最佳策略。可是策略并非是法律或规定，它只是你在工作中用来追求最大利益的工具。因此，诚实就有一个程度的问题。

6. 每月一卡：真正的销售始于售后

乔有一句名言"我相信推销活动真正的开始在成交之后，而不是之前。"推销是一个连续的过程，成交既是本次推销活动的结束，又是下次推销活动的开始。推销员在成交之后继续关心顾客，将会既赢得老顾客，又能吸引新顾客，使生意越做越大，顾客越来越多。

乔每月要给他的1万多名顾客寄去一张贺卡。一月份祝贺新年，二月份纪念华盛顿诞辰日，三月份祝贺圣帕特里克日……凡是在乔那里买了汽车的人，都收到了乔的贺卡，也就记住了乔。正因为乔没有忘记自己的顾客，顾客才不会忘记乔·吉拉德。

点评

乔·吉拉德之所以被称为"世界上最伟大的推销员"，绝对不是凭空炒作出来的，而是一辆车一辆车卖出来的。他的成功也绝非偶然，而是靠自身努力的结果。

第二节 电话回访

售后跟踪有很多方式,这里主要讲述如何电话回访工作。

一、电话回访的流程

充分准备——基本开场——询问——确认处理事项——处理或回答——结束。

成功回访顾客第一步:结构合理、精心编排的问题是成功回访的第一步。当你拿起电话打算打给顾客做回访调查时,你是否已经想好了你要问对方的问题?你是否已经设计好何时用开放式何时用封闭式问题?如果这些都没有事先准备好,那么这将是一次糟糕沟通的开始。

成功回访顾客第二步:要有针对性地选择回访时间,不要在顾客繁忙或休息的时候去回访。可否想象,凌晨三点,你睡眼惺忪地接起电话,一个甜美的女声告诉你要对你昨天买的某个产品进行满意度回访,那时的你是什么样的心情?可能再甜美的声音也冲不灭你心中被人打扰的怒火。那时的你,会配合调查吗?同样的,对于背景调查来说,你选择的沟通时间合适吗?你是否选择了比较繁忙的工作时段去做背景调查?你是否已经模拟过对方回答你的问题需要耽搁多长的时间?

一般来说,**上午的 11 点～12 点的时间段,下午 16 点后的时间段**,都是接近下班的时候,大多数人员会在那个时段把手上紧张的工作稍稍放松一点,那时进行顾客回访,不配合的人员比较少。

成功回访顾客第三步:礼貌和甜美的语声是打动顾客听下去的动力。对于电话另一头的人来说,你的语音是标识你修养与素质的唯一名片,拿起话筒前要先调节好自己的情绪,电话这头微笑着的你,对方是可以通过声音感受到的。注意礼貌的问候、语气和节奏的掌控,避免给别人一种冷冰冰、公事公办的态度,要知道,对方无论选择告不告诉你答案,对他来说,无半点损失。结束时,不妨加上一条祝福语,让对方感受到你获得帮助时的愉悦之情,这样,双方当天都会有一个好心情。

话术 101:

开头语:您好,请问是王小姐吗?我是×××品牌×××专卖店的高级导购Lily,(而不只是说我是×××品牌的,或者说我是×××品牌的导购等,让顾客觉得你很不专业。)不好意思,想占用您两分钟的时间,对使用我们产品后的感受做一下回访。

……

结束语：

1）很高兴您能抽出宝贵的时间接受我们的回访，为了答谢您，请您在方便的时候到×××店领取一份小礼品，谢谢（让顾客感到我们给她打电话能给她们带来好处，并期待我们的下一次回访）！

2）再过几天就是×××节日了，临近节日，我代表我们×××品牌为您以及其家人送上最诚挚的祝福，希望您度过一个愉快的假期。

3）非常感谢您对我们工作的支持，打扰您了，谢谢，希望有时间来我们×××门店指导！

二、电话回访的要点

1. 对有购买产品顾客的回访

回访对象： 所有购买我们产品的顾客。

回访时间： 一般早上10点之前和晚上20点之后不宜打电话，上午11点～12点，下午16点～20点较为合适，以方便顾客和不打扰顾客的时间为原则。

回访人： VIP专员或其他指定人员。

回访流程：

聆听——记录——改进——反馈

聆听：主要是顾客关于使用感受、保养指导、消费体验、建议和需求。

记录：记录顾客的意见或建议，或者不能现场解答的异议。

改进：针对顾客提出的意见或建议，进行改进。

反馈：包括向上反映情况，以及向顾客反馈一些回复等，是双向的。

电话回访："137法则"

2. 对未购买我们产品、但有留下联系方式顾客的回访

回访对象： 未购买我们产品、但有留下联系方式顾客。

回访时间： 一般早上10点之前和晚上20点之后不宜打电话，上午11点～12点，下午16点～20点较为合适，以方便顾客和不打扰顾客的时间为原则。

回访人： 当天接待该顾客的人员。

回访流程：

聆听——记录——改进——反馈

聆听：主要是推荐自己品牌和门店位置、顺便叫顾客给建议或需求。

记录：记录顾客的意见或建议，或者不能现场解答的异议。

改进：针对顾客提出的意见或建议，进行改进。

反馈：包括向上反映情况，以及向顾客反馈一些回复等，是双向的。

三、"137 法则"详解

所谓 137 法则，就是在顾客购买我们产品后的第一天（也就是购物当天不算）、第三天以及第七天，我们该如何回访顾客的一些原则。

1. 第一天这样做——叮咛，鼓励，提升信心

在成交当天，我们都会教顾客如何正确穿着内衣，如何调拨的手法。在买单结束时会把洗涤、晾晒、保养、收藏等方面内容告知顾客。对于一些身材走样严重的顾客甚至还会给她们"打预防针"，也就是在穿着初期可能会产生的一些不适应的反应与现象等。

那么我们第一天电话回访该怎么做呢？第一天的电话回访**以问候与关心为主。**比如说应该问"今天有没有穿？"而不要问"穿着舒不舒服？"这些容易得到"不舒服"否定答案的问题。顾客会回答你"穿了，但不舒服"，这时要按异议处理的五大经典步骤来回答就比较简单了，当然还要强调"刚开始有点难受、坚持几天就好了"等，给顾客信心的话语。

（1）回访问题参考

话术 102：

王姐，请问一下您今天有没有使用我们的产品？

王姐，您对我们导购的服务感觉怎么样？

王姐，您对我们专卖店的购物环境感觉怎样？

王姐，您还希望我们可以给您哪些更好的服务？

（2）回访要点

① 以公司 VIP 专员的身份。

② 注意顾客通话过程的反应。

③ 善于捕捉谈话中顾客的关注点和问题点，引导顾客表达意见和观点。

④ 做好记录。

（3）显示专业素养

专业、微笑、自信、礼貌

2. 第三天这样做——见面或打电话给实际效果

（1）第三天我们要做的是和顾客见面或继续电话沟通。如果是电话沟通，时间不宜过长，最好控制在 3 分钟以内。

（2）要点：检查顾客是否会调拨？

确认顾客穿着是否正确，如不正确，校正她的错误。

给予关心并鼓励（要坚持：让她想象自己几个月之后的玲珑、凹凸有致的身材……）。

（3）注意：避免询问穿着是否舒适之类的话题（因此时正值适应期，肯定会

出现不舒适，难免会有抱怨）应以正面、肯定、赞美的语调来沟通，主要是你的关心，赢得顾客的信赖。

如果顾客有不适应或者腋下皮肤磨破皮现象，一定是有两种原因：一种是顾客调拨手势不熟练所致，另一种是顾客本身比较肥胖所致。建议顾客来店里了解一下属于哪一种原因，如果是属于第一种原因，就指导顾客正确的调拨；如果是后者原因就将肩带进行调松，并建议顾客用卫生棉或卫生纸在皮肤破损处隔一下，隔几天就适应了。

话术103：

王姐，请问一下您这几天有没有进行正确的调拨呢？

王姐，这几天您会觉得比较辛苦一点，过几天适应了就很舒服了，您想啊，一两个月后玲珑有致、前突后翘的身材又属于您的啦，记得哦，坚持就是胜利，加油！

3. 第七天这样做——跟进穿着感受，继续引导正确调拨和穿着，提升信心，促进顾客带亲朋好友来消费

（1）第七天一定要求跟顾客来店里与之见面。

（2）了解顾客的使用方法、回量看实际效果（脱后效果——量尺寸，用数据说话）。

（3）询问穿着状况？是否使用正确的穿着手法？并再次正确地引导顾客穿着方法。以店铺有新款到，欢迎顾客带朋友来消费，维系顾客对店铺对服务的信任，为顾客回头消费做好铺垫。

话术104：

王姐，请问一下您这几天是否坚持穿呢（如果没有询问原因）？

王姐，请问一下您会进行正确的调拨吗？洗涤与保养吗？

王姐，请问一下您这几天有没有出现痒、卡、紧、热等状况呢（如果有要合理解决）？

王姐，好久不见，开始想念，感觉好久没看到您了，挺想您的！

千叮咛万嘱咐：坚持穿、到店调拨、一个月来店里回量！

四、注意流失顾客的回访

一般情况下，会员三个月（或三个月）以上不来店，即可视为已流失或预流失顾客。找原因后加以改进的思路是对的，但更重要的是：不是事后的"亡羊补牢"，而是通过回访询问顾客对使用我们的产品有什么意见。我们要尽量为顾客解决，可以再向顾客推荐其适合他的产品，让顾客有时间到我们的店里看看，目的是让流失的会员重新回来。

第三节　顾客感动计划

一、顾客售前期待与顾客忠诚度

顾客售前期待的形成（见表6-1）：

表6-1　顾客售前期待的形成

顾　客	通过以下载体	最后形成
过去无经验时	广告与促销使用者、朋友的口头	售前期待
	推广活动的诱惑	
第一次使用者	亲身体验或使用	
使用过多次	自己体验或使用	

顾客去向的确定与门店对策分析（见表6-2）：

表6-2　顾客动向的确定与门店对策分析

真实评价与售前期待的比较			结　　果		对　策
真实评价	好于	售前期待	超过传闻	满意　成为熟客	保持
	不如		不再光临	不满意　失去顾客	挽救
	无比较		印象不深	若无竞争继续使用　无法确定	争取

通过上面两个表格我们可以看到，要将非顾客变为一般顾客，将一般顾客转化为满意顾客，将满意顾客转化为忠实顾客并最终留住他们，我们至少要做到让顾客"满意"。

其实仅仅让顾客"满意"是不够的，我们还要做到：让顾客从"满意"到"感动"！

"感动顾客从交易结束开始"！只有把每一次对顾客的服务都当成第一次来对待，才会保持自己的服务激情和服务品质。而让顾客感动的前提是顾客满意或者基本满意。顾客什么时候最容易感动呢？是提供优质的服务吗？是提供极具竞争力的价格吗？都不是，这些最多让顾客满意，而感动则需要超乎顾客的想象。一般而言，是提供顾客期待之外的服务。

让顾客感动最简单的办法就是在交易结束之后，再给顾客提供一些额外的服务。这时候顾客已经完全没有期待了，我们给予的一切对顾客而言是意外惊喜，所以最容易被感动。

比如说顾客试穿满意，付完钱以后，再送她一双袜子，顾客会很高兴。而如果是两天之后，顾客接到你的快递，里面有一张总经理签名的感谢卡，再附上一个精致的小钱包，顾客一定会被感动。但如果在顾客买单之前做这些，顾客会认为这些是理所当然的，而不会有那种"天上掉馅饼"的感觉。

当然，前面有强调过，让顾客满意或者基本满意是前提。而上面说的这些只是小技巧，千万不能用这些雕虫小技来取代原本顾客应该享受的服务。

二、如何让顾客感动

感动顾客的服务，有三点很重要：
做顾客需要的事情。
做竞争对手不做的事情。
做与业务无关的事情。
无论什么时候都在顾客满意的基础上多做一点点，让挑剔的顾客感到惊喜。

案例71　花旗银行换零钞的故事

有位老板要去参加婚礼，想将手中的100美元兑换成人民币，可是在招商银行和建设银行都遭到了拒绝。最后来到花旗银行，不仅顺利兑换了钱币，而且服务人员还用精致的小盒子盛上兑好的钱币给顾客，里面还有一张感谢卡：感谢您让我们为您提供兑换钱币的服务，欢迎下次光临……

后来，这位老板将存在建行、招行的所的存款全部转到了花旗银行。

点评

花旗银行为顾客兑换美金，就是在做顾客需要的而竞争对手不愿意做的事情，因此很容易让顾客满足和感动。

案例72　谭木匠换纸币的故事

有三位妇女到重庆旅游时，来到谭木匠门店要求帮忙将零币换成纸币，服务员马上协助满足了她们的要求。

三位妇女在离开重庆时，特意赶到店面每人购买了300元的产品。她们说："为了表达谢意，我们要买你们的产品，回去后用着好还要再买，并向亲戚朋友推荐。"

点评

谭木匠门店为他人换零钱服务做的就是与业务无关的事情，这样很容易感动顾客，从而使顾客因为感动而买他们的木梳，或许这也是我们常说的"回报"吧！

内衣门店人员很多时候就不会去想做些让顾客感动的事，只是等有促销了、做特价了、店庆有礼物了等活动的时候才想起顾客，才给她们去电话或短信，那样是没有什么作用的！

案例73　王永庆卖米的故事

被誉为"经营之神"的台湾首富、塑胶集团创始人王永庆，16岁时用200元钱在嘉义一条偏僻的巷子里开了一家很小的米店。

面对30多家同行的激烈竞争，为了打开销路，他一改当时同行们把掺杂了小石子之类杂物的米一块卖的传统习惯。先把米里的杂物捡出来再卖，他的米店生意日渐红火起来。

之后，他又打破当时顾客上门买米的惯例，主动为顾客送米上门，进而还要将米倒进缸里。如果米缸里还有陈米，他就将陈米倒出来，再把新米倒进去，然后将陈米放回上层，这样，陈米就不至于因存放过久而变质。

在送米之时，他还细心记下这户人家米缸的容量，并且问明家里有多少人吃饭，几个大人、几个小孩，每人饭量如何，据此估计该户人家下次买米的大概时间。到时候，不等顾客上门，他就主动将相应数量的米送到顾客家里。

正是这一系列"与众不同"、设身处地为顾客着想的精细、增值服务，使他赢得了很多顾客，从此开始了他问鼎台湾首富的事业。

点　评

从王永庆卖米这个故事，我们不难得到一些宝贵的经验与启发：

1．要勇于创新经营理念。如果王永庆延续当时人们卖米时的传统习惯，不创新经营理念，不把掺杂在米里杂物捡出来卖，依其当时的资金规模与名声，是很难在激烈的竞争中"脱颖而出"的。由此，想到我们的内衣门店销售与管理工作，是否还存在一些类似的"瑕疵"需要我们改进呢？

2．要真诚为顾客着想。正是基于为顾客着想、方便顾客的目的，他才一而再再而三地在米上下功夫，为顾客提供了潜在需求、真实需要的系列"增值"服务，从而在方便顾客、满足他人的同时，也成就了自己，实现了"双赢"。如果内衣门店销售人员都能像王永庆那样，在卖内衣的同时，能够围绕"内衣"做文章、想办法、动脑筋，多为顾客提供一些有用有效的"增值"服务，那么我们会赢得顾客更多的认可，我们的销售额会进一步增加，顾客对品牌的忠诚度、美誉度和满意度会进一步提高。

3．要勤于用脑思考。正是王永庆的善于思考、用心服务、认真细致，他才能够在每次送米的过程中，留心每一户买米人家的用米情况，并从中发现更多的"商机"。常言说"事事留心皆学问"，如果内衣门店销售人员也能够从中得到启发，经常给我们的顾客或准顾客进行有效沟通，发掘她们的需求，再提供更多有个性有特色的服务，那该多好啊！

服务创造价值，创新永无止境。只要我们能够真正从方便顾客的角度用心服务，勤于思考，我们就会不断地去创新我们的服务理念，丰富服务内容，提升服务水平，赢得更多顾客的认可与信赖。

三、如何搞好顾客感动计划

对于顾客的感动计划，结合前面讲到的探寻需求以及试衣流程里与顾客沟通交流的内容，都将成为之后感动顾客的要点。我们要经常与顾客联系，可以考虑一个月左右搞一次感动计划。顾客感动计划可以是任何细小的事件，包括：

1. 天气变化提醒，如：天气即将突然变冷，发条短信提醒下。
2. 节假日问候，如元旦、春节、清明节、五一、端午节、中秋节、国庆节等。
3. 生日、结婚纪念日、顾客重大节日时问候。
4. 赠送她喜欢已久的礼品。
5. 亲戚朋友特殊事件慰问，比如女儿即将高考进行慰问。
6. 其他感动事件，其他突发事件的感动。

案例74　为找小女孩关店门的故事

周末下午5点左右，杨姐带着她3岁的女儿西西来我们店里，我和小微接待她。我们拿玩具给她女儿玩。

我们给杨姐去试衣间试穿，进去之前她叮嘱女儿："西西宝贝，你先玩一会，不要乱跑，妈妈等会出来就带你去吃比萨。"她女儿很乖地点了点头，同时店长也说："杨姐，我们照看一下，没事的。"一开始她女儿很乖地玩着玩具。但那天下午顾客很多，当我们都没太多注意的时候，西西不知什么时候走出去了。

十几分钟后，杨姐高兴地从试衣间里出来了，看来在试衣间里面她们的沟通还是很愉悦的。打开门杨姐叫了一声"西西宝贝，妈妈出来了"，但西西却不见了。

当时的情景是大家都可想而知，杨姐立即就要哭了，店长和其他导购都面面相觑，经过很短时间的决策（最多15秒钟），店长立即大声说："各位贵宾，因为杨姐的女儿西西才3岁，刚刚从店里走失，我决定所有的店员全部出去寻找西西，店里暂停营业，希望大家支持与配合。"

接下来最多30秒的时间，所有人（包括顾客）全部从店里出来了，店长写了张字条贴在门上"寻找3岁小女孩西西，暂停营业，找到即开门，敬请等候！"

大约 10 来分钟，西西找到了，原来刚才外面有人在耍猴，趁大家不注意她便跟着出去看热闹了。

当天关门之后几乎所有的顾客并没有离开，而是感觉这样的店、这样的品牌、这样的处事方式，很令她们感动，她们依旧等待店铺开门呢。

这件事最后被很多顾客称颂，而杨姐以及她周围的朋友全部成了我们店的超级 VIP 呢。

——此案例由绮瑞家居服专卖店提供

点评

什么叫危机事件的处理？虽然关门只 10 分钟，如果是 30 分钟或者几个小时呢？我看都值得，毕竟感动顾客的招数常常有，而这种特殊事件并不多见。

或许感动顾客就在瞬息之间！

案例75 海底捞感动顾客的案例

海底捞北京五店的黄小蓉，利用自己的休息时间，花自己的钱，为一个生小孩的顾客送营养品。她坐了两个小时的公交车，到了顾客住的军区大院，军区大院管理很严，她在门口等了一个小时才把营养品送到顾客手里。

我问她："这个顾客你服务了几次？"

她说："她怀孕的时候来吃饭，我就服务过一次。当时我跟她说，你生小孩时我去看你，如果我不去，她就会想海底捞失信于她。顾客很惊讶，她问我路上用了多少时间，我说就一个小时。我给她带了海底捞的两袋底料和自己买的一盒补血的营养品，一共花了 100 多元。"

——本案例选编自《海底捞你学不会》，有修改！

点评

海底捞有太多让人感动的例子，海底捞奉行的"变态"服务其实就是想方设法感动顾客！

诚信名言

把每一次售后跟踪当成是销售活动的开始！
感动别人就在一瞬间！

心得体会

案例76 《卖拐》给门店销售的启示

赵本山的经典小品《卖拐》脍炙人口、妇孺皆知。艺名"大忽悠"的赵本山，凭借三寸不烂之舌，将好端端的范伟忽悠得神魂颠倒，一会儿工夫将没病的腿弄出大病来。范伟不仅掏空腰包买下对自己毫无用处的一双破拐，还心甘情愿地把自行车搭了进去。更为经典的是结尾处，范伟还满怀感激之情说声"谢谢啊！"

欣赏本小品，结合门店销售流程，我们要研究赵本山成功"卖拐"的整个过程，他是如何一步一步把拐推销给顾客范伟的，以及赵本山"卖"的方法技巧和对顾客心理的把握。这些销售方面的技巧哪些又可以运用到我们日常的销售中去，能给我们什么样的启示呢？

下面我们就进行分析并与门店销售进行比对。

一、销售不可先入为主、不要有消极心态，要对自己、品牌、产品有十足的信心

高秀敏：啊——大忽悠！大忽悠！

赵本山：喊啥大忽悠，今儿出来卖这玩意，别叫我艺名行不行？

高秀敏：孩儿他爸。

赵本山：嗯。

高秀敏：要我说这个拐就别卖啦！

赵本山：因为啥呀？

高秀敏：这满大街都是腿脚好的，谁买你那玩意儿啊？

赵本山：你废话，不卖了，做这副拐又搭工又搭料，一天一宿没睡觉，不做不赔了么？

高秀敏：哎呀，那这满大街都是腿脚好的，能卖出去吗？

赵本山：你还不了解我吗，还管我叫大忽悠呢。我能把正的忽悠斜了，能把蔫的忽悠谑了，能把尖人忽悠嗳了，能小两口过的挺好，我给他忽悠分别了。今天卖拐，一双好腿我能给他忽悠瘸了！

高秀敏：哈哈，你可拉倒吧。

赵本山：信不信？

高秀敏：我就不信人家好好的腿你就能给人忽悠瘸了？

赵本山：你看吧，这就是我强项。

点评

门店销售中，有很多导购在接待顾客之前，经常主观地去判断顾客会不会买，结果先入为主。内心想我们的货品不好卖啊之类的消极想法。

进店顾客对我们的品牌和产品的信心如何，很大程度取决于我们自己对品

牌和产品的信心，从而表现出来给顾客的信心。

二、根据顾客的需求推荐合适的货品

高秀敏：我还不知道你那强项，孩子他爸可有意思了，听说人家买马他上人家那卖车套，听说人家买摩托他上那卖安全帽，听说人失眠他上那人家卖安眠药，听说人家……

赵本山：别说了，这叫市场，抓好提前量！

点评

销售就是发现顾客的需求，推荐最合适的产品。很多导购不知道顾客的需求，也不去想办法问出个一二三来，胡乱就给顾客推荐一些自己感觉很合适或者自己认为很漂亮的产品。结果顾客来一句"不喜欢，一般般"的回答，反而给销售服务造成障碍。

三、不要在意顾客说"不需要"，要"创造需求"来促进销售

赵本山：这拐打失误了。（柱子的腿好了，不需要了）

高秀敏：听说锁柱子开四轮车把腿砸了，贪黑起早做这副拐，结果人家砸重了，出院以后直接坐轮椅了，这拐没卖出去，哈哈哈——呵呵呵——哎呀——

赵本山：别着急，今天我就把这副拐卖出去。

高秀敏：那这满大街都是腿脚好的，谁卖呀？

赵本山：媳妇儿，今儿个咱们专门找个腿脚好的卖给他，看看我大忽悠的能力。

高秀敏：那你这么地你不是骗人么？

点评

门店销售服务中，大部分顾客都会对对方的推销产生拒绝，导购天天听到"不需要"这样的拒绝。有的导购在拒绝声中，开始怀疑自家的货品或者自己的能力，慢慢可能会产生动摇。而优秀的销售人员，能够在顾客的拒绝声中，巧妙地引导顾客，最终把不好卖的货品反而卖了出去。

当顾客表示没有需求时，我们也可以创造需求。创造需求可以说是销售的最高境界。创造需求不是脱离现实，而是发掘、提炼、延伸、深化顾客内在的未被发现的需求，我们需要积极去引导顾客。

四、导购的声音要能引起潜在目标顾客的注意，店外引客很重要

赵本山：看我眼色行事，好不？哎，来人了，喊——

高秀敏：啊，拐了噢，拐啦，拐了噢！拐啦，拐啦！拐啦！

范　伟：我说你瞎指挥啥呀你啊？你知道我要上哪你就让我拐呀你啊？

赵本山：喊卖。

高秀敏：卖噢！卖。

赵本山：卖啥呀？

高秀敏：拐。

赵本山：连上。

高秀敏：拐卖了噢！拐卖了！

范　伟：嗯？怎么回事儿？谁要拐卖你呀？

高秀敏：不是，他拐卖了——

范　伟：你要拐卖呀？

赵本山：你啥眼神啊，拐卖，拐卖我能拐卖这样的，你买呀？

范　伟：你们到底怎么回事儿这是？

赵本山：啥事儿啊，你多管闲事儿——

高秀敏：我们俩是两口子，在这玩呢！

赵本山：呵呵呵，没事儿玩呢！

范　伟：这两口子，大过年的，卖媳妇儿玩——哎呀——

高秀敏：不卖啦——

点评

门店销售也是一样，有了顾客的进店，才有技巧的运用，也才有成交的可能。导购在销售过程中，没有搭档，所以只能靠自己的力量，殊不知自己迎宾、接待的声音对于吸引店外潜在顾客起着非常重要的作用。因此导购要懂得"吆喝"，还要有去店外派单引客的技巧和胆量。

五、在销售过程中根据顾客不同心理反应阶段运用不同的沟通手段，把握消费者心理

赵本山：站下——非常严重。**（引起对方注意）**

高秀敏：啥呀？

赵本山：太严重了。

范　伟：说啥呐？

赵本山：呵呵，没你事儿……

高秀敏：什么非常严重啊？

赵本山：应该告诉他……不告诉这病，危险……没事儿，我这看出点问题来，媳妇儿不让我说，说了你也不能信，你走吧，没事儿……呵呵，没事儿……走……**（第一次欲擒故纵）**

范　伟：神神叨叨的——你可真是……

赵本山：就这病发现就晚期！**（恐吓，再次引起对方关注）**

诚信营销企划 诚信内衣学院

品牌发展顾问·门店实战专家

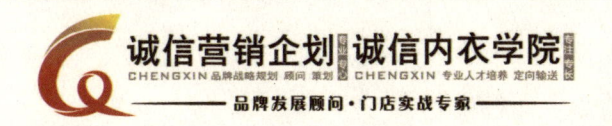

一、品牌发展顾问

我们现有专职专家数位，咨询顾问十多位，多数拥有十年以上的行业实操经验，并拥有企业管理、市场营销、门店销售与管理等第一线丰富的实战经验。

我们擅长品牌策划与运作；终端运营标准化体系构建；终端赢利模式开发与推广；终端销售、管理、服务的培训与咨询服务。

能够为内衣品牌厂家、代理商、终端商、连锁机构提供全方位服务的机构。

二、代理商突围教练

如今代理商已经不像前几年那么舒服了，租金天天在涨、人员时时会跑、上游厂家订货压货催款、下游终端铺货支持欠钱……

如何提高企业员工和终端的忠诚度？如何真正提高销售业绩？如何提高利润和利润率？……

我们将会量身定做一套适合代理商的赢利模式，让他们在一片红海中，冲出一条属于自己的蓝海！

三、门店实战专家

近几年我们自主研发出了一系列的精品课程，运用终端人员的语言、灵活多样的形式、轻松愉悦的氛围，让学员在欢声笑语中转变观念、在互动交流中学习知识、在情景模拟中掌握技能。用实力来证明课程的：实在、实战和实用性。

迄今为止，诚信内衣学院已为国内数十家知名内衣品牌企业成功举办以销售、管理和服务为主题的、针对性极强的咨询式内训课程；并在全国各地巡回辅导和授课，受到企业的高度评价和业界的普遍赞誉。

精品课程有：

1. 《门店标准化销售服务流程》的实战培训
   适合对象：公司/代理商的业务、培训老师、督导；终端店的老板、导购、店长
   培训用时：1-3 天
2. 《门店标准化管理流程》的实战培训
   适合对象：公司/代理商的业务、培训老师、督导；终端店的老板、店长
   培训用时：1-2 天
3. 其他方面的培训
   针对公司人员的：人员心态、高效团队、执行力、沟通技巧等；
   针对代理商处的：最赚钱经销商的八项修炼、组织架构构建、团队建设等；
   针对终端商处的：上面的课程1+2、终端数据化管理、高效订货等。

这些课程均可按要求和培训时间来具体规划，并自主开发课程。

咨询热线：13760851678

培训是最好的投资！